小田原叢談

石井富之助　著
石井敬士　編集・校訂

北原白秋「恵」
（昭和15年　軽井沢にて作）

沼田荷舟「己丑孟春図」

箱根細工　東海道五十三次之図　箱根湖水図（広重画）

「ういろう売り」
（歌舞伎十八番のうち第2番）

「ハト」(神奈川文化賞受賞記念品)

「板鐘」(柏木美術鋳物研究所)

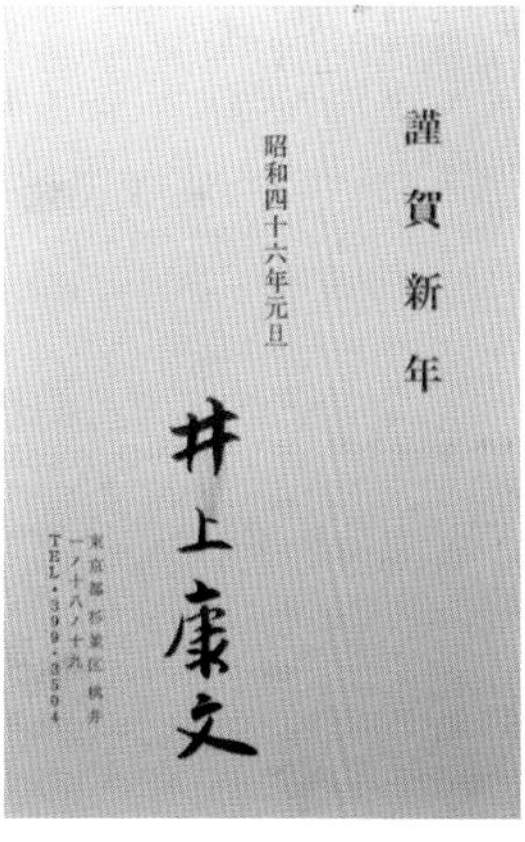

井上康文

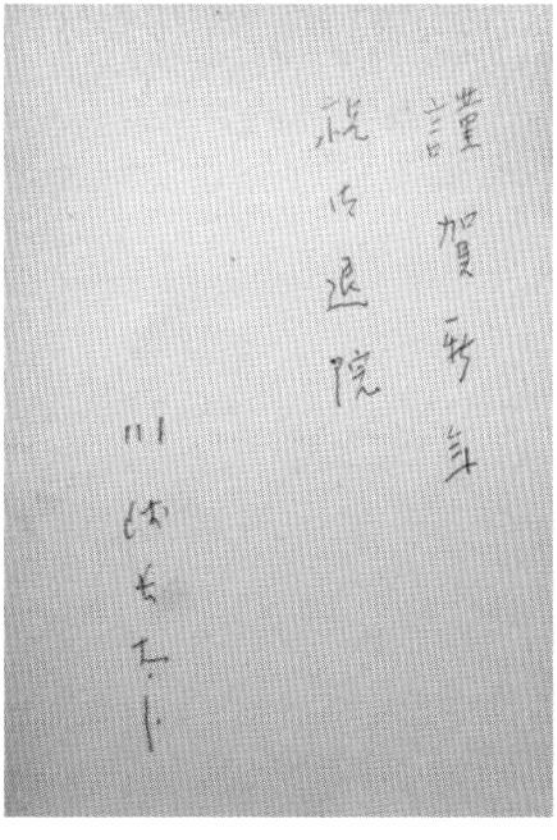

川崎長太郎

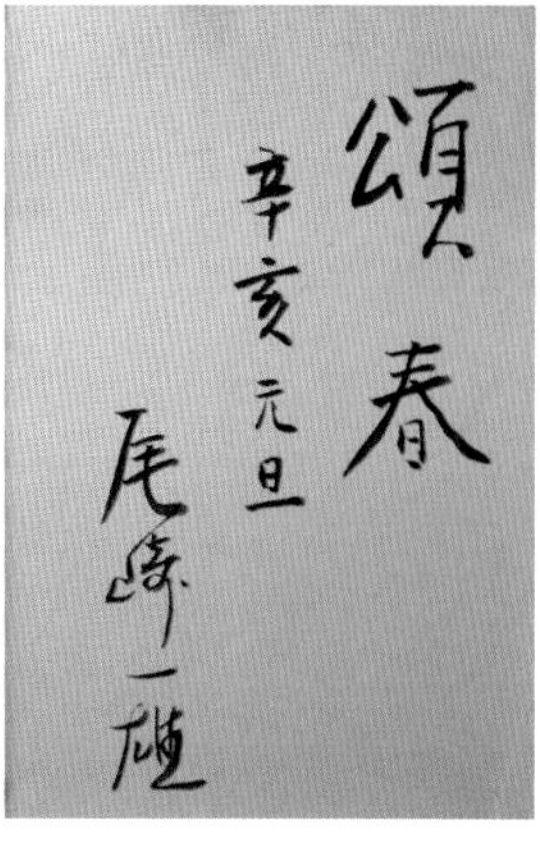

尾崎一雄

小田原ゆかりの文学者の年賀状① (昭和 40 年代後半)

謹賀新年 1970

本年もどうぞよろしくお願い申し上げます。

1月1日

東京都渋谷区恵比寿西1-24■牧野 英二

〒150■中山マンション202号■TEL 463-8460

株式会社 日本小児医事出版社■勤務

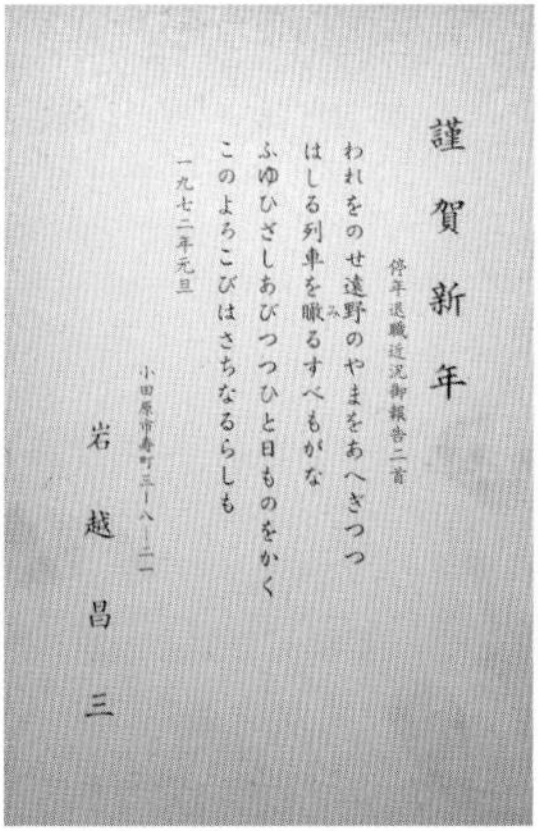
謹賀新年

停年退職近況御報告二首

われをのせ遠野のやまをあへぎつつ
はしる列車を眺《み》るすべもがな
ふゆひざしあびつつひと日ものをかく
このよろこびはさちなるらしも

一九七二年元旦

小田原市寿町三―八―二一

岩越昌三

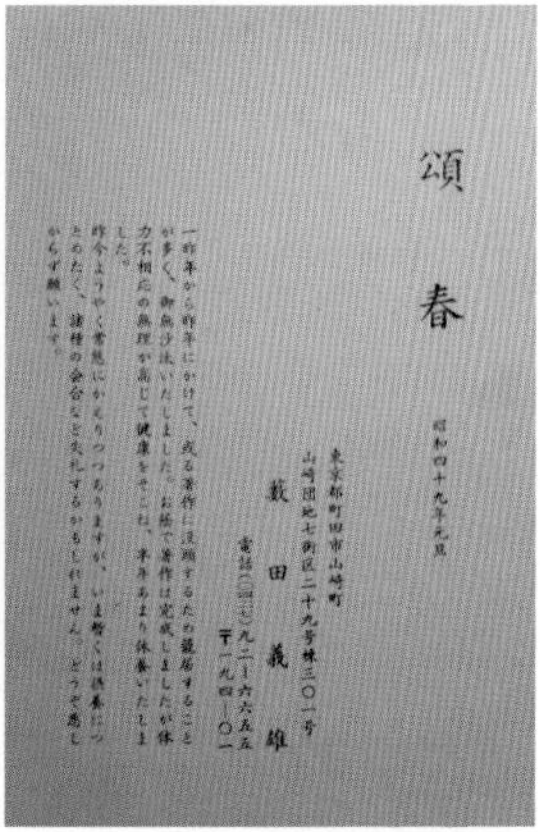
頌春

一昨年から昨年にかけて、或る著作に没頭するため籠居することが多く、御無沙汰いたしました。お陰で著作は完成しましたが体力不相応の無理が高じて健康をそこね、半年あまり休養いたしました。

昨今ようやく常態にかえりつつありますが、いま暫くは静養につとめたく、諸種の会合なども失礼するかもしれません。どうぞ悪しからず願います。

昭和四十九年元旦

東京都町田市山崎町
山崎団地七街区二十九号棟三〇一号

藪田義雄

電話（〇四二七）九二―六六五五
〒一九四―〇一

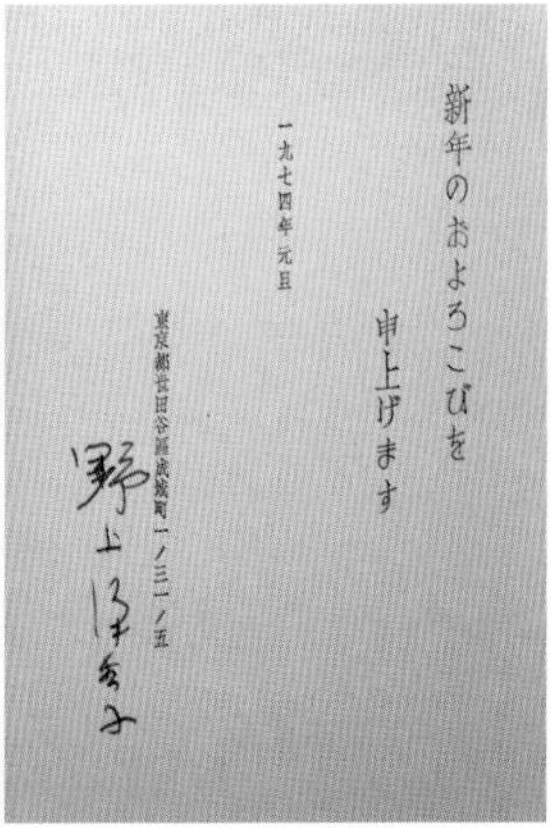
新年のおよろこびを
申上げます

一九七四年元旦

東京都世田谷区成城町一ノ三二ノ五

野上弥生子

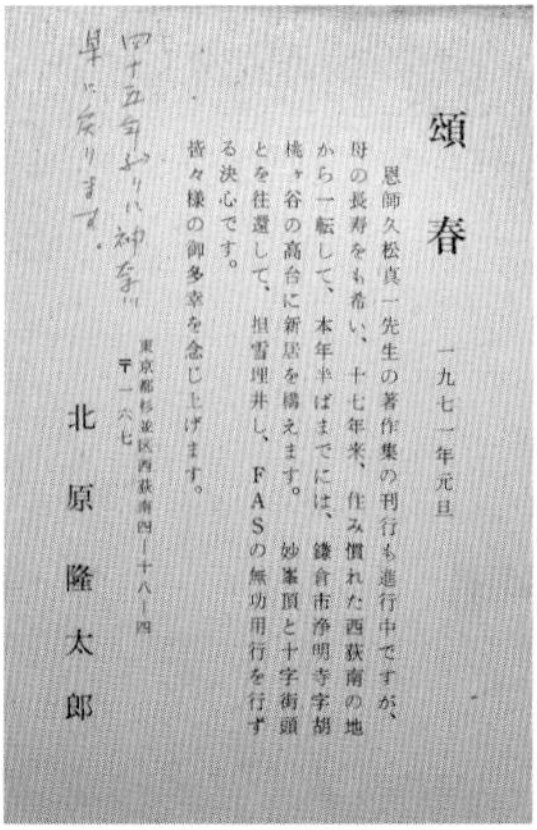
頌春

一九七一年元旦

恩師久松真一先生の著作集の刊行も進行中ですが、母の長寿をも希い、十七年来、住み慣れた西荻南の地から一転して、本年半ばまでには、鎌倉市浄明寺字胡桃ヶ谷の高台に新居を構えます。妙峯頂と十字街頭とを往還して、担雪埋井し、FASの無功用行を行ずる決心です。

皆々様の御多幸を念じ上げます。

東京都杉並区西荻南四―十八―四
〒一六七

北原隆太郎

四十五年ぶりに神奈川県に戻ります。

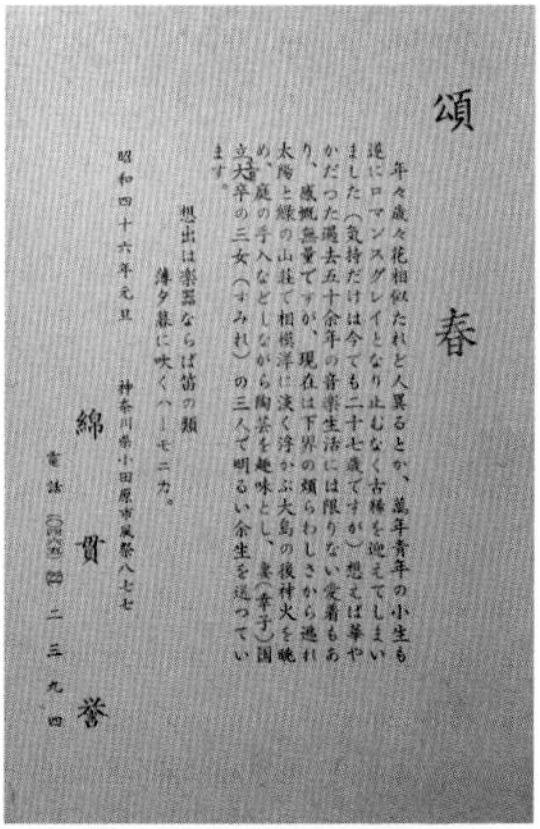
頌春

年々歳々花相似たれど人異るとか、萬年青年の小生も遂にロマンスグレイとなり止むなく古稀を迎えてしまいました（気持だけは今でも二十七歳ですが）想えば華やかだった過去五十余年の音楽生活には限りない愛着もあり、感慨無量ですが、現在は下界の煩らわしさから逃れ太陽と蝶の山荘で相模洋に淡く浮かぶ大島の御神火を眺め、庭の手入などしながら陶芸を趣味とし、妻（幸子）国立音大卒の三女（すみれ）の三人で明るい余生を送っています。

想出は楽器ならば笛の類
薄夕暮に吹くハーモニカ。

昭和四十六年元旦

神奈川県小田原市風祭八七七

綿貫誉

電話（〇四六五）②二三九四

（上段）　牧野英二　　岩越昌三　　藪田義雄

（下段）　野上弥生子　　北原隆太郎　　綿貫誉

小田原ゆかりの文学者の年賀状②（昭和 40 年代後半）

まえがき

父石井富之助が亡くなって二十四年が過ぎてしまいました。生前父は、蔵書を図書館に寄贈し（「青蛙荘文庫」）、自宅にはほとんど資料がありません。一方、館長時代から書きためた原稿類がかなり残っています。

小田原に関するものがほとんどです。小田原の人びとにとってももう忘れ去られたような事柄が相当含まれています。そこで、それらの中から、生前故人が「小田原叢談」としてまとめた原稿を出版することとしました。新聞・雑誌などに発表したものを含めて、昭和五十二年にまとめたものです。小田原の明治以降の町のようすや歴史・文化・遊び、年中行事などがしろうと史話として書かれています。

内容は、父の幼少期からの見聞や体験、図書館時代に収集した資料の中から、あるいは郷土の方々から伺った貴重なお話などさまざまです。

さて、読者の方々のご理解がいただけるよう、父がいつ、どこで生まれたのか、家はどうであったのか、簡単に紹介します。

父は、明治三十九年五月七日、旧須藤町（現栄町、銀座通り）の北側の錦通りを出て、すぐ右側にあった、「江島屋呉服店」（明治初年創業）に生まれました。父は定吉、母はきん、八人兄弟の三男でした。本町小学校、小田原中学校、早稲田大学を卒業しました。昭和九年二月、小田原町図書館に勤め、二十一年、館長、二十七年、社会教育課長を併任、四十四年十月、退職しました。在職は三十五年八か月でした。

また、神奈川県図書館協会では、三十年から三十四年まで協会長に就任。小田原では戦後、鈴木十郎市長などと星崎記念館の建設など市民サービスの向上に努めました。晩年も元気に過ごしていましたが、平成八年四月十三日、多臓器不全で亡くなりました。八十九歳、墓は久野霊園にあります。

本書をお読みになり、小田原の明治から昭和にかけての世相、移り変わりを懐古・追憶していただければ幸いです。

令和二年（二〇二〇年）三月

編集・校訂　石井　敬士

小田原叢談　目次

第1章

史話・小田原風景

一　街中散歩

おだわらという名を冠した事物

大百科事典などを開いてみると、小田原城だとか小田原評定だとか、小田原という名を頭につけたことばが案外多く採録されているのに気がつく。事典をひけばだれにでもわかることでわざわざ披露するまでもないことだが、一般にはこれに気がついていない人の方が多いと思うので、あえてこの抜き書きを作ったわけである。

・小田原菊小判　相模国小田原で鋳造した銀貨。面に菊紋の極印と壱両の字とあり。その種六。(一) は重量四匁三分。小田原北条氏は永楽銭一貫文に充つとあるが確かでない。(二) 重量四匁。十六葉菊小判という。(三) 重量四匁二分。(五) (六) 重量未詳。「金銀図録」(大百科事典)

・小田原小判　江戸時代の金貨。相模国小田原で鋳造されたもので、重量六匁。金位上。面

に桐紋の極印。壱両の字と行書で小田原金の四字をあらわす。（大百科事典）

・**小田原笹小判**　相模国小田原で鋳造されたと伝えられる円形の判金。重量四匁二分。金位中。面に三箇の笹紋を印し、二百年前まで通用されたとあるが詳かでない。（大百科事典）

・**小田原菱小判**　相模国小田原で鋳造されたもので、金小判と銀小判とがある。共に面に壱両の二字と上下に菱紋を付す。量目金小判三匁三分。銀小判は三匁二分、四匁、四匁三分の三種。うち四匁三分のものは一に小倉小判という。（大百科事典）

・**小田原鉢**　小田原鉢というのは、明珍信家が相州小田原で作ったかぶとをいうのである。（古事類苑、兵事部）

・**小田原鐔**　相模小田原の鐔師正次一派の作った鐔。（大辞典）

・**小田原正次**　桃山時代の鐔工。初め小田原に住し小田原氏を称す。のち肥前唐津に移る。細透しに長ず。（大辞典）

・**小田原彫**　彫木の器物に漆をもって髹装《きゅうそう》した物の名称。木製の器物に牡丹、梅花、菱、沙綾形、雲形等を彫刻し、その上に黒漆を施し、更に赤漆をもって荘飾した、いわゆる紅花緑葉風を模せるもので、小田原彫は一般に鎌倉彫よりは浅い。明応四年北条長氏、相模の小田原に拠ったため、小田原は関東の都会となり、諸工人ここに集まって、一種の様式ある器物を作ったので、その土地の名を冠したものである。（大百科事典）

・**小田原葺**　こけら葺と同様のものである。（百科事典）

・小田原提灯　箱提灯の形状細く筒状をなせるもので、必要に応じて伸縮自由となし得、畳んで懐中することが出来る。延宝頃の附合の句集『隠簑』に「おもひの煙ふところ提灯」とよまれたものはこの提灯の進化したものであろう。もと相州小田原駅の人甚左衛門という者、天文のころはじめて造るにより名づくといわれる。（大百科事典）

・小田原足駄　相模小田原産の一種の下駄。東海道名所記江寛文「小田原下駄、欅の丸木履なり」。（大辞典）

・小田原様　昔、小田原北条家の臣下達の間に行われたる特有の風俗。『北条五代記』「上下の襞の矯めよう、衣紋のかきように至るまでも、小田原様（よう）とて、皆人学べり」。（大辞典）

まだこのほかに大百科事典には小田原、小田原城、小田原征伐、小田原報徳仕法などの項目があり、また別の本には小田原水道あるいは小田原用水ということばも出ているが、それらはここではぶいた。

ともかく、こういう風に小田原という名を冠したことばが、現代の事典にいくつも見出せるのは、むかしの小田原というものがありふれた都市ではなかったということの証拠といってよいであろう。

大百科事典に出てくる小田原関係の項目はこれだけではなく、頭に浮かんでくるままに、北条早雲をひけば早雲が出てくる。大久保忠真も出てくる。酒匂川も早川も出てくるし、その他いろいろな事がらがひけるのである。「つれづれなるままにひねもす百科事典をひく」というのも一つの思い付きといえる。

それにしても、わたしの持っている始めのころの大百科事典は、小田原彫のところに出てきたように髹装などというむずかしい漢字を使っていて、若い人たちにはちょっととりつきにくいものになってしまった。

道中記が語る海の名勝

江戸時代の紀行文・道中記をみると、現在の小田原市の中で海岸の景色のよい所が三か所ある。前川と国府津の間、酒匂から山王へかけての海、それとお塔坂から早川を前にして眺める海の景色である。
文政七年（一八二四）に下田奉行小笠原加賀守長保の書いた『甲申旅日記』というのがある。長保はこの中で
前川村と国府津の間は、相模伊豆の遠近の山が濃くうすく、くまどったように海越しに見渡せて、絵をかく人に見せたいほどである。
また、お塔坂では

早川の水は三瀬に流れ、しかも石のゴロゴロした、まことに早い川である。流れと流れの間のここかしこに畑がある。はるかな流れは山のふもとをめぐり、この三瀬の流れはともにすぐ海にいたるのである。大海も見えてそのながめはまことに趣深いものがあった。

といっている。

山王あたりの海については、雲州亭橘才が『東雲草』（一八三〇）におもしろいことを書いている。

袖が浦は一名星月夜の浦ともいう。酒匂の川が海に入る所で、やみ夜にそこへ行って洩ると、打ち寄せる波が砂の上を走り、ちょうど星が走っているように見えるのはめずらしい景色だといへるだろう。

この辺の砂浜は非常に広くて、また特別の味わいのある所だが、今土地の人に星月夜の浦という名を聞いてもだれも知らない。

この三か所はだれでも美しいながめだとみとめていたらしいが、だいたい小田原の海岸線はどこでも景色がよかったようである。

というのは、嘉永六年（一八五三）『御林書抜帳』という写本をみると、山王から大磯までの浜の手はずっと松林続きで、それにそって東海道が通っており、松原越しにひろびろとした相模なだ、伊豆半島から初島、大島まで手にとるようにながめられたからである。

そこへ行くと、お塔坂の方は早川があるからまた別の趣がある。

家続きの小田原宿から板橋を出はずれると、もう箱根山の入口だといっているように、お塔坂は今よりはずっと高い坂で、その上のところに象が鼻という大きな岩があった。ここからは早川を目の下に、晴れた日にははるかに房総の山々を望むことができた。

文永十一年（一二七四）日蓮上人が鎌倉から身延山へ行く途中、五月十三日にここに至った。山の崖に象が鼻という大きな岩があったが、その岩の上に登ってはるか房総の山々を望み、故郷のことをしのび、両親を回向する経文をよみ、衆生の利益のため、病気消滅の本尊を書いてそばの松の樹にかけて祈願した。またここに石の宝塔を建てて、首題多宝四菩薩を刻んだ。これから後、里人はこの地を御塔と呼んだという伝説がある。

それが今では国道にはほとんど隙き間もなく家が立ちならび、海岸線の砂浜には西湘バイパスが走っている。

便利にはなったかも知れない。マイカー族にとっては道路も眺望も快適であるかも知れない。しかし、広重の絵に見られるような美しさはうしなわれてしまった。

板橋、風祭には何本もの道路のインターチェンジが集中して、縦横に錯そうしている。それがメカニックな近代的風景を作り出していることは事実だが、さてむかしの景色と今の風景を比べて、果たしてどちらが美しいといえることやら…。

町名の移り変わり

旧小田原町の町名は旧町名と新町名（緑、新玉、万年、幸、十字）と住居表示による町名と三度変わっている。

旧町名はおおよそ百を数えるほどの名が残っているが、『新編相模国風土記』には

城下町　城の東南を擁しておおよそ十九町ある。そのうち新宿町、万町、高梨町、宮前町、本町、中宿町、欄干橋町、筋違橋町、山角町の九町は通町という、茶畑町、代官町、千度小路、古新宿町の四町は通町の南裏にあり、青物町、一町田町、台宿町、大工町、須藤町、竹花町の六町は甲州街道につらなっている。この十九町をすべて小田原宿と称する。この外谷津村という村落がある。農民の住んでいる所で、宿駅のことには関係しない。十九町一村をすべて小田原府内と称した。

とあり、これ以外の侍屋敷の名としては

唐人町、安斉小路、厩小路、大久寺小路、手代町、三軒屋、八段畑、花の木、渋取、大新馬場、中新馬場、幸田、揚土、新蔵屋敷、鍋釣小路、金篦小路

の十六の名前をあげているにすぎない。

このほかに

御用所、隅屋敷、新道、宮小路、西海子、誓願町、抹香町、林角、広小路

など、まだまだいくつもあるが、正式にこれらの名を記載したものはない。全部が侍屋敷で、名がなくては困るから通称としてつけられていたのであろう。この中にはあるいは明治になってからつけられた名もあるかも知れない。

ともかくこれが旧町名であるが、明治八年に行政区画の改革によって、五つの町名に統一された。すなわち、緑町、新玉町、万年町、幸町、十字町の五町で、それぞれ一丁目から四丁目までとなっていた。

どうしてこういう名がつけられたかいろいろ説があるが、どれも推測にすぎない。

それ以来約九十年の間、わたしたちは新旧町名を併用の形で使ってきたが、昭和四十一年四月一日住居表示による新町名——栄町、城内、本町、南町、浜町、中町（中島・町田を含む）——が施行された。

九十年という長い間に、都市の発展に伴って人口ならびに戸数は増加し、道路の新設などもあって、街区は複雑になり、だれがどこに住んでいるかさえもわからなくなってしまった。

このことは小田原だけではなく、全国どこの都市でも同様で、これでは行政上多大の支障をきたすことにもなる。街の区画を再編成し、住居を明確にする必要があるというのが自治省のねらいであった。

その自治省の指示に従って小田原にも委員会が設けられ審議が始まったが、町名変更についてはわたしには疑義があった。住居を明確にすることは結構だが、そのためになぜ町名まで変えなければならないのか。住居表示が目的ならば町名は変えず、従来の番地の代わりに住居番号を与えれば、それで事足りるのではないかという意見であった。しかし、委員でもない私の意見などとり入れられるはずもなかった。

おかげで市役所、警察、郵便局その他の官公署は便利になったかも知れないが、市民はまた一つ町名が増えて余計わからなくなった感がある。その上、従来の町名は道路を中心につけられていたのに、こんどの町名は道路に囲まれた区画につけられている。これでは商業活動はできないので、商店街は商店街で、それぞれ何々通り商店街という名称を使いはじめた。これでまた一つふえた。いやはやである。

新しい町名が施行されてからもう間もなく十年になる。それなのに小田原のバスの停留所の名前は旧町名、新町名、住居表示による町名が入り乱れて使われている。

もっとひどいのは、昭和五十年五月一日発行の『広報おだわら』には「自治会長きまる」という見出しで、緑、万年、新玉、十字、幸各地区の会長名が発表されている。自治会には自治会の事情があってにわかに改めることができないのかも知れないが、それにしてももうとっくになくなってしまっているはずの町名が大手を振ってまかりとおり、住居表示の町名はまったく無視された形になっているのである。

おかしいとはお思いになりませんか。

小田原駅周辺

大正初期の緑町

何百年という小田原の歴史の中で、小田原駅周辺ほど大きく変貌したところはない。これは大正九年に熱海線小田原駅が開設されたのに伴って起こった現象であるが、早いものでもう五十年以上も経ってしまった。半世紀もむかしのこととなると、わからないことがいろいろ出てくる。六十歳以上の人ならみんな目で見て知っているはずで、人にいわれるとああそうだったと思い起こすことができるが、それをまとめて話す人は少ない。そのころの地図はもちろんあるが、地図だって万能ではないから、細かいことはいちいち説明してもらわなければわからない。そんなわけで、わたしのところにそのころの様子を聞きにくる人も相当いる。

それで見たまま、覚えているままを書きとめておく気になった。

緑町——今のだいたい栄町と城山の一部と思ってもらえばよいが——というと、旧緑新道、須藤町（銀座通り）、竹の花、広小路、それから西に駅前、駅裏、八幡山へかけての町名で、一丁目から四丁目まであった。

そのころ緑町一帯は、ちゃんとした街並みを形成していたのは須藤町から広小路へかけてのいわゆる甲州街道だけで、その裏側になる駅前、駅裏は樹木か竹やぶでおおわれているか、それでなければたんぼで、緑町という名がぴったり当てはまるようなところであった。

さて、どこから説明して行こうか。まず駅裏、新幹線の駅の前に山がある。この山を愛宕山という。山の上に愛宕神社があったからだが、この神社は今は谷津の大稲荷神社に移されている。

愛宕山は東へのびて、ちょうど駅のところに神奈川県立小田原中学校（今の小田高）の校舎が建っていた。校舎は丘の上で、南に坂を下ると運動場があり、正門は広場拡張前のあさひの西のはずれのすぐ前あたりのところにあった。昭和三十年ころまであさひの前に一本の枝ぶりのいい松があったが、この松が正門の横に植わっていたもので、駅ができた時二メートルばかり北へ寄せて植えかえたという記録がある。はじめのころは駅前に美観を添えるものだということで、杉田初代駅長がこの植えかえをやった小田原保勝会に対して感謝状を出しているが、駅前が混雑してくるとだんだんじゃまになり、とうとう取払われてしまった。

小田中は大正三年三月十一日に大火事を出して、校舎の大部分を焼いてしまった。わたしの家は銀座通りにあったので、それ火事だというとみんな大屋根に上って見たが、炎が夜空に燃えあがり、火の粉が頭の上に降ってくる。いやものすごいのなんのって、歯をガタガタさせて見ていた。小田中は火事で焼けたのと、多分そのころにここが駅の敷地になるときまっていたと思うが、それやこれやで同じ年の六月に八幡山へ移転した。

校舎の東の端にえのきの大樹があった。ここが昔の新蔵のあとで、そのすぐ下に南北に通じる細い道があった。これが広がって今の職業安定所前の通りになっているのである。

道をはさんで大えのきの東側は永久寺（今は谷津に移っている）で、ここに北条氏政・氏照の墓（現在地と同じ）があり、この丘がさらに東にだんだん低くなって、裏町まで続いていた。一方、銀座通りの駿河銀行前から駅へ行く道、すなわち錦通りへの入口の南側角（今は道になっている）に錦織《にしこり》神社があった。これも現在は大稲荷神社に移されているが、その北側に二メートルか、せいぜいどぶ板ぐるみ三メートルぐらいの横町がついていた。錦織神社の横の道だから「にしこりよこっちょ」といっていた。

この道はだいたい錦通りと同じ曲線を描いて駅前に出、あさひの前を通って駅裏へつきぬけ、城山中学校の北のがけ下のところへ達していた。その切れっぱしが今でも残っている。この辺を揚土《あげつち》といったが小田中と反対側に、南は青橋まで西は八幡山の東斜面にかけて、辻村常助さんの経営していた辻村農園があった。いろいろな木が植えてあり、いちいち名札がついていて、農園というより植物園といった方がふさわしいものであった。八幡山の東斜面は西洋草花が多かったようで、幸町の電車の停留所のところにガラス張りの六角の建物を作り、そこでこの鉢植の草花を売っていた。

わたしが小田中へ入ったのは大正八年のことであるが、もうそのころには駅の工事がはじまっていて、青橋もできていた。だから、青橋をまわって、今と同じように百段坂をあがって行ったのだが、その上り口の左のがけの上に辻村伊助さんの木造二階建の洋館があり、右のがけの上には伝染病の隔離病舎があった。時々農園を斜めにつっきって近道をしたが、そんな時、辻村さん一家が庭の円テーブルを囲んでコーヒーを飲んでいたのをよく見かけたものであった。駅になったのだからしかたないが、今この農園が残っていたら教育的にも大きな価値があったことであろうと惜しい気がする。この時、農園は威張山へ移ったのである。辻村伊助さんも湯本へ移転したが、関東大震災の時、山崩れで一家全員なくなられた。

また揚土の突きあたり、城山中学校の北のがけ下は平地になっていて、その南側に物産陳列所、北側に足柄下郡立図書館がご大典記念事業として建設された。

銀座通りの裏のダイヤ街は下幸田《したこうだ》、もう一つ西のお堀端通りは上幸田《うわこうだ》といった。下幸田は駅前通りまでで、それから先の小林病院の前は野道といってよいような細い道になっていた。

幸町方面からくる駅前通りの元の道も郵便局の前までで、郵便局のところに松琴楼松の湯があり、その横を上幸田へ出る道があった。松琴楼の裏に小さい田があったから、たんぼ道といってもよいものだった。この二つの道に囲まれ、駅前通りが大曲がりに曲がっているところは、相馬屋敷といって原っぱになっていた。

下幸田も、上幸田も、ともかくこの辺一帯はどこの家でも、生け垣、竹垣をめぐらし、庭木がいっぱい繁っていて、木の中に家があるといった感じの、ひっそり閑とした屋敷町だった。

また、竹の花の裏通りになる裏町もうらぶれた町筋で、小田中の丘から少年院にかけてはたんぼであった。

小田原駅開設以後

大正九年十月一日、小田原町民待望の熱海線小田原駅が開通した。
熱海線は、大正七年に丹那トンネルの工事がはじまっているところからみて、単なる支線として考えられたものではなく、最初から丹那トンネル開通のあかつきには東海道本線に切りかえるということを前提として計画されたのだと思う。

駅をどこに造るかということについて、町民の方から須藤町、竹の花の商店街の真正面の広小路にしてほしいという希望が出たと聞いているが、そこにすると第一に人家が多いということ、第二に駅を出るとすぐカーブになる、そういうところに広い構内を持つのはむずかしい。それにくらべれば、たんぼと小田中の跡地と辻村農園とが敷地の大部分を占める現在地の方がはるかにまさっていることは、だれの目にも明らかなことで、ここが選ばれたのはむしろ当然であったといってよいであろう。

駅ができると町の中心部と連結する道路が必要になる。それで新しく作られたのが駅前通りである。駅前通りは前に述べたように市民会館の前から郵便局まで道があったので、それをひろげ、相馬屋敷のところで大曲がりして駅まで持っていった、まったくの新道である。

これができると、酒匂のように小田原と国府津との中間地点の住民にとっては逆に不便になったであろうが、国府津・小田原間の電車が廃止され、そのかわりに市民会館から駅前までの一電車線が敷設された。

駅前広場は、旭丘高校へ行く道（お城通り）とあさひの横の道にはさまれた三角地点に、一階を富士屋自動車の車庫にした富士屋レゾート、それに続いてあさひができ、駅の真正面は今よりもぐっと手前、安定所通りとほとんど一線をなし、南から伊勢竹、箱根物産の天野屋（後に電気会社の事務所になった）、美濃屋などが並んでいたように思う。また現在の広場北側の各自動車会社の事務所のあるところに、電車の発着所ができて形が整えられたわけである。

伊勢竹の東隣りに、屋根に塔をのせたちんりうも開店したが、その斜め東寄りあたりで電車線路が二たまたにわかれ、客車はちんりうの横から美濃屋の裏をまわって発着所へ、貨車はあさひの前を通って貨物ホームへ行くようになっていた。

この小田原駅開通は、明治二十年国府津駅開設、明治二十二年の東海道線全通の時から、小田原町民の待ち望んでいたものであったから、その喜びようといったらなかった。それが全町を挙げてのお祭りになったわけである。わたしが知っている限りでは、大正四年のご大典祝賀のお祭りと駅開通のお祭り、この二つが一番大きいものだったと思うが、だし、やたいが二十台以上も駅前広場に勢ぞろいした時の壮観は今でも目に見えるような気がする。各町内はそれぞれ趣好をこらした町飾りをし、特設舞台を設けたりしたが、特に呉服屋は当時浅草の花屋敷の生き人形で人気を博していた安本亀八を呼んできて、思い思いの飾り物をしたほどであった。ともかく町中どこへ行ってもなにかしら余興をやっているというたいへんなお祭りであった。

ところで、ここに一つ問題なのは大商店ばかり並んでいる須藤町商店街と駅をつなぐ道路が、狭い錦織横町ではどうにもしょうがないということである。

そこで須藤町の有志が発起人となって錦織横町の拡張が計画され、現在の四間（七メートル余）道路ができあがったのが、大正十年ごろだったと思う。できるだけまっすぐな道にしたかったのだが、土地の提供に応じないものがいて、結局は現在のように曲がりくねったものになってしまったのである。

この道の完成によって、駅と緑町、新玉町とが結ばれたのであるが、後に錦織横町の錦をとって錦通りと名付けられたこの道路が、小田原で最もにぎやかな商店街になろうとは、その時には夢にも思わないことであった。

こうして二つの道路ができたが、最初のうちは駅の近くに商店が軒を並べただけで、あとはなかなか家が建たずほとんど空地ばかりであった。そこへ大正十二年九月の関東大震災が起こった。地震のあとで各所に火事が発生し、町の中心部は全部焼け野原となったが、須藤町が焼け境で、わずかに報徳綿井上商店一軒だけが類焼をまぬがれた。しかし、錦織横町が広げられていたために、須藤町の人たちはいくらかの商品家財も出せたのであって、もしもむかしのままの道だったら、おそらく身一つで避難するしかなかったろうと思う。

震災後、小田原の主要道路が拡幅されて現在に至っているが、小田原の発展はこの駅開通と震災とを起点としてはじまっているといってよいようである。

まず、大正十四年十月に大雄山鉄道の小田原緑町・関本間が開通して、昭和二年四月に小田原駅に乗り入れた。同じ昭和二年四月には東京新宿と小田原とを結ぶ小田原急行鉄道が開通した。

つまり、小田原駅は箱根方面への小田原電鉄と大雄山電車と小田急の三つの私鉄を集めて交通の要点になり、乗降客も年々増加することになったが、これに伴って駅前にもようやく商店が建ち並び、また裏町と職業安定所前通りとの中間地点が震災後第二指定地に指定されたため、宮小路界わいには及びもないが、ここに新しい花柳界ができ、裏町はカフェ街となって様相をガラリと一変させた。

しかし、ほんとうに駅前が躍進を遂げたのは、昭和九年十二月、丹那トンネルの開通によって熱海線が東海道線に切りかわった時からだといってよいと思う。

その後、昭和三十一年に駅前広場の拡張が行われ、箱根登山デパートその他の高層建築が建てられて面目を一新したが、現在またまた広場の拡張工事と地下街建設の工事が進められている。一方、反対側の新幹線駅前には愛宕山をたちきって広場が造成され、十三階建の新幹線ビルもすでにオープンしているが、さてこれから後、小田原駅周辺はどのように変わって行くことであろうか。

松原神社界わい

松原神社界わいとは、旧宮小路、青物町、高梨町、宮前町、中宿あたりまでのことと考えてのことであるが、このあたりほど長く繁盛を続けている地域はない。それは北条時代から現代に至るまで四百年以上も続いているといってよいのである。

北条時代に小田原が繁栄したことを証明するために、歴史家はよく『小田原記』のつぎの記事を引用する。

相州小田原の政治は私心がなく、民を大事にしたので、近国他国の人民はその恵みをしたって家を移し、全国各地の町人職人が西国北国からも集まってきた。昔の鎌倉もどうしてこれほどであったろうかと、覚えるばかりに見えた。東は一色から板橋に至るまでの一里の間店を張って商売がさかんに行われた。山海の珍味、琴、碁、書画の細工に至るまで、これといってないものはなかった。異国の唐物やまだ目にも見ず、聞いたこともない器物もたくさん積んであった。その売買の利益は、京堺などの市にもまさっていた。民の生活も豊かであらゆる商売が繁盛していた。

多少のおまけがあるかも知れないが、なかなかの繁盛ぶりで、その中心が松原神社界わいであったことは、他の文献から見ても想像するに難くない。

江戸時代には大久保十一万三千石の城下町、箱根の嶮をひかえた東海道屈指の宿場町として栄えた。

宿には問屋場が東西二か所あった。東のは高梨町、西のは中宿町にあり、本陣四軒、脇本陣四軒のうち一軒がちょっとはずれているだけで、あとは全部この間にあったのだからここが町の中心部であったことはいうまでもない。

明治維新後、小田原は城下町、宿場町という特殊な地位を失って、地方の一小都市になりさがってしまった。しかし、松原神社界わいはそれなりに町の中心としてのにぎやかさを保っていた。

それは松原神社が総鎮守として町民全体の尊崇の的であったこと、近くに諸官公庁、学校が集まっていたことによるものであるが、まだこのほかにもいろいろな理由がある。

その一つに花柳界の誕生と発展がある。江戸時代には多くの遊女屋が東海道筋に散在していて、明治に入ってもそのまま営業を続けていたが、明治十五年ごろから芸妓の数がふえはじめ、それにつれて貸座敷業から料理屋に転業するものが増加して、ここに花柳界の誕生を見るに至った。

当時小田原は保養地、別荘地として京浜の人々を迎え入れようとしていた。ちょうどその矢先、明治二十一年に国府津と湯本とを結ぶ小田原馬車鉄道が開通し、翌二十二年には伊藤博文が御幸の浜に滄浪閣を作った。それに伴って十字町方面に来り住む者も次第に増加した。

このような情勢の中で花柳界は発展の道をたどったが、明治三十六年、遊女屋全体が新玉町に移転し、初音新地を形成するに及んで、花柳界はいよいよ栄え、常に芸妓百人以上を抱えて、長くこの界わい繁栄の大きな源泉となったのである。

もう一つの理由は劇場、寄席のほとんどがこの地域にあったことである。

江戸時代においては、劇場を府内に建てることは禁止されており、わずかに寺町に桐座があっただけであるが、明治に入ると早くも宮小路に劇場を建設することが許された。これはどうやら実現しなかったようであるが、明治九年には旧茶畑に鶴座ができ、同十四年には宮小路に幸座が開場した。幸座は二十三年に焼失し、二十六年に再建されて若竹座となり、さらに二十九年富貴座と改称、大正四年に活動常設館となって長く市民に親しまれた劇場であった。また大正二年には本町に有楽館、震災後旧青物町に復興館、御幸の浜通り娯楽館などの館ができた。このほか寄席もいくつか作られて、市民の娯楽センターとなったのである。

このように、松原神社界わいは宗教の中心として、また市民娯楽の中心として栄え、それと共に商店街も繁栄を続けてきたのであるが、大正九年熱海線小田原駅開通の後は繁華街の第一位の座は駅付近に譲らざるを得なくなった。

現在、芸妓の数はわずか十数人に減少し、花柳界はまったくさびれてしまったが、それでもなお中央劇場、小田原日活、東映、オリオン座等の映画館があり、バー、喫茶店、料理屋も多く、アミューズメント･センターとしての機能はほとんど失われていない。その点から見ると、松原神社界わいは小田原で最も息の長い繁華街といってよいのである。

新道の話

新という字が頭についていると、とかく新しいものと思いがちであるが、かならずしもそうとは限らない。

小田原には新という字のついた道路が三つある。新道、緑新道、新玉新道である。

このうちで最も古いのは箱根口から本町小学校の南側を東西に通っている新道である。

『相模国大意』（天保ごろの写本）という本の中に

新道　御城内箱根口から鐘撞堂までのお堀端往来の道である。

これは中ごろに長沼流軍学の師範で山下与太夫という人が召し抱えられた時、この通りは通行を禁ぜられた方がよいと申し上げた。それで筋違橋町の裏は往来をとめてしまったが、丑年の大火の後、この道がないと火事の時など死傷者が出たりすることがあってはというわけで、また今のように道をあけることになった。それ以前はお堀のきわまで垣根をゆい渡してあった。お堀には芦やかやが生い茂り、うっとうしいほどであった。ある時旅人が本町に泊まった。折から長雨が降り続いていたが、堀の方であやしい鳴き声のするのを聞いて、あれはうわばみだといったという。そんなにさびしい所だったのに今はこのような往来の街となった。

という記事がある。

今の新道のところを流れている川は三の丸の堀の名ごりである。鐘つき堂はそのころは今の料亭柏又のあたりにあった。中ごろというのはいつのころかはっきりしないが、宝永の地図にはまだこの道はなく、安政の絵図には描いてある。

新玉新道は旧台宿の北のはずれから広小路の東端までの道路で、新道にくらべればずっと新しい。それでも明治になってからできた道で、明治十四年五月に竣工した。新玉町にできた新道だから新玉新道という。緑新道は銀座通り旧須藤町の南端から平井積善堂の東のところまでの道で、明治十五年十二月十日に開通した。さらにそれから先の合同庁舎までの道は十一年遅れて、明治二十七年七月に開通したが、これには町名はなく、七区という名で呼ばれた。

この三本の道路を特にここにとりあげたのには理由がある。

小田原の絵図で最も古い稲葉時代の「相州小田原絵図」と現在の地図とを重ね合わせてみると、小田原駅付近を除いてはほとんどピタリと一致する。つまり江戸時代の道路網がそのままの形で残っているわけで、まったく新しい道はこの三本の新道だけだということになる。このことはちょっと気がつかないことだと思えたので、ここにしるした次第である。

「道了大薩埵」の碑

大雄山最乗寺、道了大権現は俗に「小田原の道了様」と呼ばれ、むかしから関東一円の尊崇を集めている。

ここに参拝するには小田原駅から大雄山鉄道に乗りかえて行く道と国鉄松田駅、小田急新松田駅からバスで行く道と二タ通りあるが、小田原から行く方が便利でもあるし、順路でもあるといえるだろう。

大雄山鉄道が開通したのは大正十四年十月のことである。当時の駅は今の緑町駅のあたりで、国鉄小田原駅をおりて左へ職業安定所前の通りを突きあたったところにあった。

そのころの小田原駅前広場は安定所通りをそのまま南へ延ばした線で仕切られていたから今よりずっと狭く、駅の右手には富士屋レゾートとあさひ食堂があり、駅前通りをはさんで向こう側には伊勢竹、箱根物産の天野屋、(後に、小田原電気の事務所になった)、美濃政などが並んでいた。この美濃政が大雄山の御用達で、国鉄をおりた講中の人たちはいったん美濃政に立ち寄り、それから大雄山鉄道に乗って参拝に出かけるというふうであった。

それが大正のはじめに、京浜の参拝客は国府津で小田原の電車に乗り換え、今の東電のところにあった幸町本社前でおりる。それから徒歩で足柄下郡役所(県合同庁舎)までくると、その角に「道了大薩埵」と刻んだ大きな道しるべの石碑が立っていた。ここが道了さんへの入口であった。

この碑を右に見て北へまっすぐに、旧緑新道、須藤町、竹の花を行き、広小路に突きあたって右に曲がり、橋を渡ってちょっと南へもどると、そこに上倉、古郡などの道了さん行きの馬車が待っている。この馬車の終点はたしか塚原の大雄丸のところだったと覚えている。そこからお山まではまた歩くということになっていた。

わたしも父に連れられてこの馬車で毎年お参りに行った。帰りにはかならず狩野の親戚に寄るのだが、そこでちょっと長居をすると終馬車に乗り遅れる。そうすると小田原まで歩いて帰るよりしかたがない。半べそをかきながらトボトボと帰ってきた情なさは今も忘れていない。

それにくらべると、大雄山電車の開通はまことに便利になったもので、参拝者にとってこれほどありがたいことはなかったであろう。昭和二年に小田原駅に乗り入れてからは運転回数も次第に増えた。また今では終点大雄山駅からお山までバスが通っているので、歩くということがまるでなくなってしまった。

山門を入って坂道にかかると、右と左たがいちがいに「一丁目」「二丁目」と刻んだ角石が立っている。二十八丁目まであるのだが、むかしはそれを見ながら「やれやれはんぶんきた。」「あと八丁か。」とあえぎあえぎ登った。くたびれるとお茶屋に寄って休む。なかなかふぜいがあったものである。バスに乗ってしまってはそれを味わうことはできない。たまには歩いて千古の緑をたたえる杉木立の風趣にひたるのもよいであろう。

大雄山電車が開通した後、合同庁舎のところにあった「道了大薩埵」の石碑は緑町駅の前に移された。そして昭和二年、駅乗り入れの後にはまた移されて、国鉄構内の駅右側のホーム下に立っていたこともあるし、ホームのところにあったこともある。それがいつの間にどこかへ行ってしまった。どこへ行ったのかと探して見たら、今では終着大雄山駅の表に立っているのである。

むかしから道了さんへの道しるべとなっていたこの石碑が小田原から大雄山駅へ移されていることは、大雄山鉄道がその後沿線の都市化に伴い、単に大雄山への参拝客のためだけではなく、沿線住民の重要な交通機関として大きな役割をになうようになったからであろうか。

それにしても、この石碑の移転が大雄山参拝道の移り変わり、沿線の発達を黙々として示しているのはおもしろいことである。

酒匂橋今昔

酒匂川といえば、江戸時代には人の肩を借り連台に乗って渡る川越で、橋なんかなかったと思い勝ちだが、実は冬場の渇水期には土橋がかけられていた。それも意外に古く、寛永年間稲葉丹後守正勝の時代にはじまるという。

この土橋のことはいろいろな本にのっている。下田奉行の小笠原長保が文政七年（一八二四）に書いた『甲申旅日記』という道中記には

この川は北から南へ流れて、左一丁ばかりで海に入っている。幅は四丁ばかりある。今日は四瀬になっていて土橋が三つ渡してある。連台に乗って二丁ばかり行ったあたり、台をかついでいるものの膝の下三四寸ばかりは水があった。

とある。土橋は普通十月五日から翌年三月五日までとなっている。長保が通ったのは三月二十日ごろのことだから、もう人足による川越がはじまっていて、それで連台に乗ったのかも知れない。ここには橋は三つとなっているが、毎年瀬がかわるから数は一定でない。わたしが見た絵には六つかかっていた。

またシーボルトの『江戸参府紀行』（一八二六）には

このあたりでふたつに分かれて海に注ぐ酒匂川を越えた。橋は台の上にのせたそまつなたでできていて、わらや松の枝でおおってあった。こういう橋は戦争中にはヨーロッパでもあまり広くない川なら応用されるかもしれない。

橋の作りを細かに観察していて、ヨーロッパでも使えそうだといっているのはおもしろい。ちゃんとした木橋がかけられたのは明治十五年二月で、長さは一九八間（三六〇メートル）幅三間（五·四五メートル）のものであった。木橋はその後洪水にあったり、腐朽したりしていくたびか修復されているであろうが、ともかく大正十二年までかかっていた。一号国道を東

へ向かって行くと今の酒匂橋の手前で道路がふたまたに分かれている。その海側の道を白鴎中学校の方へ行き、左に曲がって城東高校の前を通り、八幡さんのところでまた右に曲がり、それからまっすぐに橋がかかっていたと覚えている。その上を電車がガタゴトとゆっくり走っていた。

この橋が鉄筋コンクリートの橋に生まれ変わって開通したのは大正十二年七月一日のことである。

当時、酒匂から鴨宮へ通ずる道路をしばらく行った右側のところに、明治大正の大通人として知られた平岡吟舟の料亭があって、これを三望園峯龍といった。吟舟は二弦琴東明曲の創始者で、即興で作詞、作曲し、それをすぐ芸者などに教えるということをよくやったものである。

この吟舟が酒匂橋の開通と、ちょうどその日に行われた水産試験所の開所とを祝って、「祝酒匂橋開通式、水産試験所開所式」の歌を作った。酒匂橋の方の一番だけを紹介すると

酒匂の橋ができたかえ
　　できたとも
長さは二百と十間余
こちゃ東海一の名橋さ
どうだい立派だろう
「ソラ、ピーヤ」はね、鉄筋コンクリートで

四角で丈夫で上はアスファルトで
見事にぬり上げた

まことに自由奔放の作であるが、これは式の当日小田原芸妓連の出演で、にぎやかに披露された。

ところがこの橋はたった二か月の短命で終わった。関東大震災でめちゃめちゃになったのである。

酒匂橋の復旧したのは大正十五年五月のことで、それからずっと一号国道の橋として重要な役割を果たしてきたが、昭和四十七年七月十一日に襲来した集中豪雨によって、まんなか辺の橋げたが落ち込んでしまった。この日の豪雨が山北町三保集落に大惨害をもたらしたのはまだ記憶に新しい。

酒匂橋はただちにその全部のかけ替えが行われ、これよりさき一月二十九日に全通した西湘バイパスの橋と二本並んで、交通のかなめとなっているのである。

初音新地

小田原の遊女屋は江戸時代の飯盛女に始まり、明治三十五年まで東海道筋に散在していた。

どの辺にどういう店があったか、それらしい人に当たっていたら、ある老人が明治三十年ごろのものだといって、料理屋、芸者屋、女郎屋の位置を書きこんだ図面まで作ってきてくれた。それによると、袖が浜の入口あたりから旧中宿までの間に十七軒の店が書きこまれている。片岡永左衛門氏は、明治十五年に税金改正が行われて、貸座敷業の税金が料理屋より相当高くなった。それで貸座敷業から料理屋へ転業するものが多くなり、その需要に応えるため芸妓の数がにわかに増加し、逆に娼妓は減少するに至ったといっている。

その上、明治二十三年に神奈川県会で廃娼決議が行われ、全国的には自由廃業事件や東雲楼のストライキ事件などがあって、娼妓の人権問題が世の注視を浴びるようになった。

このような動きの中で、明治三十二年、従来市街の中に軒を並べていた遊女屋を指定地に集めるという措置がとられるに至った。この時指定されたところは旧古新宿の海側の一廓であった。いろいろ問題はあったろうが、遊女屋が移転の準備にとりかかったのはいたし方もないことであった。しかし、実際の移転はそうおいそれとは行かなかったらしい。

泉鏡花の小品には小田原のことをかいたものが数篇ある。その中の『熱海の春』(明治三十五年一月)には

三十一日、小田原見物、遊女屋が軒を並べてにぎやかである。

とあり、また『城の石垣』(明治三十五年三月)には

相州小田原の町に電車鉄道待合の茶店の亭主のいうところによれば、土地のしおから、か

まぼこ、ういろう及び竹屋の藤、金格子の東海楼、料理屋の天利、城の石垣、外廓の梅林はおよそ日本一である。

と、東海楼の名が出てくる。

しかし、この小品が書かれた明治三十五年には、古新宿にすでに遊郭ができかかっていたのである。

ところがまたまた大事件が持ちあがった。それは同年九月二十八日小田原一帯を襲った大津波である。これは関東大震災とともに、明治以後の小田原の二大災害というべきものであるが、この津波でほとんどできあがっていた遊女屋が跡かたもなく押し流されてしまった。

そこで、指定地替えが行われ、あらためて新玉四丁目、現在の新玉小学校前通りと旧竹の花から東へ通ずる大新馬場とがぶつかる、ちょうどその曲がり角の北側の一廓が指定された。そして明治三十六年、以呂波楼、加納楼、菊本楼、松本楼、東海楼、宝来楼、金昌楼の七軒が入って遊郭を形成した。周囲に塀をめぐらし、大門は南に面していた。大門を入ると中央は広場になっていて、南側にすし屋、おでん屋、射的屋などが並び、遊女屋は北側に軒を並べていた。これを初音新地という。

大正四年の『第一回小田原町町勢概覧』を見ると

娼妓数　　五十七名

娼妓置屋　　七軒

娼妓就業延日数　一九、三七〇日
遊客数　　四六、五五六人
収入高　　　五三、二六八円七八銭

となっている。当時小田原の人口は二二、七七二人であった。初音新地の客はもちろん外部からくる人が相当多かったが、この人口にくらべてもたいへんな繁盛振りであったことが想像される。わたしの家は銀座通りにあったが、夏の夜など二階にいると、風向きによっては三味や太鼓のさんざめきがにぎやかに伝わってくるのをよく耳にしたものであった。

この繁盛はそれ以後も続き、大正六年には娼妓数七十六人、遊客数五四、〇〇〇。大正七年の遊客数は六七、〇〇〇とはね上がっている。

この遊郭も関東大震災で一瞬にして壊滅したが、たちまち復興して今度は三階建ての高楼が軒をつらねた。昭和四年に娼妓数が八十七名とまた増加しているところをみると、ますます繁盛したことがうかがえる。

それも昭和十八年ごろに至り軍需産業の工場の寮となり、ここに初音新地は消滅した、とわたしは覚えているが、この辺の事情について詳しく知っている人があったら教えていただきたいと思う。

北へ流れ東へ流れる

小田原の中心街を流れる川は東へ流れ北へ流れ、また東へ流れているというと、だれでも一瞬妙な顔をする。

川は普通山から流れきて海に入るが、小田原は南に海がある。だから小田原でも川は南に流れていると簡単に考える。現に平野部にある酒匂川、山王川、森戸川などみんな南へ流れて海に注いでいる。それを見ているから、中心街の川も南に流れていると考えるのは当たり前のことである。そこへ北へ流れ東へ流れるといわれると、ちょっと意表をつかれた感じになるのは無理もない。

これは実際に川の流れをたどってみるとすぐわかることである。

本町小学校の南側の新道にそって西から東へ流れる小さい川がある。この川は料亭柏又のあたりで方向を北にかえ、市民会館、小沢病院の前を流れ、郵便局のところでまたむきをかえ、平井積善堂の側を東に行く。今では暗きょになっているからわからないが、緑新道の十字路のところにはむかし緑橋という石橋がかかっていた。そして、旧台宿の裏側を北へ流れて大工町へ出ると、そこには駅前通りの方から流れてくる二メートルほどの川があってそれと合流し、またまた東へ向かい、蓮上院や善照寺の前を通ってついには山王川に入っているのである。まだこのほかにも同じような流れが裏町、竹の花にもある。

ということは、町の南部の海に近い一号国道が一番高く、それより北側の方が逆に低くなっている。また駅付近一帯の西側が高く、東の方に行くにしたがって低くなり、山王川が最も低いということになるのである。

わたしがこのことに気付いたのは関東大震災で町が焼け野原になった時のことで、一号国道はこんなに高かったのかとびっくりするほどであった。それが北へくるにしたがって緑新道までだんだん低くなり、銀座通りが再び高く、竹の花の中途からまた低くなって、新井理髪店のところでくぼんでいるのである。

こういうわけで、城山、駅一帯の水、さらに荻窪、久野の水はほとんど山王川に集まっていた。だからちょっと大雨が降るとまず山王川がいっぱいになる。つぎは新玉小学校から旧七枚橋付近が床下浸水し、果ては緑新道まで床下を洗われる。そんなことがしばしばあった。この水の被害を解消するために先年二本の暗きょが作られた。一本はお茶壺橋から箱根口交さ点で国道の下をくぐり、まっすぐに海に達するもの、もう一本は旧七枚橋の蓮上院付近から南へ、これも新宿で国道をくぐって海に通じるものである。

この二本の暗きょができてから洪水の被害はほとんど解消された。

わたしのように町のどこが高くてどこが低いか、川がどんなふうに流れているか、目で見て知っているものにとってはなんでもないことだが、そういうわたしでさえ関東大震災の時の焼け野原を見る機会がなかったら、市民会館から南へ突きあたる国道、本町小学校から御幸の浜通りへ出る道、新宿の西のはずれから海へ行く蹴上坂などがいくらか坂になっていることは知っていても、その高低の差がこんなにもあったということは気がつかなかったに違いない。川の流れの方はそのほとんどが道路の下になってしまっているのだから、ちょっと見ただけではわからなくなってしまった。

しかし、何を考えるにしてもこの地形を無視することはできない。

郷土史研究家などは資料を重視するので、最も信頼できる国土地理院の二万五千分の一地図などを基礎資料として使う。ところがぐあいの悪いことには、この地図の等高線は十メートルを単位としてひかれているのに、小田原の町の高低はその範囲の中のことなのである。したがって遺憾ながら、この最も正確な地図も物の役に立たないことになり、時と場合によっては間違った判断をしかねない。このことはよくよく注意すべきことであろう。

小田原水道

昭和十一年に土木学会から出版された『明治以前日本土木史』の第七編「水道」のところにこんな記事がある。

小田原水道（早川上水）

小田原の西方板橋村で引水し、幹線水路は山角町光円寺の境内を経て、東海道の大路を疎通し東端新宿町に及び、途中沿道の各町に分水して、あまねく町民の飲用に供し、末流は江戸門外に出て左右の蓮池に注ぎ、余水は灌漑水となる。但町の北部須藤、竹の花方面は土地が高く水が行かないので堀井戸を使用している。早川上水は近来暗渠に改造され、現在もなお消火並びに町民の雑用に供されているが、施工者及び施工の時期などはいっさいつまびらかでない。考えてみると、小田原の役に細田勘三正時というものが蓮池で討死したことが書物に書かれている。当時すでに蓮池の名が出ているのをみると、あるいは古く北条氏時代の施設であるかも知れない。
その後この地は大久保氏の所領になったが、歴代の藩主は本水道を厚く尊重し、常に修理改善をおこたらなかったから、現在なお町民の多数はこれを利用し、近年暗渠の改造も出来、防火及び雑用に供されている。

文政四年（一八二一）に書かれた『辛巳上京農記』という道中記に

駅のうち道の中に小川を通し、石でおおってある。

とあるのはおそらくこの水道のことをいっているのであろう。

郷土研究家はだいたいこの水道は北条時代に作られたもので、日本最古の水道の一つとして評価しているようであるが、今から考えると、早川の水をそのまま取り入れただけのまことに不衛生きわまるものであった。飲料に供していたというのも決してうそではない。わたしの子供のころでさえ千度小路などでは、たしか共同ポンプがあったように記憶しているが、なべやかまはこの水で洗っていたものであった。

この衛生的欠陥が具体的な形となって現われたのが明治十五年、十九年、二十三年のコレラ大流行であったといってよさそうである。明治二十三年八月五日から九月十日までの統計によると、患者数一四二名、治療中二九名、全治一三名、死亡一〇〇名となっている。しかも、その患者が堀井を使用していた緑町方面にはほとんどなく、この水道を使っていた幸町、万年町方面に多数発生していることを知れば、なるほどとうなずかれるであろう。

当時、小田原は保養地、別荘地として立って行くのを町の方針としていた。このコレラの大流行はその出鼻をくじくほどの打撃を与えるものであった。

これについて、小田原馬車鉄道株式会社社長田島正勝は「小田原は飲料水がないので悪水を使っており、非常に危険である。小田原はコレラを製造するのに適当の地であるとまで酷評されるようになり、それから来遊者は激減した。」といっている。

このような事態に直面して明治二十四年早くも上水道建設が検討されたが、計画があまりにも大きすぎたためについに具体化されなかった。越えて、明治四十二年ふたたび上水道敷設が問題となり、大蔵大臣へ申請書を提出するまでに至ったが、今度は水道敷設費補助は町村では前例がないということで却下されてしまった。

その後、いくたの曲節を経て昭和七年水道敷設認可の申請をし、足柄騒擾事件などを引き起こして、ようやく完成したのが現在の上水道である。この間の事情については『小田原市史料』現代編にくわしく述べられているので、それに譲ることとしよう。

小田原水道はずっと東海道の道の下をもとの通り流れていたが、昭和三十一年、一級国道改修の際、市内電車が撤去されたのと時を同じくして、国道南側の歩道下に移された。また明治以後須藤町、竹の花方面にも通じ、もっぱら散水用として使われていた。それはつい先年まであったが、いつの間にかふさがれてしまっている。

小田原相談

小田原には「小田原評定」というあまりかんばしからぬことばが残っている。「小田原評定」ということばは江戸時代に刊行されたいろいろな本に出てくる。『世諺叢談』という本には

大行寺聞見のいうところによると、北条氏は小田原にいて評定所を設け政令を協議した。朝から夜まで評定所に集合して義論がなかなかきまらず、ついに滅亡してしまった。これから、おおぜいの人が集って評議をし、久しく決しないのを小田原評定というようになった。

また『松屋筆記』には

北条氏直は愚将であって決断力がなく、群臣に評議させたが、ただ座談のみに終り、実地に行うことができず、ついに滅亡した。世にこれをとってまとまらない評議のことを小田原評定といった。

江戸時代に出た本のうちには徳川氏におべっかを使い、そのために敵にまわった方を悪く書いている例が多い。これなどもその例なのであろうが、それがどうであろうと、四百年も前のことを未だに取りあげて笑い物にする方もばかみたいなものだし、それをまた気にする方もばかに上塗りをしているみたいである。すべて冗談として片付けておけばよいのである。

ここでとりあげるのはそういう「小田原評定」ではなく、多分それをもじって題名にしたと思われる『小田原相談』という本のことである。

明治二十二年に町村制が施行されて小田原町が誕生したことは誰でも知っていることだが、その前年の明治二十一年八月十一日に久保田栄著『小田原相談』という小冊子が出ている。

その冒頭にこんなことが書いてある。

（前略）明治二十二年はいよいよ町村制度実施の運びとなった。その筋でもすでに町村制度取調委員を設けて、それぞれその研究に着手したと聞いている。この時にあたり、われわれ町村の住民たる者もまた、その町村制度の中にある町村会というものを真に町村に利益のある議会にしようと望むならば、今からよろしくその研究会すなわち下稽古をしておかなければならない。これは今日町村制度を重んじる住民の義務であろう。そこで何はともあれ、さっそくその下稽古をしようと有志の者と相談して一の議会を起こし、これを小田原相談会と名づけ、まずわが小田原住民の公益をはかるため、ここに仮りに左のような評議をしたものとして、その経過をしるす。

これに続いて、議長の選出、町村制度の説明、議案の審議議決などの経緯を克明に描写している。そして、議案としては

第一号議案　農民奨励策
第二号議案　住民の勤労
第三号議案　婦女子の教育
第四号議案　住民本心の改良

の四つが挙げられている。

頭からしっぽまで、小田原相談会というのまでも著者の創作で、まことにおもしろく、珍書といってよい本である。

そして、この中にも「小田原評定」が出てくるのである。

この相談会を小田原相談会と名づけた以上は、世間の人々がかならずこの相談会を例の小田原相談もしくは小田原評定と考え、俗にいう遷延、不決、破談、変約の会議であろうと、ただちに悪評を下すかも知れません。（中略）小田原相談というのはまさしく遷延、不決、

破談、変約の異名には違いないが、まったく小田原地方から起ったことばではなく、上杉家の評定といい、秀吉の変約といい、みんな不都合極まるこのようなことわざは先方からできたことばで、わが小田原方にはもとよりむかしから物事にグズグヅしたためしはありません。来春から開かれる町村会の席上にはどうか一同がこの小田原相談などという悪いことわざはかつぎ出さないように注意してほしい。

著者久保田栄がどういう人か知らないが、発行者は鈴木英雄となっている。鈴木十郎氏にこの本を見せたら

「おかしいね、兄はこの年にはまだ十四だったのだよ。」といった。

ほんとはこの本などは全文紹介したいくらいのものだがそうもいかない。読みたい人は図書館へ行けばよいとだけ書いておこう。

ランプとガスと電灯と

日本で一般に電灯がつけられるようになったのは、明治二十年十一月に東京電灯が開業して以来のことといってよく、これに続いて神戸、大阪、京都、名古屋、横浜などに電灯会社が創立されている。

小田原では明治三十三年三月、小田原電気鉄道株式会社が国府津湯本間の馬車鉄道を廃止、電車運転を開始したのに伴い、その余りの電力を湯本、塔の沢、小田原、酒匂、国府津、大磯までの地域に、主として灯用として供給したのにはじまる。全国的に見て地方の小都市としては最も早い時期に属するものと思われる。

そこへ行くとガスの方は大分あとのことになる。

小田原ガス株式会社は大正二年六月六日に創立され、昭和四十八年六十周年を迎えた。その記念誌を見ると、創立以来翌年一月末までのガス引用の申込総戸数は一、一〇〇戸、総孔数二、三四二で、そのうち灯火用一、四八九、熱用は八五二となっている。

わたしの家はこの最初の申込者のうちに入っていたと記憶している。灯用としては店に二灯あった。天井から六、七十センチぐらいの細い管がさがり、その先に丸いホヤがとりつけてある。管の先にマントルピースというたくさんの孔のあいている白い袋状のものをつける。これは触れるとたちまち灰のようにくずれるもろいものであった。管の中途には天びんの棒のようなものがあって、端についているくさりを引いて上下させるとガスが出たり止まったりする。マッチをすってマントルピースに近づけ、棒をひっぱると青白い焔をはなって点火する。ざっとこんなふうな装置であった。

ガス灯はひいてもふだんはあまり使わず、もっぱら停電の時につけていたようであるが、それでもまっくらな中をろうそくを探しまわることもなく、明るさも店中にどうやらとどくほどであったから、ずいぶん便利なものができたなどと話し合ったものである。

熱用としては、小さいコンロと四升だきのかまが乗る大きいのと二つあった。それまでのかまどは石造りで、大きなかまどとなべをかける二つの口と、その間に湯をわかす銅こがあるという作りであったが、その一方をこわしてガスに切りかえ、もっぱら飯たきに使った。便利になって母や女中は喜んだが、そのかわり、やっぱりまきでたいた方がうまいという批評も出たようであった。

明治三十三年には電灯がついた。大正二年にはガスも使えるようになった。だからちょっと考えると、どこの家のどの部屋にも電灯がついていたように思い勝ちであるが、けっしてそんなものではなかった。

わたしの家などは小田原でも大きい方に属する商店であったが、電灯のついているのは店、それと奥の二タ間ぐらいで、あとの部屋はまだランプを使っていたのである。

そのころ奉公にきたばかりの小僧には、店や奥の拭き掃除やランプのホヤ拭きその他いろいろな雑用が分担で課せられていた。

当番の小僧が毎朝三つ四つのランプを廊下へ持ち出して、すすけたホヤを布きれで拭いたり、石油を補充したりしていたものであった。

つまり電灯やガス灯をつけていても、まだランプを使っていたわけで、わたしの家の様子から他を推しはかっては悪いが、おそらくどこの家でもこんなふうではなかったかと思われるのである。

明治の中頃に電気がつき、大正のはじめにはガスもひけたといえば、小田原はずいぶんと文明であったように思えるが、灯火から見た生活はだいたいこの程度のものであったといってよいであろう。

座売りから陳列式へ

明治以後の小田原の歴史をふりかえって、だいたい大正九年の熱海線小田原駅開通を境とし、それ以前を沈滞期、それ以後を発展期というふうに分けられると、わたしは考えている。小田原の商店が座売りから陳列式に切りかえ、店頭販売に新しい方式を取り入れはじめたのはちょうどこのころのことであった。

座売りといっても今の人にはよくわからないであろうから、それがまずどういう販売方法なのか説明しておかなければならないであろう。

簡単にいえば、店の大部分が畳敷で、客は店先のかまちに腰かけ、店員――そのころはまだ番頭、小僧といった――は希望の商品を持ち出してきて、両方とも座った形で売り買いをすることなのであるが、これだけではまだ十分わかってもらえそうもないから、当時呉服屋であったわたしの家の様子についてしるしてみよう。

わたしの家は当時旧須藤町、今の銀座通りにあった。地所の間口十間のうち半分の五間が店で、あとは荷車や木箱類を入れておく物置になっていた。

店は間口五間、奥行三間で、表から見て左端と右端に店先の柱と平行して一間ずつの板敷きがあり、左端から二間のところにふとい四角の柱が立っていた。中央の三間は店先から三尺さがってかまちがあり、そこは叩きの土間になっていた。店内の周囲は正面の帳場を除いて全部作りつけの棚で、その前に移動式の棚が置かれていたと覚えている。そして、あとは全部畳が敷きつめられていた。

客が入ってきてかまちに腰かけるとまず座布団を出す。少し長びけばお茶を出すこともちろんである。この客を母娘二人連れとし、娘の平常着にしたいので銘仙を見せてほしいという注文だったとする。これがもしお得意さんであったら好みの柄行き、色合いなどすでに知っているから問題はないが、初めての客だと番頭は自己判断でおよその見当をつけ、奥の棚のところへ行って伊勢崎、足利、桐生、八王子などの銘仙をみつくろって十反ほど持ってくる。それで気にいらなければさらに数反を持ってきて見せるし、場合によっては蔵までとりに行くこともある。この場合、番頭に要求されることは商品に対する知識、客の好みに対する洞察力、客に買う気を起こさせる販売技術などであったといってよかろう。なにしろ座売りはたいていの場合一対一の商売なので、なによりもまず温かでなごやかな応対ができなければならないこというまでもなく、それを身につけるに多年の修業が必要であった。

客が帰ったらさっそく品物をもとにもどしておくのが原則だが、客がたてこんでくるとそうはしていられない。前の客の品物を片寄せて、新しいのを持ってくる。そんなふうだから夕方になると店中足の踏み場もないほど品物でいっぱいになる。それを片付け終わって夕食、夜は夜で帳面付けその他整理・整頓などの仕事があって大戸を下ろすのが十時ごろ、これで一日が終わるのである。わたしはここで「大戸を下ろす」ということばを使った。「大戸を下ろす」というのはいったいどういうことなのか、今となるとわからない人の方が多いと思う。これについては別稿で説明するとしよう。

座売りとはだいたいこんなふうなものであるが、これは呉服屋に限らず何商売でもほとんど同じであった。

この座売りと陳列式とがどのように違うかというと、まず第一に表の仕切を板戸でなくガラス戸に変え、その一部に陳列窓、今のショーウインドをもうけたことであり、第二は店内をできるだけ広くコンクリートの叩きにし、そこに陳列台を置いて、客が直接商品に触れて自由に選べるようにした点である。

商店の近代化といったらよいか、小田原で最も早くこの陳列式の店が現れたのは松原神社付近で、わたしの記憶では大正四、五年あたりのことであったと思っている。

松原神社界わいは別稿にも指摘したように、総鎮守である松原神社を中心にして近くに官公庁、学校が集まり、花柳界があり、映画館・寄席があり、魚河岸などがあって最も派手ではなやかな地域であった。その上、近い将来に熱海線小田原駅が開通するということもあって新しいものをとり入れることにかけては特に積極的であった。さらにいうならば、この地域には比較的小さい商店が多く店舗の改造がしやすかったことも、その一つの理由として挙げていいかも知れない。

これに反して須藤町、竹の花（今の銀座通り）方面の近代化は大分遅れているのである。この地域の商店には大店が多く、顧客は広く、足柄上、下両郡にまたがっていたので、いきおい商売は地味で堅実であった。大商店の改造はおいそれとできるものではないし、農民を相手の商売ではにわかに切り換える必要もなかった。それに町内や箱根、湯河原、熱海などの顧客には外売りのサービスを強化すればそれで十分間に合っていたのである。またこういう大商店の間にはさまって小さい商店が陳列式に切り換えても街並みからいって何か水と油の感があった。須藤町方面がなおしばらくむかしのままの形を持続したのにはこのような事情があったと考えられる。

しかし、大正九年小田原駅が開通した後は旧態のままでいられるはずはなく、陳列式にする店がボツボツ現われはじめた。わたしの家でも店舗には全然手をつけず、畳敷の上に陳列台を並べ、客には下駄をぬいで上がってもらうという方式をとった。たしか大正十年か、十一年のことだったと思う。これが思わぬ幸となったのは関東大震災の時で、店の者はもちろんのこと、客が何人いたか知らないが、みんな陳列台の間に身をひそめたので一人のけが人もでなかった。

関東大震災に伴って起きた火災で町の中央部をほとんど焼野原と化した。

一時はぼう然とした人々もやがて力をふるい起こして復興に向かって立ち上がったが、商店街の復興で特に注目すべきことが二つあった。

一つは主要道路の拡張である。震災前の須藤町、竹の花通りは三間幅の道路であったが、東西それぞれ一間半ずつ出しあい、側溝を含めて六間四尺にひろげた。これは本町通り、国際通りなども同様であった。

もう一つ、新しく建てられた商店はすべてガラス戸、陳列式となり、座売りは焼け残った場末の商店だけとなったことである。

すなわち、震災を境にして座売りから陳列式に完全に移行したといってよく、小田原の商店街はここを出発点として新しい道を歩みはじめたわけである。そして、昭和二年大雄山電車の駅乗入れ、小田急鉄道の開通に伴って発展の道をたどり、いくたの変遷を経て今日に至っているのである。

現在の商店は外観はもとよりのこと、店内の装備、照明、商品の配列など、大正時代の商店を知っている者にとっては、まことに驚くばかりの変わりようである。そして今や、ショッピングは娯楽の一つとして数えられるほどになった。デパートやスーパーマーケット、商店街はただ見て歩くだけでも結構楽しいいし、買物も自由で便利になった。しかしその反面むかしのような温かさは次第に失われ、売り買いにすっかり味がなくなってしまった。

先日塩辛を買ってからある茶舗によりお茶を買った。お茶をビニールの袋に入れてくれるので、これもいっしょに入れてくれと差し出すと、若い主人らしい人が「これは塩辛でしょう。」という。塩辛ももちろんちゃんと包装してあるのだから、わたしはあまり気にもしなかったのだが、その塩辛をさらに自分の店の包紙でていねいにくるんで入れてくれた。塩辛の香が移るのをきらったのかも知れないが、この主人の心遣いにわたしはすっかりうれしくなってしまった。

また、ある洋品店でネクタイを買った。その時わたしは片手にあまるほどの買物をかかえていた。それを見て店員は大きな紙袋を出してきて、その中へ全部を入れて渡してくれた。この時もわたしは心の中でえらいなと思いながら、「ありがとう」といった。

むかしならこんなことは至極当たり前のサービスであった。それが今ではとてもうれしく感じられるのは、それだけ客に対する心遣いがうすれている証拠ではないか、とわたしには思えるのである。

（昭和五一・三・七）

大戸を下ろす

いつであったか、同年輩の図書館長と話をしている時、わたしの口から「大戸を下ろす」ということばが出た。すると

「大戸を下ろすってなんですか。」

と彼はきいた。

「え、ご存じないんですか。」

一瞬わたしはなんだこんなことばぐらい知らないのかと不思議に思ったが、すぐ彼の家がもとからの月給取りであったことに気付き、なるほど知らないのも道理と思いかえした。そして、大戸のことをこまごまと説明してやった。

「大戸を下ろす」ということは商人や農家に生まれたものなら知っているはずではあるが、前稿にしるしたとおり、五十年以上も前、関東大震災を境にしてほとんどがその姿を消してしまったのであるから、知らないのが当たり前である。しかも今後これを見る機会は絶対にないであろう。したがって「大戸を下ろす」ということばはすでに死語になっているといってもよく、それだけにまた今のうちに解説しておく必要もあろうというものである。

さてこれもわたしの家の実例でしるすことにしよう。

わたしの家の店は五間間口で、表から見て左から二間のところに太い四角の柱が立っていて、

あとは柱がない。そして、中央の三間が土間になっていたということはすでにご承知のとおりである。

春、夏、秋の暖かい季節には朝七時ごろ店をあけると、軒下に長いのれん、左右に大きいのれんをかけるだけで夜十時ごろまであけっぱなし、冬の寒いころには六時か七時に戸をしめる。

どんなふうにしめるのかというと、小僧がまず物置きから長さ一間の四角なしきいをかついできて土間に敷く。つぎに柱を運んでくる。柱にはほぞ、しきいにはそれを差しこむ穴が作られているので簡単に立てることができるのである。

柱を建て終わるとかもいの上から板戸を下ろす。どこの家にもある縁側の雨戸と同じものであるが、違うところは縁側のは戸袋が横についていて、雨戸はたてのものが出てくるのに対して、これは戸袋に相当するものがかもいと屋根の間にあって、戸は横に入っているのである。そして、左右一間ずつの板敷のところには二枚、親柱の右二間の土間には三枚下りるようになっていた。

これだけでは板戸がぴったりはまっていて出入りができない。そこで親柱の左一間のところに板戸二枚分の大きさで、くぐりのついた戸を下ろし、その上にもう一枚戸を下ろして閉め切るのである。

この二枚分の戸には障子と板戸のくぐりがついているので、外の戸と比べて大きさも二倍なら、厚さも倍以上ある。だから、これを大戸と呼ぶのである。

中でまだ起きている時は板戸の上部一枚は屋号などを書いた障子を下ろし、くぐりも障子にしておくが、これは就寝前に板戸にかえることになっていた。

店を開ける時はこの逆を行けばよいのだが、大戸は非常に重くまかりまちがって落としでもしようものならたいへんなので、二人がかりで上げ、かもいのところにある丈夫な留め木を引出して支える。農家などでは大戸の上部が蝶つがいになっていて、それを軸にして横に持ち上げ、屋根からぶらさげてある鎖の先についているかぎにひっかけてとめるというところもあった。「大戸を下ろす」というのはだいたいこんなぐあいのもので、それの進化したものが今のシャッターだと考えてもらえばよい。どちらも下ろしてしまうと出入りが不自由になる。もっと不便なのは開けた時で、今ならガラス戸があって自由に開閉ができるからいいが、大戸の方はそういうわけにはいかない。

いったん開けたとなると、前にも書いたとおり開けっぱなしである。雨が降っても風が吹いてもちょっとやそっとでは閉められない。暖かい季節ならともかく、冬の寒いころも昼間は開けっぱなしだから風は吹きこみほうだい。その上、暖をとるといえば火鉢が五、六個置いてあるだけというのだからたまったものではなかった。それでもあまり風邪をひくこともなかったのだからよくしたものであった。今から考えればまったくウソみたいな話である。

しかし、「大戸を下ろす」ということにはなかなかいい面もあった。大戸を下ろすと板戸と障子で表と完全に仕切られる。座売りだから店内に散らばった品物を片付けてしまうと、そこに相当広い畳敷ができ格好なレクリエーションの場になる。正月などは片隅で花札をやり、まんなかでは百人一首をとる。また別の隅では碁、将棋というように思い思いの遊びに興じることができた。これは楽しくもあり、また初春らしい味があった。夜遅くまで花札をやっていると、チャルメラの音が聞こえてくる。この流しのラーメンははじめは鼻のそばへ持ってくるとプーンのむかつくような臭いがしてとても食べられたものではなかったが、クサヤの干物と同じで、食べなれたらこれでなければいけなくなってしまった。その味は未だに忘れられないものになっている。

「大戸を下ろす」というのは本来店を閉めるという意味なのであるが、それから転じて「店じまい」にも使われたようである。

（昭和五二・三・一四）

小田原の滄浪閣

伊藤博文の滄浪閣といえばたいての人が大磯だと思い、それより先に小田原にあったことを知らぬ人が多くなっている。ある百科事典の「おだわら」という項をひくと、「伊藤博文（古稀庵）」などとはなはだしいあやまちをおかしているものもある。

明治二十二年の町村制施行によって小田原町が誕生した時、小田原は保養地、別荘地としてやっていこうということが基本方針の一つになっていた。

伊藤博文の滄浪閣はそのトップを切ったものといってよいであろう。博文はまず父重蔵のために旧上幸田（お堀端通り）の南のはずれ、今の松琴楼、音羽の前の松林の中に別荘を建てた。ここはわたしの子供のころには貴族院議員田辺輝実の所有になっていた。

博文は別に御幸の浜に和洋風の別荘を構え、明治二十二年十月枢密院議長を辞すると、ここに住んでゆうゆう自適の生活に入った。これが滄浪閣で、門に掲げられた三字の額は巌谷一六の筆になるものであった。

しかし、朝に相模なだの万波をのぞみ、夕べに箱根の白雲を仰ぐという生活はそう長くは続かなかった。国会開設に伴って翌二十三年十月には貴族院議長となり、滄浪閣はそのままにして、居を東京に移した。

この滄浪閣で特にしるしておかなければならないことは、明治二十六年の夏から秋にかけて法典調査会（総裁伊藤博文）の編さん委員であった穂積陳重、富井政章、梅謙次郎の三法学博士が起居を共にして日本民法の起草に当たり、第一章「人」を書き上げたことである。これによって、小田原は民法発祥の地といわれるのである。このことは穂積重遠博士の『民法と小田原』にも書かれている。

神奈川県はくしくも明治の二大法典である憲法と民法の発祥の地を持っている。憲法は横須賀の夏島、民法は小田原、この二か所は近代日本の出発におおきなかかわりのある土地として永く記憶されるべきであろう。

滄浪閣には明治二十六年一月から三月まで、常宮、周宮両殿下が御避寒されたこともあり、これが小田原御用邸建設のきっかけになっているのであるが、同二十九年五月、博文は大磯に新しい滄浪閣を作って移り住み、小田原は廃邸となった。ついでだが、大磯滄浪閣の扁額は李鴻章の書である。

それから幾星霜、昭和十五年の何月だったか、東京の金物商川島美保という人が図書館へわたしをたずねてきた。

実は先きごろ御幸の浜に土地を買ったが、聞くところによるとこの土地は伊藤博文の滄浪閣の跡だとのこと。もしそうだったらこのままに捨て置くわけにはいかない。それについて教えていただきたいということであった。わたしはいろいろの資料から滄浪閣の記事を抜粋してやった。

川島氏は記念碑を建てることを思い立ち、努力奔走した結果、金子堅太郎伯撰文の碑と本山白雲作の胸像とを建立し、昭和十六年五月十日その除幕式を盛大に行った。わたしはこのようにいくらか手伝いをしたということで除幕式に招待されたが、その時記念品として出された、胸像とまったく同じレリーフと記念絵葉書を今でもなお所蔵している。

ちなみに、本山白雲は品川弥次郎、板垣退助、伊藤博文（議事堂内）、後藤象二郎など多くの人々の像を制作し、銅像専門家として知られた人であった。

現在御幸の浜にある伊藤博文の胸像、記念碑については、知る人ぞ知るで、あまり関心を持たれているとはいいがたい。もっと注意が払われ、大事にされなければならない史跡であろう。

文庫流れ

小田原における近代図書館運動の発祥は意外に古く、しかも市民の思いも及ばぬ人によって、その第一ページがめくられている。

明治時代の小田原を知る上において、片岡永左衛門氏の『明治小田原町誌』と並んで貴重な資料に『函東会報告誌』という雑誌がある。明治二十二年十月に創刊号を出している。その五号（明治二十三年二月発行）の雑報欄につぎのような記事が載っている。

一月五日の事であった。足柄下郡警察署長布野万長氏は伊藤伯（博文）の意を受けて、小田原新年会の席上で演説された。

そのあらましは――。

伊藤伯が当地に住んでおられるからは、何でも当地の利益になることならしてやろうという考えをもたれている。そして、伯は多数の書物を所蔵しているので、これを広く町民に読ませるようにしたらどうかと考えられている。故に有志者があって、一軒の家を借りるか、あるいはほかに適当の場所を作って、管理を十分やるというのであれば、伯は喜んで所蔵の書物を貸し与えてくれるであろう。
ということであった。おおかた伯は小田原地方の教育が奮わないのを心配してこの好意を寄せられたのであろう。有志者はこの好意にどうむくいようとするのか。まだ何も聞いていないが、望みたいことは、すみやかに小文庫を設けて、一二人の番人を置き、教育会か学校でこれを管理し、同時に小田原町民で古文書を持っている人も、むだにこれをたばねて蔵にしまっておき鼠のすみかとすることなく、また箱の中に蔵してしみのえさにすることなく、この文庫に提供して衆人の利益を考えられるならば、その公益ははかり知れぬものがある。伯の好意に感謝し、有志家の奮発を祈る。
伊藤博文は明治二十二年枢密院議長を辞し、御幸の浜に滄浪閣を建てて、しばらくの閑日月を送っていた。この博文によって投ぜられた一石は当然波紋をおこさずにはいなかった。
小田原を中心として足柄下郡の教育振興を志すもの百三十二名をもって組織された函左教育会は、二月九日幸女学校で開催された第五回総会でこの問題をとりあげ
　小田原町の内に書籍館様のものを創めること及びその方法の議題は満場の賛成でこれを創立することに決し、その方法手続等は幹事がこれを取り調べること
を議決し、幹事の改選を行った結果、上原関次郎、戸沢政恒、笠原尚衛、志摩勝富、牧田源之丞の五氏が再選された。

こうして、小田原の最初の図書館は「小田原文庫」と名付けられ設立準備が進められたのであった。

ここで当時日本の図書館はどんなありさまであったか一顧してみよう。

明治時代に入って、学校教育は政府の積極的な施策によっていちじるしい発達をとげたが、図書館事業ははなはだ閑却され、僅かに明治五年に官立図書館東京書籍館（後の上野の図書館）ができたのみであった。明治二十二年に至りようやく図書館令が発布されたものの、きわめて微温的、消極的なものであった。したがって、府県立では、明治三十一年に京都府立、同三十六年に大阪府立が建てられ、市立では明治三十九年に東京市立図書館がやっと市民にお目見えしたのであった。

このような状況の時、しかも府県立最初の京都に先だつこと八年の明治二十三年に、伊藤博文のお声がかりにもせよ、小田原に図書館建設の準備が進められたことは、まことに驚異に値することなのであった。

ところが、『函東会報告誌』第十三号（明治二十三年十一月発行）で雑報子は

小田原文庫　文庫名はすでにあって、形はついに消えた。好意を表せられた伊藤伯は、いくたの蔵書を深く蔵して、また出そうとしない。かつて「草紙洗」という語があったと聞くが、まだ「文庫流」という語のあることを聞かない。ああ。

と嘆じている。

二月に設立を決議してから十月ばかりの間に、どういう経過をたどったのかわからないが、小田原最初の図書館はついに流産し、伊藤博文は初代貴族院議長となり、十一月に小田原を去った。

今、小田原市立図書館に山県有朋の文庫がある。この時伊藤博文の本を貰っておけば明治の二大元勲の蔵書を併せ持つことになったのである。その上この時から古文書を集めておけば、現在郷土資料収集にこんなに苦労しなくてもすんだはずで、かえすがえすも残念な気がする。

道徳教会

明治三十七、八年の日露戦争が終って後、政府は勝利に酔いしれて心おごり、浮薄に流れた人心をひきしめるために社会教化運動を強力に展開した。

ちょうどそのころ小田原に道徳教会という会が誕生した。

図書館に財団法人道徳教会の発行した『創立拾年の霜痕』ならびに大正六年、七年の会務報告が保存されている。これは当時道徳教会の事業に参画された人で、小田原町立高等女学校の教頭であった三浦経太氏が持ってきてくれたものである。

その冒頭にしるされていることは、道徳教会創立の経緯をよく伝えている。

明治四十年の晩秋日本弘道会小田原支部会員の月次研究会の席上、たまたま同会員であって足柄下郡長に赴任してこられた石川疏君が臨席され、聞くところによると当地には報徳社員があり、各宗教家諸師及び教育会員があって、互に自分の職分とするところに日夜努力されているという。今や戦乱の後風教を起して人心のおごりを制することは急を要することである。よろしく各自がその小さい領域を脱して、国民道徳涵養という目的に向って歩調を一つにされるよう望む。

なるほどそのとおりだということで数回にわたって協議した結果、大同団結をすることになり、十二月八日宝安寺でその発会式が行われた。道徳教会という名は当日講師として招いた大内青巒氏の命名するところで、弘道会の「道」、報徳社の「徳」、宗教教育の「教」の字をとったものである。

このように小田原各界の有識者を集めて発足した道徳教会は毎月例会を開き、あるいは東京から著名な講師を招いて特別講演会を催すなど、活発に社会教育活動を展開した。

ところで、その経費はどうなっていたかというと、通常会員の会費は一か月金五銭、一か年五十銭となっていた。もちろんこれだけでまかなえるはずはないので積極的に寄付を求めた。

もともと、この道徳教会は小田原の素封家辻村甚八家が一家を挙げて関与しており、会員が当時の有識者を網羅していて、しかも事業が社会教育なのだから、賛成者、支持者も多く、本光寺住職三宅日鐘師が五か年間に三十円を寄付するという申し出をしたのを皮切りに、鈴木善左衛門氏は四たびも重ねて三十円ずつを寄付している。

こういうわけで、おそらく寄付金が一千円に達したのであろう、明治四十五年六月三日付で、井上宗道、石井伊兵衛、本多行厳、高木快雅、尾崎春達、添田理平治、村山大仙が連署し、内務大臣原敬、文部大臣長谷場純孝あてで、財団法人設立許可申請を提出し、同九月十六日、設立の許可を得た。

財団法人となった道徳教会はさらに活発な活動を開始したが、その中で特に紹介しておきたい二つの事業がある。

その一つは辻村文庫の開設である。

これは陸軍大将西義一氏の厳父で、北海道浦河支庁長時代に地方民から生存中に神としてまつられたという西忠義氏が「時代の要求する図書館をここに付設して社会教育の欠陥を一日も早くおぎなえるよう。」と要望したのにはじまっている。

道徳教会の幹部もかねてからこのことは考えていたことなので、辻村常助氏に相談してその助力を要請した。辻村氏はこの計画を喜んで受け入れ、万年町四丁目（旧一丁田）の屋敷と倉庫二棟、それに図書閲覧室を新設して、無償で道徳教会に貸与した。

こうして大正二年四月二十日、財団法人道徳教会図書部辻村文庫と称する私立図書館が誕生したのであるが、それから三年後の大正五年に公立として最初の足柄下郡立図書館ができたのであるから、民間の方が一歩先んじていたわけである。

もう一つは小田原商工補習学校である。

これは大正七年七月、陸軍少将木全多見、獣医学博士今泉六郎、道徳教会理事代表高木快雅の三氏を発起人とし、青年会場に設けられた商工業の補習学校であるが、これが後に相模学園小田原商業学校となり、市に移管されて小田原市立商業学校、さらに県に移管されていくたびかの変遷を経て現在の県立小田原城東高校になっているのである。

辻村家並びに道徳教会が小田原の教育史上に残した大きな足跡は今もなお生き続けているといってよいであろう。

実業奨励会と二葉会

旧一丁田の辻村家を背景にした道徳教会とほとんど時を同じくして、明治四十二年に旧須藤町（銀座通り）の桔梗屋薬舗吉田義之氏を中心とする実業奨励会という会が生まれた。吉田義之著『実業立志篇』（明治四十三年十二月刊）という本があるが、それには

小田原青年実業家諸氏は世界の大勢にかんがみて、ますます各自業務の発展を期し、報国の義務をつくしたいと昨年実業奨励会を組織した。そして、本年二月十日午後三時から、雨宮敬次郎氏を招待してその第二回を同地善光寺で開催し、引続いて同夜とその翌晩同じ

場所で雇人奨励会を開いたが、みぞうの盛会であった。としるされている。

桔梗屋の先祖は貞享三年（一六八六）大久保忠朝が千葉県佐倉からふたたび小田原藩主として帰って来た時、いっしょに随ってきた医師だといわれているが、父義方氏は小田原町長、義之氏自身は県会議員をやって、小田原の政財界に重きをなしていた。

雇人奨励会――後に店員徒弟奨励会と改称されたと記憶しているが――はだいたい、小学校の優等生の国歌斉唱にはじまり、勅語詔書の捧読、講演、優良店員の表彰、余興として音楽剣舞、真龍斉貞水の講談、最後に福引があって散会というものであった。最初のうちは善光寺を会場としていたが、後には富貴座に移り、御幸座も使ったように思う。

わたしは優等生だったので毎回呼ばれて君が代を歌わされたが、大人の会だからちっともおもしろくなく、最後の福引を楽しみにしていたのを覚えている。

経費はすべて寄付金によってまかなわれていて、第二回の奨励会には百八十五円八十銭を集めている。道徳教会にしても、この雇人奨励会にしても、まったく民間の事業として行われており、町から一銭の補助も受けていない。この辺今の社会教育とだいぶ違ったものが感じられるのである。

ここでおもしろいのは辻村の補習学校が昭和二年に小田原商業学校となって開校した時、吉田義之氏はその設立者の一人として努力し、五月十一日初代校長に就任していることである。

わたくし事にわたるが、わたしの祖父伊兵衛は道徳教会の理事であったが、父定吉（当時は太平といった）は実業奨励会の方の有力メンバーであった。

実業奨励会はもう一つ小田原二葉会という会をもっていた。

これは、学校教育がいかに発展しても家庭及び社会がこれを破壊するようなことがあってはならないという考え方から、現在の家庭教育、社会教育の立場から子供の教育を援助しようという目的で結成された会である。

最初は善光寺、後に富貴座、御幸座を会場としたことは奨励会と同じであった。毎年第一、第二、第三小学校の生徒全員を招待して、優良児童の表彰、講演、それに巌谷小波のおとぎばなしという会であった。

これもわたくし事になって恐縮だが、昭和の始めごろだったと思う。大学の休暇で家へ帰ってくると、ちょうど二葉会の企画をしている時だった。今年も例年のとおり巌谷小波だという。お礼はいくらかと聞いたら百円だと聞いてびっくりした。いくら三回話してもらうとしてもこれは最高といってよい謝礼だ。ラジオ放送開始以来、新進童話作家がたくさん出ている。そういう人を頼んだら、話も新鮮だし、謝礼も安くてすむだろうといったら、それなら君に一任するから誰かいい人を探してきてくれということになってしまった。

物いえばくちびる寒しで、とんだことを引き受けさせられて困ったが、芝の柴井町で洋反物商をやりながら、少年団長をやったり漫画をかいたりしていた義理の兄に相談すると、それなら『時事新報』の北沢楽天氏を通じて、当時『少年』『少女』という雑誌の編集長をやっている安倍季雄氏に紹介してもらおうということになった。

事はうまく運んで安倍さんにあうことができた。

「あなたはいいところにきました。今日は愛宕小学校で八人の先生が童話をやります。そのどの人でもいい、わたしがそういったといってお頼みなさい。」

と阿倍さんはいった。

さっそく愛宕小学校にかけつけて、みごとに先生をつかまえた。たしか内山憲尚氏（当時憲堂といった）で、謝礼も三十円でいいということだった。これはたいへんな好評でわたしは大いに面目をほどこした。二葉会がいつまで続いたか、それはわたしにも覚えがない。

怪物・鈴木善左衛門

鈴木善左衛門といえば小田原市名誉市民鈴木英雄、鈴木十郎両氏の厳父として知らぬ人はないであろう。善左衛門が世を去ったのは大正八年四月十八日のことであるから、現在でもその生前に知遇を得た人が数多くいて実に偉い人だったという。しかし、いったいどのように偉かったのか、どれだけの大物であったのかという点になると、いずれもその片鱗を語るだけで、大物としての全貌はあまりはっきりとは伝わっていない。

もうずっと以前のことになるが、わたしは『函東会報告誌』を一ページ一ページめくって目をとおしていた。明治二十七年四月発行の第三十六号をめくっている時、ふとわたしの目に「怪物」という表題がうつった。大観子という人の書いたものだが、題名が珍しいものだったので読んで見る気になった。読み進んで行くうちに、善左衛門という名は一度も出てこないが、これがまさしく善左衛門のことを書いているのだということはすぐわかった。そして、善左衛門とはこんな人だったのかと驚嘆したものであった。

わたしはさっそくそれを原稿用紙に写して、当時市長であった鈴木十郎氏のところへ持って行った。その時、市長はあまりきげんがよくなかったらしく、新聞を読んでいてわたしがそばへ寄って行っても見向きもしなかった。わたしは黙って原稿を前に置いた。やがて市長はそれをとりあげて読みはじめたが、そのうちにだんだん顔がほぐれてきた。

「これはどこにあったの。」

と、読み終えて市長はいった。

「『函東会報告誌』で見つけたので、すぐ写してきたのです。」

「まったくこのとおりだったよ。いや、いいものを見つけてくれたね。どうもありがとう。」

市長はほんとうに感謝してくれた。

「怪物とはよくいったものですね。すると市長さんは小怪物というところですか。」

「小怪物か、アハ……。おやじはほんとに偉かったよ。」

市長のきげんはすっかり良くなったようだった。

この「怪物」を読むと、善左衛門という人の大きさが実によくわかる。原文のままの方が張りもあるし、味もあるのだが、一々辞典を引かなければならないほどむずかしい言葉が使ってあるので、わかり易く書きあらためて紹介することとしよう。

怪物

小田原の名物といえば梅干ということを人は知っている。小田原の怪物といったら人皆それが何者であるかと疑わないものはない。そしてこの怪物は小田原以外の人によく知られ尊敬されていて、同郷人でいてかれを知っているものはかえって少ない。たまたまかれを知っているものはかえってかれを畏敬するというふうがある。つまり灯台元暗しというべきであろうか。それともまた、かの怪物みずからが人の目をくらますために知友を求めないようにしているためか、怪物の怪物たるわけはついにわからない。怪物とはそも何者。獣か鳥か魚介の属か草木の類か、いやいや小田原にいる時は鴎盟館主人であり、箱根山中に入っては環翠楼の楼主である。相模湾の海上に浮んではネコサイの漁長である。ある時ははっぴももひきを着て人足のような格好をしている。いや時にはたしかに人足のかしらである。ある時にはドテラに三尺をしめてばくち打ちのようなことがある。いや、時にはこの社会でも一流の親分であるかも知れないのである。またある時は、羽織袴を着て紳士のようなこともある。いや、かれはその資格その威望において恥ずかしくないりっぱな紳士である。この紳士このかしらは、ある時はいやしい男に対しても腰をかがめて、そのぼろぼろのぞうりをとることにためらわない時がある。ある時は貴顕紳士に向かっても堂々としてへりくだらないという意地を見せることがある。かれはまたよく飲みよく話す。儀式の席や花月の宴というような固くるしいところや風流の集まりなどはかれの飲む場所ではない。卓いっぱいに新鮮な魚をならべ、そばにたるほどの酒をおいて、これを自由にたべ、自由に飲んで豪快な時をすごす。これがかれの得意とするところである。その談する時は、美しいことばの数々が口をついて出るというような雄弁家ではないが、ちょっとした短いことばもただちに人の心に入り、いわゆる寸鉄人を斬る妙がある。かれはこのような怪物であるにも似ず、その容姿はすっきりとあかぬけており、そのおだやかな顔は春のようで、まことに無邪気な好漢である。しかし、かれが事に感じて立ち、物に触れて怒ると、洋々とした春の海に、たちまちすさまじい風が起こり、波は怒り、雷が鳴り、まるで別人のような観を呈することがある。かれはこの瞬間にかれの本性の一部を現わすようである。土地の人々がかれを畏れ避けるのもまた、この一点を見てすぐにこれがかれの本領だと誤認するからである。かれの本領本色というものはこのように小さいものではないのに気のつかないのは憐むべきことである。ああ、かれはある一部の人には悪魔のようにおそれられている。一部の者にはその侠骨をもって敬い重んじられている。また一部のものにはその奇行で深く愛されている。そしるものほめるものかれの身辺をめぐり、ついにかれの本性を明らかにすることはできないのである。ああ、かの怪物の本性本色は果たしてどこにあるのか。果たしてどこにあるのであろうか。

これをこのまま受けとると、鈴木善左衛門という人はまさに驚くべき人物であったといわなければならない。ほんとにこんな人だったのであろうか。すこし誇張しすぎていはしないかという気さえ起こるのであるが、もう一つ、同じ『報告誌』第三十六号に載っている、牛門山人の「伊豆行脚」の抜粋を見ていただこう。

一月二十五日、雨、風さえ加って荒れ模様であったが、十時頃少しやわらいだので、人車をやとって熱海を出発した。五時ごろに小田原の鴎盟館に着いた。南江堂主人（小立鉦四郎）は急な電報で、昼ごろまで待っていたが帰京したということで是非もない。鴎盟館は鈴木善左衛門が先きごろから自分のものとし、漁業のかたわら経営しているのだが、この商売も日増しに繁昌しているとのことである。主人の漁翁もあいさつにきて、ちょうどその時岩田撫松氏もたずねてこられたので、主客三人で飲みかつ談じた。ことに主人の快談は一段と興味を添えた。この男はなかなかの代物で、人物払底の小田原にはまず珍しい存在である。

牛門山人という人もどういう人か知らないが、この文章も「怪物」を裏書しているようである。

さらに『豆相新聞』の社長であった星崎広助が明治二十六年十一月に出版した『神奈川県第

六区人物誌』には鈴木善左衛門についてつぎのようにしるされている。

水滸伝《すいこでん》の中に武松が景陽岡で虎を打ちひしぎ、九紋龍が月下の史家村で棒をふるって戦ったという話がある。奮激突進、進むことを知って退くことを知らないのは、だれに聞かなくても鈴木君のことだとわかる。君は長身で豊満、力は人にすぐれていて、一度怒ればとらやひょうもたおし、一度笑えば幼児もにこにことなつく。胸に和漢の知識をたくわえ、剣道馬術等一つとしてその奥義をきわめないものはない、文にすぐれている者は武にもすぐれているというのは、まさに君のごとき人をいっているのであろう。君は足柄下郡小田原の人で、幼児から豪壮活発、ひとり党を立てて大志を持ち、美食を食べることよりもむしろ美食に煮られることを望むという気概がある。それゆえ、古今の英雄の事跡をよみ、東西政治の得失を談じ、よくののしりよく笑うのである。君は一度町会議員に選ばれた。小田原町会には二十有余の議員をいれる議場はあったが、豪壮な一人の君をいれる議場はなかったのか、いくらも経たないうちに、思うところがあって議員を辞し、あしたに相模湾で千金の魚をとり、夕べには箱根で万金をかせぎ、漁業と浴場に専心するほかは、ゆうゆう自適、俗世間のことには関知しないというふうである。ひととの交際では上下を選ばず、格式にこだわらず、一見旧知のように胸襟を開いて話し合い、まことに古英雄の風格がある。君はまたしばしば私財をもって貧しいもの弱いものを救った。故に同地方の細民で君の恩恵に浴さないものはほとんどないといってよい。君の父（安太郎）はかつてその侠名を箱根の東西にとどろかした。おそらく君はその遺風を受けたものであろうか。君もまた近代の一快男児というべきであろう。豪侠の民に不平者はないと聞くが、君の腹の中には果たして一片の不平の気があるのかないのか。

この三つの資料をあわせ読み、また善左衛門が伊藤博文をはじめ多くの政治家、実業家、学者、文学者など非常に幅の広い階層の人々から愛され親しまれていた事実と考えあわせると、大観子の「怪物」が誇張ではなく、そのまま信じてもいいように思われる。

いずれにしても、善左衛門は小田原人としてけたはずれの人物といってよいのに、その真価はあまり知られていない。

いつであったか、鈴木十郎氏から巻紙の切れはしに書き流してある日訓を見せてもらったことがある。善左衛門自身の戒めなのか、それとも子孫への教訓なのか、どっちであるか知らないが、三十一日、日々の座右名を持っていたということも小田原人の中ではまれなことであろう。

その中には楠木正成、徳川家康、松尾芭蕉など古人のことばがあるが、それは七日間だけで、あとのものには普通の格言もあるし、あるいはかれ自身のことばもあるかも知れない。

鈴木十郎氏はこれを見せて

「その中で何日のことばがいいね。」

と聞かれた。わたしは三日目のことばが最も好きであった。

「一を聞いて十を知るは易く、十を聞いて一を行うは難し。一を聞いて十を知るというのは聖徳太子のことでしょう。それをしもたやすいといって、もっとむずかしいのは一を行うことだと、といっているのはいいですね。わたしはこれが一番好きです。」

と答えたのをわたしは今でもはっきり覚えている。これには古人の名はない。だれのことばかわからないが、これがわたしの胸に強くひびいたのは事実であった。

わたしは鈴木十郎氏からその写しをもらった。それを掲げてこの稿を終わることとしよう。

日々のかがみ

一日　天は明にして私なし　楠木正成
二日　堪忍は無事長久の基　徳川家康
三日　一を聞いて十を知るは易く十を聞いて一を行うは難し
四日　極楽を願わんより地獄を造るな　楠木正成
五日　正直なれ着実なれ勤勉なれ時間を守れ約束を破るな
六日　他の短を挙げて己が長を説くなかれ　松尾芭蕉
七日　ただの一日と励むべし
八日　心に誤りなき時は人を畏れず　上杉謙信
九日　考ふるに長く時を費し行ふに当りては猶予するな
十日　身持よくするは其身の徳とする、人を誉むれば親もよろこぶ

十一日　倹約の仕方は不自由を忍ぶにあり　伊達政宗
十二日　今日の事明日に延すなかれ
十三日　行ひは世と遷れ心は時と変るな
十四日　人の道は心にあり人の心は行ひあり
十五日　世の中に苦はなきものを我とわが楽を求めて苦しみぞする
十六日　小事なりとて忽にすべからず千里の道も一歩より始まる
十七日　父母に孝に兄弟に友に夫婦相和し朋友相信じ
十八日　仁に過ぎれば弱くなる
十九日　過を改むるにやぶさかなるなかれ
二十日　春くれば夏くるものを拵へて今日一日をあだに暮すな
二十一日　大利を得んと欲せば小利をも捨るな一文も富貴の一部なり
二十二日　過ぎたるを悔むな知らぬ事を案ずるな
二十三日　苦は楽の種楽は苦の種
二十四日　己に反省して人を責むるなかれ
二十五日　注意のとぼしきは知識のとぼしきより害あり
二十六日　九分に足らば十分に□ると知るべし
二十七日　既往の事を鑑みて前途の事を計れ

二十八日　□に約するはもろく心に誓ふは堅し
二十九日　人の事言はんより我が非を省よ
三十日　掟におぢよ火におぢよ　　　徳川光圀
三十一日　小康に安んずるな油断は大敵

下田隼人と錦織神社

わたしの家はもと旧須藤町（銀座通り）のかどや家具店の南隣りにあった。小学校一、二年の頃、かどやの北隣りの現在道路になっているところに錦織神社という小さいお宮があった。むかしから須藤町の町内持の神社で、なんでも下田隼人という義民を祀ってあるのだといわれていた。毎年正、五、九月の十七日に小祭、十一月十七日に大祭が行われるが、神社の前の狭い境内でおかぐらをやったのを二、三度見た覚えがある。

神社の北側にどぶ板ぐるみ二・五メートルほどの道があって錦織横っちょといった。それが現在の錦通りなのである。

たしか大正三年であったと思う。各地に散在する郷社以下の小さいやしろの整理統合が全国的に行われた際、錦織神社も氏神である大稲荷神社に合祀されたが、そのあとに消防小屋が建てられ、ポンプといっしょに神社の道具や解体しただしなどが入れてあった。

この錦織神社が義民下田隼人を祀った社であるという話に興味を感じて、すこし調べておこうと思ったのは、わたしが図書館に入って、郷土資料を集め出してからのことであった。

まず順序として下田隼人のことから述べることとしよう。

下田隼人はひと口にいって佐倉宗五郎のような義民であるが、それに関する研究はそうたくさんはない。足柄上郡の郷土史家の先輩である長坂郵太郎氏がかつて『相駿新聞』にその事跡を連載したそうであるが、これはわたしは見ていない。大正十二年に発行された『足柄上郡誌』は主として長坂氏が編集したもので、この中にはかなり詳しい伝記が載っている。おそらくこれも長坂氏が書いたものと思われるので、『相駿新聞』がなくともこれで十分間に合うと考えられる。このほかに昭和四十五年十二月に加藤誠夫氏が『義民下田隼人翁』という本を出している。しかし、下田隼人と錦織神社との関係については長坂氏のものを踏襲しているだけで格別新しい発見はない。したがってここでは『足柄上郡誌』によってその概略をしるすことにした。

下田隼人は関本の人で、通称を惣四良と呼び、代々里正を務め、また名主惣代を命ぜられていた。

寛永九年（一六三二）稲葉丹後守正勝が小田原城主になると、城塁を修築し箱根の関所を預って藩費がかさんだのに加えて、同十年正月には大地震があって多大の被害を蒙った。翌十一年正勝は病死し、その子美濃守正則が跡をついだ。

この正則の万治三年（一六六〇）稲葉氏は土地を測量して石高を改めようとした。これを万治の検地という。この時、隼人は苅野庄三十六か村の領民を指揮監督して検地の業を完成した。ところが領主は貢米の外に、先例のない麦租徴収の令を発したので、足柄上、下郡の領民は各所に集合して、その不当をならし、形勢は日とともに悪化するに至った。隼人等はこれが鎮撫につとめる一方、領主に対して再三の嘆願を行った。しかしかえってこの騒動の主謀者と目され弾圧されたので、行動を共にした他村の名主等は恐縮して一人去り二人去り、ついに協力する者は一人もなくなってしまった。隼人はこれに屈せず、一身をなげうって嘆願を続けた結果、藩は麦租徴収の令を中止したが、隼人は上をはばからざる行為として入牢、ついで城下牢屋前で死罪に処せられ、跡式は闕所となった。時に万治三年十二月二十三日であった。

遺骸は関本龍福寺に葬られ、村方によってしばしば供養が営まれたが、大正十一年十月十九日同寺境内に頌徳碑が建てられた。一木喜徳郎題額、県知事井上孝哉選文にかかるものである。

下田隼人は以上のような義人として現在もなお追慕されているのであるが、わたしが興味を感じたのは直接下田隼人の事跡に関するものではなく、関本ならびに須藤町に、錦織神社は下田隼人を祀った社であるという伝説があり、龍福寺の碑文に

　別に祠を小田原緑坊に建て以って其霊を祀る

と銘記され、さらに『足柄上郡誌』にも

小田原町に錦織神社（一名西郡神社）あり、上下二郡のため犠牲となりたる偉霊を慰めん

ため「にしごうり」（二郡を西郡と唱う）さんとて崇敬浅からず、毎年須藤町竹の花においては「七帰り半」という記念の儀礼をもって祭式を行い、今なお祭祀を絶たず。としるしていることについてである。

下田隼人と錦織神社との関係は長坂氏が『足柄上郡誌』編集当時どのような資料を持っていたか判然としないが、加藤誠夫氏をはじめどの郷土研究家もこの伝説を無条件に受け入れて疑わないようである。

わたしがこのことに疑問を感じたきっかけは『新編相模国風土記』を読んだ時からである。これには

錦織明神社　古験者火定せしを祀り、西郡明神と唱う。慶安年中領主の命により、今の字に改めしと云。例祭十一月十七日。神体は即修験者の形なり。町内持。

とあって、下田隼人については何の記載もない。また『上郡誌』には「須藤町竹の花においては今なお祭祀を絶たない。」といっているが、ここにも「町内持」としるしてあるように、錦織神社は須藤町だけのもので竹の花には何の関係もないのである。しかも、須藤町にはむかしから「にしこりさん」（わたしたちはこう呼んでいた）は火伏せの神様だから火事の災難から守ってくれるという言い伝えもある。どう見ても下田隼人に関係はありそうもない。

そこで念のため、わたしの家の属している講中仲間に祭当番がまわってきた時御神体を見せてもらうことにした。

祭当番には祭礼記録がまわってくる。元文元年（一七三六）から大正時代まで断続的ではあるが、祭礼記録を綴ったものである。

その中で最も古い元文元年十一月の「錦織大明神御祭礼巡廻帳」には縁起が載っている。

そもそも当町に立たせ給う錦織大明神の御事、昔相模国残らず旦那にて、御祈勝遊ばされし祈法尊紀之御明僧にて、日夜御勧行の護摩の煙に不浄を御清め、悪魔降伏の御祈、いささかもって懈怠なし。別して常の御請願に火難水難所願成就遊ばさるべき御願いにて、ある時当社の地において、自ら家に火を御懸け、一時に灰燼遊ばされ、日頃の御悲願空しからず、終に火定し給いしは有り難き御事なり。諸旦那奇異の思いをなし、すなわち当社を建立せしと、これ申伝えとかや。昔は西郡大明神と唱え奉り候処、慶安元子年（一六四八）当時御城主稲葉美濃守（正則）様御代、御社地御除地に仰せ付けられ、其上錦織大明神と文字御改めなし下され候とかや――

とあった。

いよいよ御神体を調べることになり、おそるおそる扉を開けて見ると、そこには曲ろくに腰かけた僧形の姿があるばかりで、下田隼人に関する何かがありはしないかという期待にこたえるものは何一つなかったのである。

ここまでくると誰しもおかしいと思うにちがいない。

まず第一に年代である。隼人の処刑は万治三年であるのに、それより十二年以前の慶安元年にすでに錦織大明神の名が現われている。しかもこの時には改名されたのであって、さらにそれより前に西郡明神として建立されているのである。龍福寺の碑文にある

別に祠を小田原緑坊に建て以って其の霊を祀る

というのが明らかに誤りであることに気がつかれるであろう。

またいかに隼人が義人であり、西郡農民の恩人であったにもせよ、死罪に処せられた者の祠を建てるがごときことは、これを処刑した領主に対してできるはずのないことは常識的に考えてもわかるのである。

つまり下田隼人と錦織神社とは記録的には無関係だということができるのである。それにもかかわらず、錦織神社に隼人を祀ったという伝説は関本でも須藤町でもかたく信じられている。これはいったいどうしたわけであろうか。「火のないところに煙は立たない。」というたとえがある。わたしはその火の元を探って見ようと思った。

かどや家具店本多正八氏の家は『須藤町記録』に

年数相知れず候。但し寛永三寅年（一六二六）以前に相見え申し候。

とあって、須藤町で最も古い家柄の一軒である。

同家の言い伝えによると、錦織神社はもとはもっと裏の方にあって、それが錦織大明神と名を改めた時、すなわち慶安元年に現在のところに移ったという。また本多氏に伝わった文書によれば、同家は万治の頃には西郡の郷宿をしていて、隼人が嘆願のため小田原に来た時は、こ

こを宿としていたということであるが、同家の文書類は関東大震災ですっかり消滅してしまったので、これらを裏書きする証拠は何も残っていない。

そこで同家の言い伝えをもとにして憶測をめぐらせばこんなことになるのであろう。

本多氏の家が郷宿であったとするならば、隼人にかぎらず西郷の名主たちが公用私用で小田原へ出てくるときまってここに泊まる。それが度重なれば自然親密になるはずである。その上、須藤町は当時すでに商店街を形成していて、西郡一帯の農民を顧客としていたと考えられるので、これらの人々との深い関係は本多氏だけでなく須藤町全体にひろがっていたと考えてもいいようである。

このような関係のあったことを前提とするならば、隼人の義侠を徳とするあまり、処刑の後隼人をひそかに錦織大明神に合祀したと考えるのは無理でもないし、またありそうにも思えるのである。

合祀当時はもちろん秘密に属することで記録にとどめることはなかったはずである。それが後年に至って、錦織大明神の祭神と隼人とは共に諸人を助けた人であり、また前名を西郡大明神といったのを、創建年代などは考慮せずに、西郡を救った義人を祀ったからこの名があると、それこれ混同し、ついに錦織大明神は隼人を祀った神社であるという伝説が生まれたのではなかろうか。

いずれにしても、『足柄上郡誌』は今となっては伝説をそのまま史実として記述していることとになるのである。
錦織神社は冒頭にも述べたとおり、大正三年に大稲荷神社に移された後、社殿は蓮上院のそばの稲荷となり、社地には消防小屋が建てられ、神社の土蔵はそのまま残されて諸道具が納められていたが、小田原駅開通に伴い、錦織横町の拡張が唱えられ、その工事中関東大震災にあって跡形もなくなってしまった。
しかし、錦織神社は前記元文元年の記録に
霜月十七日は彼の火定に御入り給いし日なれば御縁日として毎年町内挙げて火伏の御祭礼御祈勝としてすなわち久野村来光院を相頼み勤行せらるるとかや
とあるごとく現在でもなお祭礼を続けている。
「七帰りの半」という祭の形式について父に聞いたことがある。祭当番は前日の十一月十六日に準備を整えた後、夕刻から三回町内の役人に触れあるく。そして、翌日さらに四回触れてあるき、都合八回目に中途で出かけてくる役人等と出あうようにする。それで七回半になるのだといったが、今では行われていない。この方法が何を意味するものであるか父も知らないようであった。

小田原人気質

文政三年（一八二〇）に伊勢国の藤堂光寛の創立した有造館の蔵版に『大日本性気録』という本があり、その中に「相模の風俗」という記事がある。わたしはまだこの本を見ていないが、何から写しとったものか郷土資料メモにこれが書き抜いてある。

相模の風俗は、人の気転が変り易く、栄えると縁故を求めて親しくし、今日まで親しんだ人にも、時を得ず勢が落ちると遠ざかり、知はあるけれどかえって知に迷い、義を知っているようで義がないということである。

どうもあまり評判がいいとはいえない。

小田原も相模のうち、こういわれるとふざけるな、こんなことは全国どこへ行っても同じじゃないかといいたくなるのだが、内心ではそういう面もなくはないと、半ば肯定せざるを得ない点もあって、真っ向から反対するわけにもいかないようである。

小田原はよく保守的だとか、排他的だとかいわれる。これはどうやら風土、環境からきているらしく思われる。

考えてもごらんなさい、小田原は昔から海あり、山あり、川あり、気候は温暖で、空気がよく、水はきれいで、おまけに近くに温泉まである。

食物にしてもそうで、昔、酒匂平野からはすし米になるほどの良質な米や野菜、果物がたくさん生産された。海からは新鮮な魚が豊富に捕れた。

こんなに恵まれた土地はそうザラにあるものではない。

郷土史家の中には、小田原には格別これといった産業がない。これは領主に偉い人がいなかったからではないかという者がいる。なるほどそういわれてみると、江戸時代に小田原にはみかん、梅干、かまぼこ、塩辛などの名産品があったが、いずれも土産品の域を出ないものばかりであった。

それでは小田原は何で飯を食っていたのかというと、藩士や領民を対象とする商業収益が主なものであったであろうが、旅人の落として行く金もばかにはならなかった。

小田原は大久保藩の城下町で、政治経済文化の中心地である。したがって、領民は何かにつけて小田原まで出向いてこなければならなかったであろう。

また小田原は東海道屈指の宿場町である。箱根八里の険阻を控えて旅人はどうしても小田原に一泊することとなる。そのため旅館が百軒以上もあって繁盛した。

これらの旅人、領民が小田原にきて使った金が町全体を潤したであろうことは容易に想像できるところで、だから他藩に見られるような産業を興すことなど特に考える必要がなかったといえるのではないだろうか。

江戸時代に町方から領主へ差し出したいろいろな願書を見ると、どれもこれも今助成金、お救米を出していただかないと明日にも生活に差し支えを生じ、町内総つぶれになるなどさかんに困窮の状態を訴えている。果たしてそんなに窮迫していたのだろうか甚だ危しいものである。だいたい、諸願書にさんざっ腹泣き言を並べ立てることは一つの形式みたいなもので、そう書かないと助成金、お救米を出してもらえなかった。領主の方でもそのところは十分心得ていて、いよいよ土壇場までこないと助成しなかったと考えられる節があり、まるできつねとたぬきの化かし合いみたいなものだったといってもよかったようである。

いずれにしても、総体的に見て小田原というところは裕福であったとはいわないけれど、その日その日の生活に事欠くほど貧乏でもなかったらしい。

自然環境に恵まれ、食物が豊富になり、ともかく毎日を平穏に過ごせる、そんなところに数代を重ねて住んでいたとしたら、だれでもそれに満足し、この状態を維持したい、乱されたくないと願うようになる。

小田原人が保守的であり、排他的であるといわれるゆえんはどうやらこの辺にありそうである。これを逆にいえば、性質は温和で平和的で、急速な現状変更を好まないということになり、ここに革新がなかなか伸びないという理由があると考えられる。

他の土地から小田原に移住してきたものはみんな成功していると昔よくいわれたものだが、そういう例はいくらも数えることができる。きびしい生活をしてきた人にとって小田原はまことによき働き場所であったといえるようである。

ともかく、小田原は非常に住みよいところである。

ずいぶん以前のことであるが、渋沢秀雄氏が藤倉修一氏といっしょに図書館へ来訪された。何の用事でこられたのか忘れたが、応接間でしばらく話し合った。たしか冬のことで、応接間からは城址でここだけにしかない枯木立がよく見える。

渋沢氏はそこへ目をやりながら、

「小田原というところは落ちついたいい町ですね。」

「えゝわたしは小田原で生まれ育って、やがて死ぬんでしょうが、ほかの土地へ行って住んでみたいなんて一度も思ったことがありません。」といったら

「生粋の小田原っ子がそういわれるところをみると、小田原はほんとうに住みいいところなんでしょうね。」

といわれたが、わたしにはお世辞とは聞えなかった。

小田原は近ごろでは大分変わってきた。それにつれて小田原人気質にも当然変化があってしかるべきである。そういう新しい市民が「緑と水の豊かな住みよい都市《まち》」をどのように形成していくであろうか。自然と人間とのギャップが広がりつつあり、それが世界の危機の一つとして指摘されている今日、この都市づくりは口でいうほどそんなに簡単なことではなさそうである。

史跡保存の先達

最近史跡に対する関心が高まり全国各地でその保存運動がさかんに展開されている。小田原城をはじめいくたの史跡を持つ小田原には、市に小田原市文化財保護委員が置かれ、民間には小田原城廓研究会などがあって、それぞれ調査研究、保存などを行っているが、小田原市民はどうも熱意が足りないと、文化庁がいったとかいわないとか、あまり評判はいい方ではない。そんなことをいわれるとこっちも一言いいたくなる。

小田原城は明治三年廃城の時に天守閣並びにやぐらが売却されて破壊の第一歩がはじまった。それ以来、二の丸に県庁が置かれたり、天守閣に大久保神社、小峯曲輪に報徳二宮神社が建てられたり、あるいは御用邸が設置されたりした末、大正十二年の関東大震災では石垣は崩れ、堀は埋まり見るかげもなく破壊されてしまった。

このような変遷の中で何とかして史跡を保存して、小田原の風格を伝えようといくたの事業を行った民間団体がある。小田原保勝会がそれである。

『小田原保勝会沿革』をみると、同会は明治三十七年、小田原小学校（現在の本町小学校・城内小学校の前身）の男子同窓会の中で、史跡保存に趣味を持つ者を会員とし、もっぱら史料の収集、史談会の開催などを目的として結成したが、その後、単に名所旧跡の保存だけでなく、小田原町を広く一般に紹介する意味で絵葉書の発行、雑誌の刊行、名士の講演会などを行って、いわゆる観光事業にまでその事業の範囲を拡大している。

昭和三年度の会員数は二二二名に達し、実に強大な会であった。町の有識者を網羅しており、その中には平岡熙（吟舟）、北原白秋、阿部宗孝、佐々井信太郎など外来の人々の名も見える。関重忠氏を会長とし、事務所を尾崎亮司氏（小伊勢屋）宅において実にめざましい活動を行っているのである。

詳しくはわたしが今引用している保勝会の記録が図書館に保存されているので、直接御覧になるといいと思うが、便宜上その事業の概略をしるして見よう。

一、大正四年、旧城外堀に蓮根を植付ける。

一、大正五年、報心寺にある南朝の忠臣平成輔卿の墓を拡張修理し、祭典を行う。

一、大正七年、堀端に小さい堤を築きつつじ数千本を植付ける。

一、大正八年、かつて辻村常助氏の厚意で植付けた堀端の桜が大きくなったので、夜間ぼんぼりを点灯する。

一、浜せがき、大だいまつが経費の関係で衰微したので、補助を与えて大正九年以来盛大に行われるようにした。

一、大正九年、年中行事として御幸の浜で花火と灯籠流しを行う。

一、大正九年、小田原駅前広場の老松を移植する。

一、大正九年、機関誌『小田原の史実と伝説』を発行する。

一、大正十年、小田原駅に無料貸傘を備付ける。
一、大正十年、小田原駅前に「箱根及小田原案内図」を建設する。
一、大正十年、小田原高等女学校でシンフォニア・マンドリニ・オーケストラ（瀬戸口藤吉指揮）演奏会を開催する。
一、大正十一年、戸山学校音楽隊の演奏会を海岸で開く。
一、大正十一年、御感の藤を唐人町より御茶壺橋の傍らに移植す。
一、大正十一年、新道に街路樹として夾竹桃を植付ける。
一、大正十一年、旧城趾大手土堤及び老松の保存を県並びに内務省へ陳情する。
一、大正十二年、居神神社境内にぼたん数十株を植付ける。
一、大正十二年、平岡吟舟作詞作曲の「小田原八景」「ここは小田原」の発表会を御幸座で開催、レコード吹込をする。
一、昭和三年、二の丸堀埋立について、小田原城趾壊滅反対同盟会と提携して、埋立に反対、史跡保存に努力した。

以上のように数々の事業を行った保勝会は昭和八年小田原振興会（会長益田信世）が結成されると、それに加わって発展的解消をした。

現在小田原では年中行事として桜祭り、お城祭りが行われ、それが終わると城跡から城山にかけてつつじが満開となり、多くの観光客を楽しませている。

それもこれもすべて小田原保勝会が種をまいたことなのである。あだやおろそかにはできないであろう。

関東大震災の記憶

一

大正十二年九月一日。朝の九時近くであったろうか、夜来の雨がやんで日の光が雲間から射してきた。晴れたとはいっても雲が多く、それがかつて見たこともないような不気味な色で染っていた。

空を仰いで、みんな

「いやな雲だねえ。」

「気味が悪いねえ。」

と異口同音にいった。

今となってはこの異様な雲の様子をはっきり表現することはできないが、誰もが何かいいようのない不吉な予感にとらわれ、胸騒ぎを覚えた。大地震の前兆といってよいのかどうかわからない。しかし、少くともみんなはそう信じていたらしく、大地震の話をする時にはきまってこの雲のことが話題になったものである。

当時、わたしの家は銀座通りのかどや家具店の南隣りで呉服商を営んでおり、わたしは満十七歳、県立小田原中学校五年生であった。

近所の人としばらく怪しい雲の話をしたあとで、わたしは二階の部屋に上って行った。暑いので浴衣を脱ぎパンツ一つのまっ裸で多分本でも読んでいたのであろう。十一時半ごろ中食の用意ができたというので裸のままで階下へ下りていった。まだだれも食卓についていなかったが、わたしは一人でさっさと食べてしまった。そのうちにみんなが集まってきたので、わたしは部屋のすみに退いて柱に寄りかかり、お茶を飲んでいた。その時そこに居た者は多分六、七人だったように思う。

十一時五十八分、突然大音響とともにといいたいが、不思議なことに音についての記憶はまったくない。あぐらをかいたまま強烈に上下にゆさぶられた。食卓の上の茶碗や皿が四十センチぐらいとび上がり、落ちて割れるのが目のすみに入った。立ちあがるどころではなく、両手で畳をおさえ倒れるのを防ぐのがやっとだったようである。たちまち土ほこりが充満して何も見えなくなってしまった。

それから一、二分か、数分か、どのくらいたったのかわからないが、土ほこりがおさまってきた。家がつぶれて頭の上に覆いかぶさっている。南側の庭の方に屋根の三角のところがポッカリ口を開けていて、そこから空が見えた。

「おおい、ここから出られるぞ。みんなついておいで。」

そう叫んで、わたしは真っ先に外へはい出した。ペシャンコにつぶれた屋根の上に立って見渡すと、どの家も折り重なるようにして、つぶれていた。表の道路は四、五メートルほどあったが、両側から倒れた家で埋っていた。

「あっ、九州の地震とまったく同じだ。」

とわたしは思った。いつであったか北九州に地震があって、その写真が新聞に載っていた。それを思い出したのだった。おかしなことに怖いという感じはまったくなかった。多分、怖いと思う暇もないほどアッという間の出来事だったからであろう。

その時、わたしの家の家族は十二、三人、店員十人、女中二人ぐらいだったと思う。とにかく二十五人という大世帯であった。

それが「ひどいねぇ」と口々にいいながらはい出してきた。店には陳列台が並んでいたので、みんなその間にいて事無きを得たのだった。二階の真下の座敷にいた祖母もかすり傷一つ負わずに救け出された。

全員無事だったかと点検してみると満七歳になる妹の姿がない。わたしといっしょの座敷にいたのだからどこかに閉じこめられているのだろうと、店の者がもぐっていった。すぐ「いた、いた。」と声がしたが、一人で出てきて、「だめです。柱に挟まれている。」という。

このままではどうしようもない。屋根をはがそうということになったが道具がなかった。幸い隣りのかどやが当時はたんす屋で裏に細工場があった。ここには金づち、くぎ抜き、のこぎりなど何でもそろっている。それを思い思いに持ってきて、トタン屋根をはがし、折り重っている天井板を取り除いた。

見ると、妹は台所のはじのガス炊飯器を置いてあるコンクリート台の角のところに、左手を柱で挟まれている。体は土間に落ちていて、何ともないらしかった。感覚がまひしていたのであろう、妹は泣いてはいなかった。

それでも、柱の上と下とにのこぎりを入れいっせいにひき出すと、その響きと次第に加わる重さとで悲鳴をあげた。

救い出すとだれかが二階の部屋にあったわたしのへこ帯で背中にしょった。それからすぐ医者のところへ行ったのか、救護所ができるまで、手ぬぐいか何かでしばっておいたのか、そこのところは覚えていない。

みんなほっとしていくらか余裕が出たようであった。家には大小二つの蔵があった。わたしのいた部屋のうしろには木綿蔵といって大きい方のがあったが、まったくペシャンコにつぶれていた。地震の最中にもうもうと土ほこりがたったのはそのためだったのであろう。もう一つは二階のうしろにあり、絹物の蔵といった。形は小さいがせいろう蔵で丈夫であった。壁土は落ち、少々ゆがんではいたがびくともせずに立っていた。かどやには石蔵があったが、これはみごとに崩れて駅へ行く道路（今の錦通り）をふさいだ。この外町内には石寿堂、江島屋本店、桔梗屋、伊勢彦などの土蔵造りの店舗があったが、すべて見るかげもない有様であった。

二階はやや傾きながらもそれほどの損傷はなく、つぶれた一階の上に立っていた。これはあとでわかったことだが、どこの家でも二階は破壊をまぬがれ、あとでそれを平屋に直して住居にしたところが何軒もあった。

父は町役場に行っていたが、妹を助け出しているころにとんで帰ってきた。町役場の一階に閉じこめられていたのを、天井を叩いて知らせ、上から二階の床と天井をはがしてもらったのだそうである。道路には両側の家が折り重っているので、その上をつたってきたということであった。

妹を助け出したあとはみんなぼうぜんとしていた。つぶれた屋根の上に座って四方の惨状をただ見ているだけであった。本町通りまで見えぬけに見渡せ、松原神社の森がひときわ近く見えた。幾筋かの細い煙が立ちのぼり、その一筋は緑新道のものであった。

今考えると父は非常に落着いていた。そんな沈着な父を見るのははじめてであった。その煙を見ると、父はすぐ台所を調べさせたが火の出る気配はなかった。すると、かどやの細工場からスーッと煙があがった。父はすぐ火を消すように命じた。

かどやの井戸は家の下敷になっていた。うちの井戸は屋敷の端にあって汲むことはできたが、竹といが押しつぶされていて水は止まっていた。当時この辺の井戸は手で汲みとれるほどの高さにまできていたので、直径一メートルほどの土管をいけてあった。その底にわずかばかりの水がたまっていた。バケツ一杯のその水で火はたちまち消えた。

父は西田に避難するからといって先頭に立った。西田というのは裏町の小田原百貨店からもとの志沢のビルまでの間の約三千平方メートルほどのところで、もとはわたしの家の地所であった。江戸時代に藩士西田義助の屋敷であったところから西田と呼んでいた。

かどやの北隣りは昔錦織横町といってほんの二メートル余の道であった。それを大正九年小田原駅開通に伴って、銀座通り（旧須藤町）の有志が七メートル道路に拡幅しておいた。これが避難に幸いしたのは事実で、道の半分以上はつぶれた家でふさがっていたが、通行する広さだけは残されていた。

西田の地所の西側は孟宗竹と真竹のやぶで、東側は梅の木と畑になっていた。その中間に三間と五間の大工小屋があった。同じようにここに避難してきた近所の人々はみんな竹やぶの中へ逃げこんだ。竹やぶは地震にたいして最も安全だということを知っていたからである。大工小屋はがら空きだった。父はためらいもなくここを避難場所にきめると、そこにあった角材や板で床を作らせ、二階の八畳と六畳の畳を運ばせて敷きつめてしまった。若い者たちは不安気だったが、父は「大丈夫だ。」といった。柱の丸太はすべて土中に埋めてあって、屋根は軽い。これがつぶれるわけはない。現に今の地震にも平気だったじゃないかというのである。

つぎに、父は出せるものは何でも運べと命じた。まず二階にあった布団をはじめたんすなどを運んだが、それをすませると父は余震の続く中を先頭に立って絹物の蔵に入りかなりの商品を運び出した。これに勢を得て、ほかのものも店の商品やら台所用品などを持ち出したのである。

家の者が平気な顔をしているのを見て、近所の人々も安心したらしく、すみの方へ入れてほしいといってきて、最後には小屋の半分ぐらいに何世帯かが同居するようになった。おかげで地震のその夜からわたしたちは屋根の下で、雨にも濡れず過ごすことができたのであった。

道路はふさがっているし、水はかれていた。数か所から出た火はだれも消しようもなく、燃えひろがるにまかせた。火は風を呼んで次第に猛威をたくましくし、午後三時ごろには幸町方面は火の海と化していた。緑新道から出た火はこちらへ向かって近づき、夕方の六時ごろにはわたしの家へ迫った。いよいよ火が移ると

「今度はうちだよ。よく燃えるねえ。」

などと普段の火事ならくやしそうに見守るところを、まるで人事みたいにいいあいながら見物していた。

火は井上綿屋一軒だけを残し、銀座通りを総なめにして消えた。

家が焼けてしまうと疲れがいっぺんに出てきた。考えてみると、昼飯を食べたのはわたしぐらいで、ほかの者は朝から何も口に入れていない。だれかが酒屋の店先にころがっているサイダーを持ってきたので、それで渇いたのどを潤した。もちろん買ったものでもなければ、もらってきたものでもなかった。

食料品店や酒屋にはかん詰めや飲物のびんがゴロゴロころがっていた。だれも空腹だったので、はじめは行きずりに拾って行ったのであろうが、そのうちにあらためてとりにくるというふうに変わった。貨物駅にあった食糧品も夜になって大半持ち去られたようであった。

何時ごろであったか、狩野や吉田島の親せきから炊出しのむすびが届いた。地震と火事に見舞われたその日のうちにむすびが食べられたことはまことに幸せなことであった。

夜は次第に更けて行った。みんな疲労の極に達していたが、衝撃による興奮ははるかにそれを上回っていたのであろう。だれも眠ろうとせず星空の下でいつまでも語りあっていた。

二

不安な一夜は明けた。

二日もいなかからむすびや米、野菜などがとどいたので格別ひもじい思いはしなかった。近所の人たちも食物は何とか都合をつけていたようだったが、どこでも飲料水には困ってしまい、サイダーや清涼飲料で一時をしのいでいた。そのうちにだれというとなく第三小学校（現在の新玉小学校）の近所に水の出ている井戸があるということが伝わってきた。当時新玉町方面の井戸はどこでも地面の上に一メートル以上も噴出していた。それがそのまま出ているというのである。かなりの距離であったが、みんなバケツをぶらさげて汲みに行った。

あとで聞いたところによると、十字町、幸町方面ではいくつかの井戸が助かっていたそうである。ともかく飲料水がなくては生活しようもないので、町役場では井戸掘業者柳川菊太郎に命じて、四日から十日までの間に緑町及び新玉町方面に三個の井戸を掘らせて急場をしのいだ。

銀座通りでも、二日からそれぞれ焼跡の片付けをはじめたが、町内でも井戸を掘ろうということになり、井戸清に頼んで今の事務所のところにやぐらを組んでもらい、各戸から手伝いに出て掘りあげたものであった。

三日になると、町当局は小田原駅構内倉庫の玄米一、二〇〇俵をその管理に移して配給をはじめ、また同日午後五時には三島重砲連隊から一小隊が到着した。ところが二日の夕方から三日、四日にかけて京浜地方の避難民が陸続として通過し、京浜の混乱と朝鮮人の暴動を伝え、今にも大挙して襲来するという虚報をまきちらした。いわゆる流言飛語である。今考えるとまったくばかばかしくなるのだが、その時はだれもかれも真実と思いこんで、刀を腰にぶちこみ、竹やりを作って、本気に迎え撃つ用意をしたのであった。

救護本部はさらに三日に製氷会社の氷をおさえて病人、負傷者、乳幼児の家庭への配給を実施した。

わたしたちは気がつかなかったことであるが、製氷会社の付近の住民は自由に氷をとってきて飲料水としていたのであった。それが配給になったおかげで、けが人のいるわたしの家にも割当があり、大助かりであった。

日が経つにつれて救護活動も軌道に乗ってきた。それでみんな落ち着きを取り戻し、ぼつぼつもとの場所へ帰りはじめた。うちでもバラックを建てて十日ごろに移ったように覚えている。

それから三、四日後のことであった。妹のけがは手のひらがクシャクシャにつぶされて、とてももとの形にはならないということだったが、けがそのものは大分回復してきていた。ところが奇妙な症状が現われてきた。あごの関節が硬くなって歯を食いしばり、口があかなくなってしまったのである。そして、その翌日には身体全体が硬直してきて、手足が曲がらなくなってしまった。

そこへちょうど江良本三郎先生が様子を見にきてくれた。江良先生は入口――そこは妹の寝ているところから七、八メートル離れていた――を入って妹を見たとたん

「あっ、これはいかん。破傷風だ!すぐ血清注射をしないとたいへんなことになる。」

と叫んだ。

破傷風はふだんはあまり見かけないが、地震、洪水、火事などの災害時におこる病気で、手遅れになると命取りだということであった。

江良先生は当時名医として東京にもよく知られた人であったが、遠くから一目見ただけで破傷風と診断された。あとで「さすがに名医だ。」と話し合ったものである。

江良先生の命でさっそく血清を探したが、どこの薬屋、医院に行ってもみんな壊れていて役にたたなかった。それでも根気よく探し歩いた末、夕方になって万年町の難波獣医さんのところで、馬に注射した残りの血清を見付け、これで一まず急場をしのいだ。

続いて、その翌日は店の者が足柄下郡、上郡、中郡とかけずりまわって一本を手に入れ、さらに東京から五本持ってきてついに破傷風を克服したのだった。思えば妹が命を取りとめたのは江良先生のおかげと、みんなの努力の賜だったというほかはないのである。

少し余裕ができたので町の様子を見に出かけた。小田原駅は基礎工事が丈夫であったためか屋根の上の塔が落ちただけで、本屋にはさほどの損傷は見受けられなかったが、駅前のあさひ、伊勢竹、美濃政、ちんりうなどは見るも無惨に倒壊していた。お堀端に行ってみると、道路には大きな亀裂があり、桜はすべて堀の方へ横倒しになっていた。御用邸であったためにこれまで内部をのぞくこともできなかった城の石垣はことごとく崩れ、本丸まで見渡すことができた。鐘楼は崩れた石垣の前に道路に仰向けにひっくりかえっていた。どこもかしこもまことに見るかげもない有様であった。

町の中心部が焼野原になり、目をさえぎるものがなくなってはじめて気がついたことだが、本町通りがこんなに高いとは思ってもみなかったことである。蹴上坂や青物町、大手前の道路がかなりの上りになっていることはだれでも知っていることだったが、その高さは予想外であった。そして、それが北へ移るにしたがって次第に下り、緑新道で最も落ちこみ、銀座通りでふたたび高くなり、先町でまた低くなっているのである。

これを見て、小田原町を流れる川がすべて東へ流れ、北へ流れ、さらに東へ流れて山王川に注いでいることもわかったし、少し大雨が降ると新玉町から緑新道へかけてすぐ水が溢れるという理由もはじめて了解された。

もう一つの発見は土地の隆起である。これは御幸の浜へ行った時気がついたのだが、真鶴の三ツ石が実にはっきり見えるのでびっくりした。以前は干潮の時にようやく見えた程度であったものが、みさきの先に岩の連なっているのがくっきり見えるのだから、余程隆起したのであろう。そう思ってみると、自分の立っている御幸の浜の砂地も心なしか広くなったような気がした。こんなことはその後の調査で明らかにされているであろうからどうでもいいことであるが、気付いたままに書きとめておく次第である。

各地からの救援物資は続々と送られてきた。陸路が復旧しないはじめのころはもっぱら海上輸送に頼っていたように覚えている。食糧品、生活用品が着くと町役場で各区に配分する。それを受け取ってきて町内各戸に割りふるのである。わたしの家が区長、緑新道の松井文之助さんが副区長をしていたので、毎日荷車をひいて取りに行く。わたしなどもずいぶん手伝わされたものであった。

中学校の授業がいつ再開されたか覚えていない。教科書、参考書から時計、万年筆などすべて二階にあったのだから、出せば出せたはずなのであったが、店の商品を出す方に気を取られてそのまま焼いてしまった。

「自分のものは自分で出さなければ駄目じゃないか。」

と父にひどくしかられたものである。

そんなわけでろくすっぽ学校へ行かなかったが、大正十三年三月には無事卒業させてくれた。卒業式の記念写真といえば講堂や正面玄関でとるのが普通であるが、わたしたちは上の運動場の山のがけを背にしてとった。制服の者もいれば、かすりの着物の者もいる。こんな記念写真は長い学校の歴史の中でわたしたち学年だけである。

わたしは前に怖いとは思わなかったといったが、大正十三年一月十五日の地震の時にはほんとにぞっとした。

震源地はどこであったか、これもかなり強烈な上下動であった。わたしの寝ていた布団のすそのところに三つ重ねのたんすが置いてあったが、気がついてみると、その一番上のがわたしの枕の上に落ちていた。無意識のうちに首をすくめたのであろう。もしそのままだったらと思うと、今でも背筋の寒くなる思いがするのである。

三

関東大震災から五十五年の歳月が経過した。故河角広博士の「南関東大地震六十九年周期説」によれば近い将来南関東地方に新潟地震クラス以上の大地震が発生する恐れがあるという。

それかあらぬか最近東京、横浜、川崎をはじめ各都市とも防災対策に力を入れているようであるが、この際関東大震災を経験したものとしてわたしの感想をしるしておくのも決して無駄ではないであろう。

まず第一に道具箱の置き場所である。わたしの家で一番先に必要だったものは道具箱であった。幸い隣りのかどやの細工場にのこぎり、金づちなど必要なものがあったので、すぐに妹を助け出すことができたのであるが、もしそうでなかったらいったいどういうことになっていたであろうか。身体をはさまれているのを助けることもできず、そのまま火事に焼かれたという例が小田原でも何件かあったと聞いている。

いったい皆さんの家では道具箱はどこに置かれているのであろうか。たいがい台所かふろ場の横の戸棚、あるいは納戸などに置いてあるように思える。これでは到底急場に間にあわない。道具箱の最もいい置き場所は母屋とは別に建てられた小屋の中だと思うが、それができなければ、縁側のはしのように一番戸外に近いところを選ぶ必要がある。

防災対策や心得などではあまり問題にならないささいなことであるが、これは一応注意しておくべきことであろう。

神奈川県の刊行した『地震の話』の中の「火の出たときのために」を見ると、「消火器、消火用水を用意し、家が倒れても使用できるところへ置いておきましょう。」と書いてある。

これは非常に大事なことだと思う。よくガスの元栓をしめろとか、電源を切れとかいって、それがどの程度実行されたかというパーセンテージが発表されたりしているが、これはそれほど大きくない地震の場合であって、関東大震災の時のわたしの経験によれば、とてもそんな余裕はなくアッという間に家がつぶれてしまう。

したがって、つぶれた後に発生した火事をどのように消し止めるかが最も重要な問題になってくる。非常袋もよくいわれることだが、家が焼けさえしなければその下に何でもあるのだから、まず第一に消火だということはいわずと知れたことである。

『地震の話』でも指摘しているように、この場合、水道管は切れて水が出なくなり、消防車も頼りにならないと思わなくてはいけない。

そうすると、頼りになるのは消火器と消火用水しかない。ところが、その消火器がどこに置いてあるかといえば、さきの道具箱と同じようにたいていは家の中心部にある。これはやはり小屋とか縁側とかに置いておくべきであろう。理想的には二本を用意して、一本は平常用に、一本は非常用に使い分けることも考えてよいと思う。一般家庭で消火用水といえばまずふろけ以外には考えつかない。使用している時は別としていつでも水を張りつめておくようにしたいものである。どんな大きな上下動でも、ふたをしてあれば全部が流れ出すことはない。消火用水としてだけでなく生活用水としても十分役に立つのだから、今日、今すぐからでも実行していただきたいと思う。

つぎは飲料水である。さきにも述べたとおり、水道管は寸断され、飲み水に不自由することはあらかじめ覚悟しておかなければならない。さしずめはサイダーやジュース類で間に合わせるとしても、市の対策本部の給水に頼るほかはない。この点については市も十分考えているとであろうと思うが、ただ関東大震災の時に町と警察とがいち早く製氷会社の氷を管理して、病人、けが人、乳幼児のいる家庭に優先配給をするという措置をとったことは高く評価していいことで、このためどれだけ多くの人がその恩恵に浴したかはかり知れないものがある。これだけはつぎの地震の際忘れずに実施するよう当局に希望しておきたい。

破傷風についてはその後医学が発達しているし、予防注射も実施されているので、それほど問題ではないかも知れないが、一日を争うような恐ろしい病気であることだけは十分知っておく必要があるであろう。

以上、わたしは自分の経験に即して気付いたことを申し述べてきたが、地震はその居住している地域により、情況によって、人それぞれに受けとり方、感じ方がちがうし、対処の仕方もちがうのである。

現に去る三月七日の伊豆大島近海地震もそうであった。わたしの居住する荻窪は地盤がいいせいか、棚から物が落ちるということもなく、それほど大した地震とも感じなかったのであるが、栄町方面ではちゃわん屋など店に陳列してあった陶器類が落ちて相当の被害を受けたところもあるという。

したがって関東大震災についてもそれぞれちがった体験を持っているはずである。それらを総合することによって、より一層的確に知ることができ、将来の地震に備えることができるわけであるから、今のうちにいろいろな人から話を聞き、まとめておくことも大いに必要なことである。

（昭和五三・三・二六）

二　小田原の産業

漁師の天気予報

近ごろ気象庁の天気予報はなかなか正確になってきたが、むかしははずれが多くて、漁師の天気予報の方がよっぽどよく当たるといわれた。

図書館に入って間もなく使丁の鈴木長次郎君が万年町の漁師町に住んでいたのでこれについて聞いてみたことがある。その時の話ではこうだった。

小田原の漁師はだいたい富士、大山、天城、大島の四か所を見て、三日前ぐらいまでの天気を予測する。

富士の白笠その日に雨よ

富士の頭に白雲がかかっていると半日経つか経たないうちに雨になる。大島の東の端に黒雲の笠があれば雨。天城の雨雲はかならず小田原にくる。大山は単に山を境にこちらに降るか、向こう側に降るかをそのおろしぐあいで見るという。

これだけでは不充分だったが、ともかく書きとめておいた。それから二十年も経ってまたこのことを思い出し、ちょうどそのころ児童文化館にいた佐藤泰治君がやはり漁師町に住んでいたので、漁師の天気予報について調べてほしいと頼んだら、間もなくつぎのように聞き書きを整理して持ってきてくれた。

漁師の予報（山王原の部）

一、時化《しけ》

イナサ時化　東から吹きはじめ南東の風になると最も強くなり、西風になって上る。この場合はイナサ（南東）の風と北の風とが吹き対するが、北の風がやみ南東が強くなってイナサ時化となる。

ヤマセ時化　東から吹き出し、北東の風（ナライ）が強くなり、西風にまわって上る。

註　イナサとは巳午の方から吹く風をいう。南南東の風。

ヤマセとは子の方から吹く風、北の風。

二、風と雨

お山の白笠その日の風　富士山に白雲が傘をかぶるようにかかる時、南風が多い。

お山の黒笠その日の雨　富士山に黒雲の傘がかぶると雨。

富士山の雪が東に飛ぶ時は西風の前兆。

箱根山に横にひろがったように積乱雲がおおう時は西風の兆。

大山に雲がかかる時は北東風（ナライ）が強くなる。
水上り　日の出の時、太陽の下半分が見えない時は雨の前兆。
両こび　太陽が水平線から上ってしまって、太陽から南北に一線虹のようなものが出る時は雨か風（日没にも現われる）
片こび　上記の太陽の片方、南か北に出る場合がある。北に出た場合は南風（夏に多い）、南に出た場合南風（冬に多い）。
夜に晴天になって東の方に稲妻が見える場合、翌日は西風が強くなる。
三つまた　日没直後、太陽が見えなくなってから後光が三本東の空に流れる時は時化の前兆である（秋に多い）。
磯鳴り　夏の夜八時から九時にかけて磯が鳴ると南風の強くなる前兆。冬、夜から朝にかけて磯がなると西風が強くなる。
出しのいじれ吹き　南風が吹き北東の風も吹いているが、特に北東の風がとぎれて吹く時は、西南の風が強くなる前兆。
南時化　南風が弱く吹き雨も伴っていて、だんだん雨が激しくなると南時化となる。
白はながし　西風に雨がついて弱くなったり、強くなったりする天候をいう。
黒はながし　西の風で日中は弱くむし暑いような天気は夜になって西風が強くなる。このような天候をいう。

わたしにはよくわからないが、そのうちにはこの漁師の天気予報も消えてなくなってしまう。それではまことにもったいないので、ここに採録しておくわけである。

小田原みかんの名称

小田原のみかんにはおおよそ「相模柑子」「小田原みかん」「相州みかん」「神奈川みかん」の四つの呼び名があるようである。

柑橘の歴史をひもといてみると、天平九年(七三七)に相模国余綾郡から朝廷に橘を献上した記録があり、『延喜式』には前川蜜柑朝貢の記事がある。また『類聚国史』には延暦十一年(七九二)に相模柑子の献上を遠路のことだからと止めていることがしるされている。すなわち、小田原付近に産出する柑橘は一千何百年前にすでに相模柑子という名で知られていたのである。

つぎが小田原みかんという名称である。常識的にこの名を考えると、柑子に代わって温州みかんが栽培されはじめた江戸時代後期からだろうと思い勝ちだが、なかなかどうしてこれも意外と古い。

『徳川実記』という本がある。その「大猷院殿(家光)御実記」巻一の元和元年(一六一三)

一月五日のところに

大御台所より民部局消息にて金地院崇伝へ小田原蜜柑一桶を賜う。

という記事がある。徳川初期にすでに「小田原みかん」という名称があり、珍重されていたことがこれでわかる。

「相州蜜柑」という名は、明治四十年五月に神奈川県農工銀行の発行した『相州蜜柑』という本に

本書題して相州蜜柑とせしは本県に於ける産出地の大部分は相州に属し、且つ従来相州蜜柑の通称あるを以てなり。

とあるが、従来通称として使われていた名が、どうやらこの本あたりから正式名称となったように思われる。

そこへ行くと「神奈川みかん」という名称ははっきりしている。昭和三十五年に神奈川県園芸協会、同柑橘農業協同組合連合会の共編した『神奈川のみかん』によると、昭和十一年に「相州みかん」を「神奈川みかん」に名称変更したことがちゃんとしるされている。

わたしは小田原の地場産業はみんなみやげ物から商品へ、商品から輸出品へと発展の経路をたどっていると考える。

みかんもはじめはみやげ物であった。『新編相模国風土記』を見ると

前川村の産を銘品とし、其の辺の村々最も多し、又石橋、米神、江の浦、土肥宮上の四村

の辺にも産す。

とあり、それぞれの地名のところには「土産　蜜柑」としるされているのである。明治の後半になると柑橘産業の振興のために、農工銀行が資金の貸出しを行い、あわせてその技術、経営指導にも当たっている。

昔は小田原領に産するから「小田原みかん」でよかったかも知れないが、実際は足柄上、下郡の産物である。そんなことから「相州蜜柑」の名が自然に生まれてきたのであろう。ところが、栽培技術の研究改良と農家の努力とが実を結んで、ようやく和歌山その他の関西物と肩を並べるほどの商品となった。そこで「神奈川みかん」と大きく名乗るようになったのであろう。そして、さらに輸出品にまで発展するに至った。

こういう名称の変遷をみただけでも、みかん発展の経緯がうかがわれておもしろいのであるが、最近、和歌山みかん、愛媛みかんを廃して、地元の名をつけるべきだという意見が出てきた。栽培技術の進歩と共に、同じ県内でも産地それぞれに特色を持つようになった。それを総称的な名前で一括されてはつまらぬという声が出てきたからである。この例からいくと、また「小田原みかん」の名が復活するかも知れない。

あゆの味

あゆは川魚の王といわれるだけあってなかなかにうまいさかなである。新鮮なものを塩焼きにし、熱いうちにたで酢で食べるのが最上といわれるが、すしにしてもうまいし、フライもうまい。

関東にあゆの名所は数多くあるが、中でも酒匂川、早川は昔から有名で、六月一日の解禁日には遠近の釣り師がどっと押しかける。釣れることも釣れるが、味もまた格別という評判である。

酒匂と早川と、どっちのあゆがうまいかと聞くと、酒匂の方が香気があってうまいという人があるかと思うと、いや早川の方が油がのっていてうまいという人がいる。

味は人それぞれに好みがあるから、いちがいにどちらがうまいときめるわけにはいかないが、これについて七十五年も前に詳しく書いてある本がある。村井弦斉の『食道楽』である。

村井弦斉は明治三十四年に小田原の西海子に移り住んで、翌三十五年に『食道楽』を書き『報知新聞』に連載した。これがたいへんな人気を博し、やがて春夏秋冬の四巻に分けて出版されると、これもまたたちまちベストセラーとなった。

弦斉はこの本の中で

玉川のあゆよりは相模川のあゆが上等ですし、相模川のあゆよりは酒匂川のあゆが一層まさっています。また同じ川でも場所によって味が違います。(中略) 酒匂川のあゆも本流よりは河内川の支流でとれたあゆがおいしうございます。なぜ場所によって味が違うというのはあゆの食物たる硅藻の種類が違い、またその多い所と少い所とで違うからです。硅藻のことを俗にアカと申しますが、一番上等なのはごくの清流に大きなカブラ岩がたくさんあって、その岩がごくち密な質でなめらかだと青アカといってごく細かいやわらかい硅藻がつきます。粗質な岩には俗にマグソアカという褐色の硅藻がつきます。その上等のアカをたくさん食べているあゆでなければ肉が肥えて味が良くなりません。しかし上等な場所と申しましても、三日も四日も大雨が降り続いて大水が出て岩についている硅藻を押し流してしまうと、その後五六日間にとれたあゆは餌にうえているから味が悪うございます。といって二十日も一月も晴天が続くと川の水が減少して、あゆの住み場が狭くなりますのに硅藻があまり生長しすぎてこわくなりますから、あゆはやっぱり餌にうえて味が悪くなります。

また酒匂と早川のあゆのどっちがうまいかということについては、あゆの味は、川により、場所により、時によって味が違うばかりでなく、漁法によっても味が違うということを詳しく述べたあとで、こんなふうに書いている。

それから料理方によって味が違うはもちろん、あゆによって料理方を違えなければなりません。酒匂川のあゆは色が青くって脂肪分が少いから、すしに製したり酢の物に料理すると色も変らず味も結構です。酒匂川筋の山北停車場や吉田島や国府津停車場で売っているあゆのすしが評判なのもそのためです。しかるに酒匂のあゆをフライにしたり外の料理に使うと脂肪分が少なくって骨がかたくって、その味は遠く早川のあゆに及びません。早川のあゆはその代りすしに不適当です。

七十五年前に書かれたこれを読んだ時、わたしはほとほと感じ入ったものである。今では『食道楽』など読む機会もなく、もうほとんど忘れられかけている。それではあまりにもったいないから、ここに紹介しておくわけである。

小田原風鈴

夏の夜、家族みんながゆかたに着がえ、打水をした庭の縁側に出て花火をやる。花火の光で庭のひとところがパアッと明るくなって、たちまち暗くなる。風が吹きとおると軒の風鈴がチリンチリンと鳴る、まことにしゃれた風情であった。

夏のものでわたしのいちばん好きなものは風鈴である。朝の風鈴はさわやかである。夕方の風鈴は涼しい。真夜中の風鈴はものさびしい。風鈴には鈴虫だのまつむしだのいろいろの音色のものがあるが、その音色だけでなく、聞く人の心によって、百いろにも千いろにもなるであろう。

風鈴といえば、だれでもすぐ南部の風鈴を思い出すにちがいないが、小田原の風鈴の方が南部のものよりももっといい音色を持っているということを知っている人は案外少ないのではないか。

小田原の風鈴は旧鍋町と中島の両柏木家が三百年来の伝統を受けついでいる。

『新編相模国風土記』によると

旧家治郎右衛門　鍋町に住し鋳工を業とした。先祖の山田治郎左衛門は河内国の日置庄に住居していたが、天文三年（一五三四）に関東に下ってきて、当所に住んだ。北条氏の命によって銃筒陣鐘などを鋳造した。

とあり、同家は連綿として徳川末期まで続いているが、柏木家は、同家の言い伝えによると大久保家が九州唐津の藩主であったころこれに従属し、佐倉を経て、貞享三年（一六八六）に小田原鍋町に移り住んだという。

鍋町といわれるだけあって、江戸時代には山田家をはじめとして柏木家ほか何軒もの鋳物師がいて、鍋釜、寺鐘その他いろいろの金物を作っていたが、明治維新の際に大半がつぶれてしまって、柏木家だけが残ったということである。

鍋町の柏木家が本家で、中島の柏木美術鋳物研究所の方が分家であるが、明治以後、唐津から受けついできた伝統の手法の上に新しい研究を重ねて、現在では優秀な美術工芸品を続々世に送り出している。

風鈴、鐘など俗に「なりもの」といわれるものは、柏木家が小田原に来住以来ずっと作り続けているものだそうである。

わたしは今まで小田原でできるものは何でも集めておこうと心掛けてきた。小田原焼、あしがら人形、箱根わらべ人形、こゆるぎ人形、土鈴、能面雅楽面など、その全部を集めるというのではなく、むかしこういうものが作られたという証拠にする程度で、ほんの見本みたいなものだが、今ではそのほとんどが姿を消してしまっている。

「なりもの」もその一つに入る。格別の意図があったわけではないが、わたしの持っている「なりもの」のほとんどが全部中島の方の作品である。

板鐘、つり鐘、駅鈴、風鈴その他何に使うのか知らないが、小さい鈴などがある。

風鈴には先にも述べたとおり、鈴虫、松虫などいろいろの音色のものがあって、南部の風鈴とくらべてまさるとも劣らない。

板鐘は直径約三十六センチほどの大きさのもので、中に鳳凰、瑞雲の図柄がある。つちで打つとボーンと荘重な音を出し、ボォオォンと余韻をひびかせる。つり鐘の方は高さ二十センチたらずの草色の鐘で、垂れさがっているむらさきのひもをちょっと動かすと、澄み切った音をあたり一面にただよわせるのである。

ともに玄関の表にかけ、呼び鈴、チャイムがわりに、訪客に鳴らしてもらうものなのであるうが、門というものを作らず、あけっぱなしのわたしの家などでは、だまって持って行かれてしまうおそれがあるので、やむなく玄関の壁に飾りとしてかけておく始末である。

ともかくこんないいものを両柏木家は三百年ものむかしから伝えているのである。

木工芸の寄木ぞうがんや組木、この「なりもの」などは小田原の無形文化財としてもよいのではないかと、わたしは常々思っているのであるが、小田原の文化財保護委員会のご意見は果たしてどんなものであろうか。

小田原の梅

片岡永左衛門氏の郷土研究はなかなか幅が広く、一度何かをしらべようとする時はまず片岡さんの書いたものに目を通しておく必要がある。

小田原の梅についてもそうで、研究というほどのものではなくほんの断片にすぎないが、『安思我里』第三号に書いていることはやはり参考になる。読み易く書きあらためるとつぎの通りである。

梅樹は小田原の地味に適したためか古くからあった。北条氏が在城するようになって、軍糧のため植栽させたという説も伝えられているが、それは北条の誰であるか判明せず、それらについての文書もまだ発見されていない。その後大久保家の領有となり、加賀守忠真公が奨励して家中にも神社や寺にも栽培させたので非常に多くなり、殊更に梅園としたものはなかったが、花時には西海子、八幡山、揚土、谷津、中新馬場、大新馬場、幸田等いたる所に芳香ふくいくとして、居ながら花見ができた。後に公園などといいはやされた小峯も丘山を畑地となし、どこも同じように杉と梅を植付けたが、西洋流練兵の必要から、その一部を練兵場とし残りの畑に栽培した梅があったわけで、ついに花時には薫りに誘われて杖を曳く者も出てきた。が、それは維新後の事である。

北条時代に兵食として植栽されていたかどうか、片岡さんのいうとおり記録がないからはっきりさせることはできないが、一般的にいって植えられていたであろうと推測することは十分できる。

元来、梅は中国の原産で、日本に伝来したのは、『万葉集』に梅の歌がかなりあるところからみて、奈良時代以前だといわれている。花の美しさをめでたのはいうまでもないが、それにもまして梅の実が食用、薬用として珍重されていたことは事実である。梅干も早くから作られており、特に戦国時代には兵食として重要なものとされていた。こういうと誰しも毎日一粒ぐらいずつは食べていたであろうと早合点をしがちだが、どうやらそうではないらしい。

細川幽齊の『軍中士の心得覚書』には

出陣の時は具足の綿かみに梅干を付けて行くのがよろしい。のどがかわいて水がない時など梅干のことを思い出せば自然に口につばがたまるものである。

とあり、また『雑兵物語』には

一生懸命に働いて息が切れたら、打飼の底に入れておいた梅干をとんだしてちょと見ろ。必ずなめたりしないもんだぞ。食うことはさておきなめてものどがかわくから、命のあるうちはその梅干一つを大事にして息合の薬にしろ。

とある。息合の薬というのは呼吸を整える薬ということである。

これなどをみると、梅干は食べるためではなく薬として携行させたもので、雑兵は一粒しか支給されなかったらしい。ともかく梅干は貴重なものでどこの大名でもその用意はしたであろうから、北条氏といえどもその点ぬかりがあったとは思われない。ただ資料がないからこれ以上はわからないのである。

小田原の梅干は東海道がひらかれ上り下りの旅人がふえるにしたがって次第に作られるようになったのであろう。箱根の山中で霧にとじこめられた時、梅干を口にふくんで息を吐くと霧がはれるという言い伝えがあるところからみると、小田原が天下の険箱根八里をひかえての宿場でなかったならば、梅干など生産されなかったかも知れないのである。

片岡さんは大久保忠真が大いに奨励したといっているが、忠真の時代、文政七年（一八二四）に書かれた『甲申旅日記』という本がある。下田奉行であった小笠原長保が江戸から下田までの見聞を書いた道中日記であるが、その小田原宿のところに小田原の城主大久保のぬしから町奉行某をして、しそ巻梅干を一樽たまわった。この所の名産で、この梅とかつをのしおびしおなど売る家が多い。

とあって、もうこの時にはしそ巻梅干が土産として売られるまでになっていたらしい。忠真には『春鶯集』という和歌集があるくらいで、梅に寄せる思いも深かったと推察されるが、それと同時に梅の実を有効に利用するという実用面のこともあわせ考えていたにちがいないと思う。小峯を除いては梅園を作るということはせず、神社、寺、家士の庭などに植えさせたというが、大正時代にわたしの家では今の錦通りの北側に「西田」という相当広い地所を持っていた。藩士西田義助の居宅であったからこう呼んだのである。ここには四、五十本の梅の木があって、毎年その実で梅干を作っていた。また下幸田（東宝館通り）、上幸田（お堀端通り）その他屋敷町ではどこの家でも数本の梅のないところはなかった。忠真時代からの名残といってよいのであろうか。

小峯は明治に入ってから小峯梅林と呼ばれた。明治二十九年十二月発行の小西正寛著『小田原按内記』にはこんなふうにしるされている。

小峯の梅林は小田原城内の西南部にあり、二宮神社の西南の道を行くと、広さ十数町の梅林に至る。ここは大久保氏の練兵場で畠となったのは近ごろのことである、四方の岡はことごとく梅の木なので早春から芳香がふくいくとして銀世界のようなけしきになる。遠方から来遊するものが年々ふえている。まわりの山には松竹がしげり、一軒の家もないので小鳥が集ってさえずり、他の梅の名所と趣を大いに異にしている。
また、明治三十五年ごろ小田原に療養にきていた斎藤緑雨は小峯がたいへん好きであったらしく、その『小田原日記』には

一月二十三日　晴れたり。箱根の諸山白し。小峯に行く。花の着くるわずかに二分。夕近くなりて風出ず。月円かにして明かなり。

二月三日　晴、小峯に行く。開くもの四分、処々紅梅を見る。

二月九日　好晴。暖かなり。馬場（孤蝶）氏と共に行く。

馬場孤蝶だけでなく、佐々醒雪、大町桂月など訪れる者は皆小峯に連れていったようである。泉鏡花には「城の石垣」「千歳の鉢」など五、六篇の小品があり、小峯の梅林のことが書かれている。仙境といった感じの梅林として知られていたらしい。わたしの知っているのは大正時代の小峯で、そのころには公園という名で呼ばれていた。まんなかの平地は町民の運動場になっていて、時々自転車競争が行われたりした。まわりの梅はそのまま保たれ、長く町民の憩いの場所として親しまれていた。その姿を根こそぎ変えてしまったのは、戦後ここに施設された競輪場だったといってよいであろう。

小田原のしそ巻梅干は核が小さく肉厚く実ばなれがいいということと、しそが極めて良質であったことで名産としての声価を高め、需要も次第に増大した。

中野敬次郎氏によれば、文化、文政のころにはすでに小田原地方の生産では間に合わず、漬

物業者は甲斐、奥羽地方まで梅の実の買出しに出かけたということであるが、少なくとも明治に入り、日清、日露両戦役に軍需品として大量の注文を受けてからはこの傾向は一層甚しくなり、移入先も全国各地に及ぶまでになった。

小田原の名産は蜜柑にしろ、蒲鉾にしろ、すべて土産物から商品、輸出品というように移行し発展をしているが、梅干もまたみごとに商品としての地歩を築いたのであった。

しかし、その反面品質の低下をまねいたことも事実であったし、消費者の嗜好の変化もあった。その他種々の事情が重なって、梅の栽培、梅干生産が必ずしも農家経済に有利ではなくなり、一時停滞するという現象も見られたのである。

戦後、鈴木十郎市長は梅干生産者の重要性を唱えたが、それを受けて昭和三十二年下曽我に梅の研究会が生まれ、以来梅の木の植栽、梅干をはじめその加工品の生産に努力した結果、現在では下曽我の梅は二万本を越え、地元産の梅干もいちじるしく増加するに至った。そして、毎年二月には城址公園と相呼応して梅祭りを催し、観光的にも大きく寄与するまでになっているのである。

地元の梅を原料とする梅干生産がふたたびさかんになってきたとはいえ、数量的には和歌山県の田辺地区、南辺地区には遠く及ばない。わたしはかねがね梅干は十年漬のものが最高だと考えている。一年や二年漬のものは酸味が舌を刺すほどに強いが、年が経つにつれてその酸味がうせてやわらかな味になる。わたしはかつてしそ巻梅干を十年間保存して食べてみたが、酸味、辛味とともにまことにほどがよく、しかも何ともいえない甘味さえ出てきて、これは人工では到底作り出せない味だと思ったものである。

むかしから小田原名産といわれた梅干はどこまでもしそ巻梅干なのであって、良質の梅干を葉柄の細くやわらかいしそで五角型または六角に包んだものであった。近年しそ巻梅干というと中身にぐちゃぐちゃにくずれた梅干の入っているのが出まわっているようである。もしそうだとしたらもっての外のことで小田原名産としての名をみずからはずかしめているといってよい。十年間も寝かせておくことはたいへんなことだが、少なくとも名産というからには十分に吟味したものを食べさせてほしいものである。

小田原の市民はむかしから梅に対して特殊な感情を持っているようである。その現われといってよいのであろうか、昭和十五年市制施行の際制定された市章は梅の花と波とを図案化したものであり、昭和五十一年には市の花として梅が選ばれている。それならばなおさらのこと梅を大事にしたいものである。

(昭和五二・二・五)

小田原の桜

「暑さ寒さも彼岸まで」ということばのとおり、彼岸がすぎると急に身辺が明るくなり、風の感触もやわらかになって、いよいよ春である。

城址公園の桜の満開はだいたい四月の上旬であるが、これにあわせて桜祭りが行われる。城址の桜はほとんどが染井吉野で、およそ八百本ぐらいあるそうである。首都圏には天守閣のある花の風景などほかではちょっと見られないものであるし、小田原から箱根の日帰りコースは京浜の人々にとって、自分の庭でも歩くような気軽さがあるのであろう。桜祭りはそういう人も吸収して相当にぎわいを見せ、観光行事としてすっかり板についてきた感がある。

わたしはこの城址公園の中で三十五年余の図書館生活を送った。桜ともずいぶん古いつきあいである。が、堀端の桜についての記憶はさらに古い。

子供のころ、城址一帯は御用邸であったから、その内部の様子についてはなんら知るところはないが、弁財天通りから堀端、本町小学校前にかけてずっと桜が植えられていた。まだそれほど大きい木はなかったように覚えている。その花の下を第一小学校（今の本町小学校）へかよったのである。それから推してみて、堀端に桜が植えられたのはどうも明治の末ごろであったろうと思う。それについて何か記録はないかと探したら、これも片岡永左衛門氏が書いておいてくれた。

それによると、桜の苗木を寄付したのは辻村常助氏で、弁財天通りから堀端に多数植え付けたとある。そのころの弁財天は堀に続いてかなり広い池になっていた。ところどころ底が見え、じくじくしていて湿地といった方がよいのかも知れない。まんなかに島があって、そこに弁天さんの小さいほこらがあった。今旭丘高校と野球場の間にあるのがそれである。通りの北側には宮内大臣をやった一木喜徳郎氏や片岡さんの居宅があった。弁財天通りという名は通称であるが、桜が植えられてからここを桜小路と私称したと、片岡さんはいっている。当時は駅前広場のあさひの前から城山中学校の北側の崖下まで細い道路が通じていて、揚士といった。この道から青橋、さらに八幡山東斜面にかけて広大な農園があった。辻村農園といい、辻村常助氏はその経営者であったのである。これで寄付した人はわかったが、植樹年代については片岡さんもはっきりとは書いていない。

年が経ちこの桜が大きくなるにつれて花見客も次第に増えてきた。そこで小田原保勝会は樹間にぼんぼりをつけて夜桜見物ができるようにしようと考えた。この記録はちゃんとある。

かつて本会員たる辻村常助氏の特志に基き植付けたる外堀端の桜樹もようやく春行楽の人を呼ぶに足るに至れるに及び一層遊覧客招致の目的を以て大正八年より夜間多数ぼんぼりの電灯を点ずる等それぞれの観桜設備をなす。

これはただ樹間にぼんぼりをつけただけではなかった。多分保勝会が大いにあっせんをしたのであろう。道の東側には露天商が色とりどりの店をひろげ、その上一流料亭までがお茶屋を出した。女中さんは赤いたすきに赤い前掛姿、芸妓連も思い思いの店に暇を見ては手伝いにきていたようである。それだから思いのほか人気を呼んで、なかなかにぎわったものである。しかし、どうもぼんぼりだけでは光が十分にとどかないということで、その翌年か翌々年かには

三、四か所に照明灯を取りつけ、花を上から照らして夜空に浮きあがらすという工夫もされた。当時としては派手なことをやったもので、けだし小田原の桜祭りのはしりといってよいであろう。この時の絵葉書がたしか三、四枚図書館に保存されている。

堀端の桜について清水喜一郎氏に聞いてみたら、「そういえば堀端通りの突き当たり、本町小学校のわきのところに桜の記念碑みたいなものがあった。あれはどこへいっちゃったかしら――」といった。それがあればきっと年月がしるされていたにちがいないのだが――。いろいろ考えあわせてみてやはり明治の末とみるのが妥当のようである。

ところが、関東大震災で道路が堀に崩れ込んだり、まんなかに地割れが入ったりしたため、この桜も被害を受け枯死するものが相当出た。それで弁財天の桜を移し植えたと片岡さんはいっている。昭和に入って御用邸を含めた地域が水の公園として整備されるようになると、二の丸、本丸、その他周辺にも増植、補植が行われ、これが基になって現在城址公園の桜とたたえられるまでになっているのである。

西海子の桜も堀端と同じくらい古く、別荘地であったこの付近一帯にそれらしい風趣をかもし出していた。これは松岡彰吉氏の尽力によって植えられたということである。

最近とみに注目を浴び訪れる人の多くなったものに長興山紹太寺のしだれ桜がある。高さ約十四メートル、目通りの周囲が二百六十センチもあるという巨木で、天然記念物に指定されている。

しだれ桜といえば早川の観音堂脇にも大木があったが、樹形から見て老木は枯死し今のはその子孫だろうと、片岡さんはいっている。それからまた三十年以上も経っているのだから、二世であっても相当大きくなっているはずである。観音堂を管理している真福寺に聞いてみたら、寺の境内にあるという。これはあまり知られていない。わたしはまだ見ていないのでどのくらいのものか知らない。一度訪ねてみようと思う。観音堂は川崎長太郎さんの好きなところで前にはよくでかけたらしい。茶店があってむかしながらの駄菓子を売っている。子供のころ緑新道に山田という菓子屋があり、そこの店に並んでいたのとまったく同じものなので、山田さんに聞いてみた。山田さんは「あそこのだけは今でも作って出しているんですよ。」といった。うれしい話である。

もう一つ、わたくしごとになるが、報徳二宮神社の社務所の前に一本の老木がある。あれはあなたの祖父の石井伊兵衛さんが植えたものだよと片岡さんが教えてくれた。祖父は福住正兄氏などと神社の建設委員をしていたので、あるいはそんなことがあったのかも知れない。とすると、植えたのは神社の創建された明治二十七年か、遅くも明治三十年代のことで、小田原の桜の中でも古いものの一つといってよいだろう。

ここに書いた桜以外にまだまだ方々にそれぞれいわれのある桜があるであろう。こうしてふりかえってみると、そのどれにも先人の心がこめられていて、あだやおろそかにはできない思いがする。

(昭和五二・二・一〇)

御感の藤

五月三日の憲法記念日から五日の子供の日にかけて、大名行列を中心としたお城祭りが開催される。お茶壺橋の御感の藤が満開になり、長い紫色の花房を垂れるのはちょうどこの時である。

御感の藤についてはすでに詳しく紹介されているので今さらとりあげるまでもないことだが、古いメモを見ていたらまだ知られていないことを発見したのでやはり書いておこうという気になった。

御感の藤の記録としては、大正九年六月発行の『小田原の史実と伝説』第一輯に「ゆかりの藤」という題で書かれているものが最もまとまったものといえるであろう。

この本は図書館にあるからいつでも見ることができるが、さして長いものではないし、読者にとって便利でもあろうと思うので、思いきって、その全文をわかり易く書きなおしてお目にかけよう。

ゆかりの藤

かしこくも今上陛下（大正天皇）がまだ東宮であらせられたころ、小田原の御用邸をお出ましになり、御供の者二、三名と馬で小ゆるぎの浜から町中を御逍遥になった時の事である。唐人町の西村元吉氏が愛していた藤棚の前にさしかかった。馬が何を感じたのか、手綱の御手がゆるんだのか、突然今を盛りと咲きほこる藤の花の下へ駈け入ったので、宮の御肩あたりから帽子のひさしまで花がふりかかり、ゆかりの色の花びらに錦の衣着てかえると古歌に聞いた片野の春もしのばれるようであった。お付き人はもとより家の中から飛び出した西村氏もびっくりして、高貴の御身とは知るはずもないので、とっさに今乗りすてたお付きの馬のくつわを押え、おけがはなかったかとうかがうと、宮は苦心の花に心ない事をしたとおねぎらいになり、降りかかった花びらを払い、しずしずとむちをあげられたということである。しかるに、このゆかりの深い藤棚も、西村氏が眼病で失明され起居が不自由になるにつれ、今はただ枯死を待つ有様となったことは実に遺憾千万である。

西村氏の談によれば、もとこの藤は板橋見附ぎわの森元市蔵氏が大久保家から頂戴して鉢植えとしたものを、見附の土手に植えたのが木の性に合い、だんだん繁茂してきたのを見て、同氏がいくらかの金子を出してもらい受け、現在の場所に植えかえられたのが初めで、ちょうどそれが明治十六年ごろだったということである。植えかえに鳶職二人で運搬したという話だから、当時それほどの大木ではなかったらしい。それが五、六年の後には小田原名所の一に数えられ、遊覧客が絶えなかったというまでにした同氏の丹精は想像以上であったろう。江戸の亀戸、粕壁の文福寺の藤よりも花房が長いので、観覧客は一々ものさしではかって帰ったということである。長いのになると二メートルもあり、一メートル五十ぐらいは普通であったという。

以上が御感の藤の基本資料で、どの本の説明もこれを引用して書かれているのである。ところがわたしのメモによるといくらかの相違がある。

昭和十二年五月十八日のことである。片岡永左衛門、松隈義旗両古老が図書館でばったり顔をあわせ、話がたまたま御感の藤に及んだ。

二人の話では、皇太子がこの藤をおほめになったということが伝わっているが、これは西村元吉氏の妻女だった人の話だということからはじまって、唐人町の西村氏にあったその以前は郡役所（今の合同庁舎）前の料亭ちんりうこと西村紋弥方にあったのが明治二十年ごろで、それより前明治十年ごろには板橋見附海側の松本長太郎という人のところにあったという。

ここまでは片岡、松隈両老の記憶がはっきり一致した。そして、さらにその前は昭和十年ごろ小田原振興会の主事をしていた小幡文蔵の家にあったと思うが、これはどうもはっきりしないということであった。

あまりおもしろいので、わたしはその場でメモをとっておいたのである。

西村元吉談では明治十六年ごろ森元市蔵からまだあまり大きくない藤を買ったといい、片岡、松隈両老の方はちんりう、松本長太郎、さらに小幡とさかのぼっている。

西村談の方は大正九年に藤の所有者である本人に直接あって聞いた話だから、まず信用できると考えられるのだが、これはあとでしるす樹齢の点で合致しない点がある、片岡、松隈両老の記憶は松本家所有の藤だったというところまでは完全に一致しているし、樹齢からみるとこの方があっているようであるが、だからといってこちらが正しいと断定するにはやはり不安がある。こうなるとどっちが本当かわからなくなるのである。

お二人の話はさらに続いて田広勝三氏のことに及んだ。

大正十一年三月に西村方から現在の場所へ移植の際の監督は、尾崎亮司氏が上京して留守だったため、田広氏がすべてを処理した。移植を請負ったのは伴野徳平という植木職で、その経費二十五円は尾崎氏の私財でまかなわれた。二宮神社側の細い一本は田広氏がその時寄贈したものであるということだった。

田広氏は当時御幸町の御幸座から四、五軒北側に牧舎を持って三光舎という牛乳屋さんをやっていた。小田原保勝会の会員で、また町会議員として活躍された人である。

ふだんはあまり気にもとめなかったことだが、こういわれてみるとなるほど藤は三株あり、現在ではそれをひっくるめて御感の藤とよんでいるのである。

ここでまた疑問がわいてくる。東側のが西村、西側のが田広の藤だということは間違いないのだが、それではまんなかのはどこからきた藤なのか。これについては片岡、松隈両氏もまったく触れていない。西村談によればもと鉢植えだったものを森元から買ってきたといっているところからみて一本だったようにも思えるが、どうもこの辺のところがはっきりしない。

御感の藤は昭和七年五月に天然記念物に指定されている。そのころはまだ県も市町村もそういうことは行っていなかったから多分国の指定であろう。このことは昭和八年調べの『小田原町勢要覧』にもしるされている。それがいつの間にか消えてしまって、昭和三十年三月三十日に小田原市の天然記念物として指定されている。そして、これについては昭和三十二年発行の『小田原の文化財』に、昭和七年指定ということに関してはそれを裏付ける証拠がないといっているのである。

御感の藤の大きさ、樹齢（などについては昭和三十六年三月三十一日発行の『小田原の文化財』にはつぎのように書かれている。

藤の三株（仮にA株、B株、C株と名付く）

藤棚　東西三十三米、南北十三米、高さ三米、棚下面積約四百三十平方米、支柱はコンクリート、棚の横棒は竹をもってする。

藤A株　東側にあって樹齢約百五十年、根元より二枝に分る。

根元が直径七米半、中央部の高一米位の円形の土盛で囲まれているので樹根の大きさを見ることができない。

大枝周囲二米二十糎（盛土の上にて）

小枝周囲一米六十糎（盛土の上にて）

大枝、小枝ともに更に数本の枝に分れ斜上に延びて棚上に拡がる。大枝には可成老朽腐敗した個所がある。

藤B株　中央より稍西側にある。樹齢凡そ百年。根元より四枝に分る。根元は直径六米の盛土に囲まる。

藤C株　西南端にあって樹齢約五十年。目通り周囲八十糎ある。

それから十二年経った昭和四十九年三月発行の『小田原市文化財調査報告書（六）小田原の天然記念物―樹木―』にはA株の樹齢百七十年、B株百二十年、C株七十年となっている。

そのどちらをとっても樹齢からみると西村元吉談が少々怪しくなる。

御感の藤にはこういうふうにいろいろ疑問の点があって、今となってはそれを解明することはむずかしいようである。

そんなことを一々詮索する必要はあるまい。みごとに垂れ下がった紫色の花房が風にゆらいでいる美しさ、その花を仰いで楽しんでいればそれでよいではないか。

まさにそのとおりであるが、それにしても今目の前にある藤にもこんなに不明な点がある。小田原の草木、自然をはじめとして人間のこともこれと同じようにわからないことばかりといってよさそうで、歴史とはむずかしいもんだとつくづく思ったものである。

（昭和五二・二・一七）

小田原つつじ

小田原の花といえば、だれでも梅に桜に御感の藤の三つを挙げるであろう。わたしはそれにもう一つ、つつじを加えてみたいと思う。

桜が散り、新緑が目にしみるころになると、城址公園から城山にかけて「つつじがみごとな花をつける。紅、黄、紫、白、さまざまに葉を覆うばかりに咲きほこるつつじは目がさめるように美しい。

このあたり一帯にいったいどれだけのつつじが植えられているのであろうか。気がついてみると、その株数の多いのには驚かされる。何だか市でも積極的につつじを栽培し、各所に植えているように思われる。しかもこれは今にはじまったことではなく、大正八、九年ごろに小田原保勝会が城を中心に数千株のつつじを植えたという記録がある。観光に資するためであることは間違いないが、どうして、ほかの花木ではなく特につつじを選んだのか、さっぱりその理由がわからない。

どうでもいいことかも知れないが、悪いくせで不思議に思い出したらどうも気になってしょうがない。そこで市役所の農産課に行って聞いて見た。

「どういう理由って――別にそんなものはありませんよ。」

するとただなんとなく植えていることになる。つつじはよくつくし、花がきれいで、しかも花期が長い。おそらくそんなところだろうと自分勝手に解釈をして帰ってきた。
しかし、これで納得したわけではない。このことは久しい間、わたしの頭にひっかかっていた。
そして、偶然その理由らしいものをわたしは見つけた。
江戸時代の箱根の俚謡に
咲いて見事や小田原つつじ
元は箱根の山つつじ
というのがある。
多分、箱根に湯治に行った人が山つつじを持ち帰って植えたところ、地味にあったせいか、箱根よりももっとみごとな花をつけた。そんなことからつつじを植栽する人がふえたと考えられる歌である。小田原つつじという名を使っているからには相当あちこちに植えられていて、目を楽しませてくれたに違いない。こう考えると、小田原はもともとつつじにあった土地がらで、小田原保勝会がつつじ数千株を植えたということも、おのずからわかるような気がするのである。
つつじの名所は全国方々にある。那須、赤城、箱根などは昔から有名だし、館林にはつつじ公園がある。長崎県は雲仙つつじ、鹿児島県はみやまきりしま、群馬県はれんげつつじで知られている。
なにもそういう名所と競い合えというのではないが、同じつつじを植えるのならば、もう少し目的をはっきりし、城山一帯をつつじで埋めつくすくらいのことをして、小田原つつじの名を挙げたらどんなものだろうかなどと考えるのである。

第2章 文学・芸能・遊び

村井弦斉と小峯紋弥

村井弦斉が小田原の西海子に移り住んだのは明治三十四年のことで、ここで『食道楽』を書き、三十五年、三十六年の二年間にわたって『報知新聞』に連載した。当時『食道楽』は非常な好評で、本もまたベストセラーになったが、それで平塚に土地を求め、家を建てて三十七年に移転した。これが対岳楼である。

この『食道楽』にはおもしろい裏話がある。長女の村井米子さんが『あまカラ』に画かれた「食道楽の頃」によると、弦斉はこれを書くに当たって、西洋、支那、日本の名料理人を常に身近において、目の前で料理を作らせ研究した。おかげで奥さんをはじめ家の者は毎日御馳走攻めにあいウンザリしたということである。

これを知ってわたしはふと思いついたことがある。小田原の漬物屋ちんりうの先祖に小峯紋弥という名料理人がいて、明治三十九年に八十四歳で亡くなっている。年はとっていてもちょうど同時代であるからこの小峯紋弥が村井弦斉の家に出入りしないはずはないということであった。

小峯紋弥については中野敬次郎氏が『小田原近代百年史』の中にくわしく書いているのでそれを見ていただくこととし、ここでは大正二年十二月発行、岩瀬正勝、石原富太郎編の『足柄下郡物産品評会記念小田原案内誌』の記事を紹介し、その名料理人振りを想像していただくことどしよう。

紋弥の事跡についてはあまり知られていないので、当小田原の誇りとしてその一端をしるすこととした。回顧すれば今から数十年前、米国水師提督ペルリが来航して浦賀に上陸するや、時にわが幕府ではこの一行を迎え、いかに供応するか料理調整の人選に苦心し、審議の結果、大久保氏料理出頭人であった紋弥を召してこれを命じた。紋弥は命を受けて種々熟考をこらし、ついに独特の技術で和洋折衷の調理を整え、つつがなくその役目を果たし一行を驚嘆させたという。後に紋弥はハリスト教会付近（今の東映劇場のあたり）に料理沈流を開いて大いに評判を得たが、江戸の料理人某はその名声をねたんで、当所に至り同家にあがって、たどんの黒焼という料理を注文した。紋弥はただちにゆずを黒焼として中身をえぐり、中に料理をつめてすすめた。彼はこれをどうやって食っていいかわからず、あわてふためいて同家を去った。後に紋弥の非凡な手腕を激賞したという。

紋弥は非常な勉強家で、むきものの参考として鶴や亀の彫刻をたくさん作ったり、料理の絵巻も何本となくかいたといわれているが、今では南町のちんりうに木彫の亀が一つ、図書館に「鯨の巻絵」と題する絵巻物が残っているだけである。

このうす汚れた絵巻物の表面には毛筆で「鯨の巻絵」と太く大きく、さらに「此巻絵御覧の上は右の名宛の処へ御返却下さるべく候、枕流テイ」とあり、中には紀州でとれたという鯨の写生画二十六図が淡彩でかかれている。そして、巻尾には「元文元年丙辰三月松平義尭」の署名を筆頭にして、この巻絵を順々に模写した七人の人々の姓名と書写年月とがしるされ、最後に「天保十己亥年九月二十二日西村徳春写之」とある。全長十二メートル余という長さにも驚いたが、模写しているうちにだんだん誇張が加わったものか、一つ一つの鯨の姿がまことに珍奇でおもしろい。

この西村徳春がすなわち小峯紋弥で、文政六年生まれというからこの巻絵を写したのは十六歳の時ということになる。

枕流亭という名は中国の故事「漱石枕流」からとったもので、夏目漱石の漱石もここから出ている。なかなか生易しいことでつけられる名前ではない。いったいこんな凝った名をどうしてつけたのだろうと不審に思っていたが、当時大久保家の家老で小田原俳壇の中心人物であった大久保龍鱗が枕流亭長松観と号していたことを知るに及んで、なるほどと思い当たるものがあった。多分小峯紋弥が料亭を開くことになった時、龍鱗がはなむけとして自分の号枕流亭を与えたものと考えられる。

ともかく、これほどの名料理人であったのだから、村井弦斉と何か交渉があったであろうと考えてもそんなに突飛なことではないであろう。

わたしはちんりうの老主婦に聞いてみた。

「ええ、ええ、村井さんへはよくお伺いしていましたよ。」という返事だった。

これはおもしろくなってきたと、今度は平塚にお住まいになっている村井さんの老未亡人に、もしや小峯紋弥という人をご存じであろうかと、平塚図書館長を通じておたずねした。間もなくご返事があって「関海軍少将や小峯紋弥、五十嵐写真屋さんなどがよく見えられた。」ということだった。

それなら是非一度お目にかかって、当時の話を伺いたいものだと考えているうち、残念なことにそれからいくばくもなくお亡くなりになり、ついにその機会を逸してしまった。

それから一か月ほど経って村井米子さんから、小田原の昔の家のあとも見たいし、小峯さんや五十嵐さんに逢ってお話も聞きたい。また母から聞いたこともお話ししたいというお手紙をいただいた。

そこで早速段取りをすすめ、十月の半ばごろであったか、図書館で村井さんに五十嵐写真館のおばあさんと小峯の老主婦とをお引き会わせした。何十年も前の話に花が咲いて、時のたつのも忘れるほどの楽しい会合であった。

やはりわたしの想像通り、小峯紋弥は度々村井さんへ行って、料理を作ったり料理法も話していたらしく、「大分参考にしていたようです。」と村井さんはいった。

さきに述べた酒匂川早川のあゆの話などは、おそらく小峯紋弥から聞いたことであるかも知れない。

その時、村井さんは献上本と同じに作ったという『食道楽冬の巻』と自筆原稿『脚本食道楽』、それに『食物に関する十八年の研究』の三冊を図書館に寄贈された。これは今でも図書館が大事に保存している。

北原白秋「雲の歌」

昭和三十二年五月二十六日、郷土文化館に白秋記念室が増築され、伝肇寺境内に「赤い鳥小鳥」の童謡碑が建設されて、菊子未亡人ほか東京の関係者、鈴木市長をはじめ小田原の関係者多数参列のもとに、その落成式と除幕式が行われたことはまだ記憶に新しい。

この時菊子未亡人からいくたの遺品や資料が寄贈されてので、地元の資料とあわせて記念室に常設展示することとしたが、その中に白秋門下の人たちも知らなかった珍しい掛け軸と短冊が出品された。

その一本は門松福太郎さんの所蔵のものである。半折の下部に門松さんの半身像を画き、その上に

みみづくみみみづく春の支度にかかりゃんせ、赤い瓦がふけたぞなもし

と書いてある。

「みみづくの家」の洋館が落成した時、白秋は実にはでな落成式を行っている。まずみずからデザインした印し半天を職人全部に着せ、大園遊会を開き、東京から来た芸者と地元の芸者

を手古舞姿に仕立てて町の中を練り歩かせたという豪勢振りを示した。

そのくせ金はあまりなかったらしく、屋根屋の門松さんを呼んで、「屋根代が半分しかない。あとは当分待ってくれ。そのかわりこれをやるが大事にしておけばそのうちうんと値が出るぞ。」といって、これをくれたという。門松さんの直話である。おそらく大工の込山吉五郎さんの方もそうではなかったかと思われるが、込山さんの方には

百舌がなけば紺の腹かけ新しき

若き大工も涙ながしぬ

という短冊と印し半天が保存されていた。

これははじめて見るものだといって、みんな驚いたものであった。

ちょうどそのころのことである。わたしは小田原駅で小田中時代の恩師堀江重治先生にばったりあった。堀江先生は白秋記念室建設のことを知っていて、わたしのところに白秋の原稿があるからあなたにあげよう。図書館の資料にして、記念室に展示してはどうかといった。

間もなく「雲の歌」の原稿がとどき、別にはがきがきた。はがきにはこんなことが書いてあった。

ある時、白秋の使いの者が中学校へきて、雲の歌を作りたいので、何か雲に関する本を二、三冊貸してほしいということだった。何冊か貸してやったが、やがて本を返しにきて、それにつけてよこしたのがこの原稿である、とあった。

原稿には白色、けいなしの便箋四枚にペンで書かれたものである。

雲の歌

童謡

北原白秋

青空高う散る雲は
繊《ほそ》い巻雲《まきぐも》　真綿雲
鳥の羽のやうな靡き雲
白い　旗雲　离れ雲　(C.) Cirrus　巻

一刷毛《ひとはけ》二刷毛《ふたはけ》まだ寒い
すうと幕引くレエス雲
日暈月暈　湿《しめ》らせて
春さきの雲　氷雲　(C.S) Cirro-Stratus　巻雲

水脈《みを》の泡波《あはなみ》うろこ雲　(C. K) Cirro-Cumulus　巻積
遙るばるつづく陽の入りは

いつも夕焼　月あかり
雁が飛びますわたります　(K.C) Cumlo Cirrus　積雲

日の環月の環かがやかす
高い層雲《かさぐも》　帷《とばり》雲
灰いろ雲の濃い雲も
たまには薄《うつ》すり青の帯　(S.C) Strato Cirrus　層巻

葡萄鼠の霧の雲
水と天《そら》との間《あひ》の雲
風の層雲《かさぐも》　わかれ雲
地にはとどかず棚の雲　(F.S) Fracto-Stratus　离層雲

寒い黒雲　冬の雲
かぶりかさぶる雲の塊《くれ》
時どきお母さんの眼のやうな
青いお空を透かしてる　(S.K) Strato-Cumulus　層積

むくりむくりと涌く峯は
雲のヒマラヤ　銀のへり
お経もらひか　天竺へ
犬、猿、坊さま、豆の馬　(K.) Cumulus　積

雷雲《いかづち》はおそろしい
昼も神鳴り　旱雲《ひでりぐも》、
宵には稲妻　朝は虹
おどろ〳〵の暴風《あらし》雨雲　(K.N) Cumulo-Nimbus　積乱

迅い飛雲　日の光
それでも雨雲《あまぐも》乱れ雲
霙がふります雪がふる
ぱら〳〵霰もころげます　(N.) Nimbus　乱

わたしはこの原稿を見た時、まず各節の雲の末尾にその雲に相当する学名が書き入れられて

いるのを、珍しく、おもしろいものと思った。

「雲の歌」は大正十一年六月に出版された第四童謡集『祭の笛』第二部「空のうた」の中に載っている。

『白秋全集』第九巻によれば、雲の名前はそれぞれのところに番号をふり、それを最後に註として一括してある。

註　⑴巻雲　⑵巻層雲　⑶巻積雲　⑷積巻雲　⑸層巻雲　⑹層雲　⑺片層雲
⑻層積雲　⑼積雲　⑽積乱雲　⑾片乱雲　⑿乱雲

この中で、⑺片乱雲は原稿では离層雲となっており、⑾片乱雲は積乱雲となっていて、あとで訂正されている。

堀江先生から雲の本、あるいは天文気象の本も入っていたであろう。それを借りてまず自然科学的知識を身につけ、そこから自由無げな詩の世界に遊ぶという一面がうかがわれ、その意味でこの原稿は一段とおもしろいものとおもうのである。

図書館ではさっそく表装してしばらく白秋記念室に展示しておいたが、ペンの色がだんだん薄れてきたので、それを引きあげて大事に保管している。

川崎長太郎さんの抹香町

川崎長太郎さんが数少ない私小説作家として、文壇にユニークな地位を築き、今もなお新しい作品をつぎつぎに発表されているのはうれしいことである。

川崎さんといえばすぐ抹香町を思い出す。それほどに川崎さんはずっと抹香町をテーマにした小説を書き続け、いくたの名作を生んで、昭和二十八、九年ごろには長太郎ブームまで巻き起こしているが、抹香町は川崎文学を離れても、ある意味での小田原の名所として広く知られた。

わたしの家はもと銀座通りにあった。夏の夜ふけ蒸し暑さに堪えかねて表へ出て涼んでいると、錦通りを駅の方からきた人に、抹香町へはどう行ったらよいのかとたびたび聞かれたものであった。

抹香町は旧新宿の西のはずれから新玉小学校の方へ出る道路の名前で、今は道幅も広くなり、舗装されたりして明るい道路になっているが、もとは狭い道の両側に小さい古びた家の立ちならぶ陰気な町であった。むかしは十王町といったそうである。ここに教徳寺という寺があり、十王様を安置していたのでこの名があると『新編相模国風土記』にしるされている。

ところが、この十王様のご利益はたいへんなもので、お参りする人が多く線香の煙が絶えることがなかったので、いつのころからか抹香町という名に変わったのだと古老が教えてくれた。

ここが私娼の街になったのは明治も終わり近い、四十年前後のことだったろうと思われる。

小田原の遊女屋は江戸時代から東海道の旧本町、宮前町、高梨町辺に散在していたが、明治三十六年新玉小学校前の道を北へ突き当たったところに移されて、はじめて遊郭らしい遊郭ができあがった。周囲に塀をめぐらし、大門を入ると正面北側には七軒の遊女屋が軒をつらね、南側の門の両側にはすし屋、飲み屋、射的屋などが並んでいたと覚えている。これを初音新地と呼んだ。

遊女屋もこうあらたまるとさすがにいかめしく、今まで気安く遊んでいた人たちの中には、この遊郭に入ることが何か重苦しく感じられ、また遊興費も高くなったことなどもあって、足のむかない人が相当出てきたことは想像するにかたくない。それらの人々のために自然に発生したのが抹香町の私娼であると見て間違いはないようである。

大正時代に入るとこの抹香町の名は次第に知られるようになり、繁昌するようになったが、関東大震災のあった大正十二年ころには、このあたりは町の中心になり、風紀上から見ても思わしくない場所になった。そこで震災後、これを他へ移転させることが検討され、その結果、大正十四年小田原警察署長は抹香町の業者を呼び、新宿のはずれの元ゴミ捨場であった地域を指定し、そこへ移転することを命じた。いつの時でも移転することはたいへんなことであるが、商売が商売だけに命令に服しないわけには行かなかったのであろう。業者は「小田原飲食店組合」を結成し、その対策を一年以上もかかって検討し、ついに昭和初期に至り移転をしたのであった。これを俗に新開地といった。

川崎さんの抹香町は実はこの新開地なのである。それをむかしながらに抹香町という名をつかっているのは、新開地になった後もわたしたちでさえ抹香町といっていたくらいで、その方が親しみがあったからであろう。

芸者などの揚げ代を線香代という。線香をとぼして時間をはかったからであるが、抹香町とはまことにそれらしい名前である。

戦後、新開地は「小田原カフェー組合」と改称して、なお営業を続けていたが、昭和三十三年、売春防止法が完全に施行されたことによって、解消してしまった。

しかし、抹香町の名は川崎さんの小説によって永久に消え去ることはないであろう。

書かざる作家

三月のはじめのことであった。横浜から帰りの電車の中で宝安寺の望月正道氏に逢った。望月さんは

「いつかお逢いしたら話そう話そうと思っていたのですが、うちに紅蓮洞という人の墓があるのですよ。いったいどういう人なんでしょう。」

といった。

「えっ、紅蓮洞の墓ですって――それがお宅にあるんですか。」

「ええ、それに小田原保勝会の名が入っているのです。」

「名前は坂本易徳ですか。」

「ええ、そうです。」

紅蓮洞坂本易徳のことは今となっては知る人もない。わたし自身ほとんど知っていないのであるが、ただ紅蓮洞の本名が易徳であろうとはかねてからおよそ見当をつけていたことであった。

望月さんのことばでそれが確かめられたばかりでなく、墓の所在まではっきりしたのは思いがけないことであった。

望月さんは
「あとを弔う人もなくて無縁になりかけているのですよ。」

ともいった。

間もなく小田原駅に着いた。もう少し話したかったが、「いずれみせてもらいにうかがいます。その節はよろしく――」と頼んで別れた。

ひがんの入りの十八日朝、宝安寺を訪れると、望月さんはすぐ墓に案内してくれた。

墓は一メートルたらずの変形のヘンコ石で、表面の中央に「紅蓮洞　坂本易徳之墓」、その右側に「慶応二年九月廿四日相州小田原ニ生レ、大正十四年十二月十六日東京聖路加病院ニ死ス」とあり、裏面には「肝煎　小田原保勝会」と刻まれていた。「肝煎」という文字はちょっと奇異に感じられた。多分保勝会が墓の建設全部を受けもったのではなく、その世話を焼いたという意味なのであろう。そして、この墓のそばに坂本家のだというごく小さい五基の墓が散らばるといったぐあいに置かれていた。

よく晴れて暖かいひがんの入りで何組かの墓参の人がみえ、墓に春の花を供えたりしていたが、ここだけは久しく訪れる人もないという。寺の心くばりでさすがに掃除は行きとどいていたものの、なんとなくみすぼらしく、物寂しい感じであった。

わたしが紅蓮洞に関心を持ちはじめたのは、図書館に入って郷土資料を集めだしてからのことである。

しかし、紅蓮洞に関する資料はまったくなく、その人となりについて古老に聞いても知っている人はなかった。今となってみればもう少し保勝会関係の人に聞いていたら、いくらかでもわかったのではないかと思うのだが、当時は一般郷土資料の収集整理に忙殺され、文学資料としても、北村透谷、福田正夫、牧野信一に一層深い関心を持っていたのであるから、紅蓮洞の方は自然おろそかになり、それほど突っこんで探すということもしなかったわけである。ただ「紅蓮洞は書かざる作家といわれた人だ。」といっただれかの言葉だけは今もなお頭にこびりついている。

明治二年調べの『小田原藩士氏名録』を見ると、坂本と名乗る家が三軒ある。旧揚土の坂本六兵衛、西海子の坂本松庵、それから住所不明であるが坂本徳次郎と、この三軒である。もう少し調査してみないとはっきりしたことはいえないが、わたしは紅蓮洞は揚土の坂本家の出ではないかと考えている。

ところがその後『函東会報告誌』という雑誌を手に入れるに及んで、わたしははじめて坂本易徳という名にぶつかった。

函東会は小田原、足柄上、下両郡の学生で、東京に遊学している者が互いの親睦をはかり、知識を交換することを目的として明治十五年に結成した会で、函嶺の東にあるということでこう名付けたのである。

『函東会報告誌』はその機関誌で明治二十二年十月二十九日に創刊された。

坂本易徳は当時京橋区木挽町一丁目十一番地志村方に住んでいたが、これより先十月十三日に京橋新肴町の開化亭で開かれた例会に出席し、広仲通次、熊本政共、相沢親之助、目良恒などと共に雑誌編輯委員に選ばれ、創刊号から明治二十三年十一月発行の第十三号まで発行兼編輯人を勤めている。

明治二十一年七月に慶應義塾の正科を優等で卒業しているが、おもしろいことにははじめは理科方面の勉強をしていたらしく、十月の例会では数学の講演をし、十一月の例会では衛生心理学の話をしている。しかし、本来は文学畑の人であったらしく、二十二年十二月発行の第三号には相沢親之助の渡米によせて「相沢親之助ぬしを送る」という新体詩を掲載し、二十三年一月に慶應義塾に大学部文学科が新設されると、ふたたびここに入学している。そして、ちょうどこのころに芝区烏森町一番地彦坂方に転居している。烏森といえば新橋駅付近である。

ところが、その年十月発行の第十三号に

小生儀学業の余暇、実業に従事致し寸暇之れ無く、甚だ不本意には候へ共編輯主幹御断り申上候也

慶應義塾大学部　坂本易徳

というあいさつ文を載せ、さらに十二月発行の第十四号には

小生儀業務多忙且つ事によると遠県旅行するやも知れず候に付歳暮年始の礼を欠く

坂本易徳

を掲載している。

その後は『報告誌』に名前も出ず、まったく消息不明となったが、二十五年六月の第二十五号の会員名簿には「岡山県岡山市山陽新聞社」と記載されている。岡山にいたのは二年か三年で、二十七年一月の会員名簿には「神田錦町大日本教育新聞社」となっている。そして、この年開化亭で開かれた東京部例会には毎会出席しているが、年末には二六社と住所が変わっている。二六社とは『二六新報』のことなのであろう。

以上は『函東会報告誌』に載っているものを年代順に並べたのであるが、紅蓮洞に関する記録はこれだけしかない。北村透谷は紅蓮洞より二年あとの明治元年生まれで、同じ函東会の会

員であり、『報告誌』に「過言一則」という小文を書いているのだから、おそらく紅蓮洞と相知る仲であったと思うが、その辺のことについてはいっさいわからない。

ある人から聞いたところによると、紅蓮洞は非常な秀才で、明治から大正へかけての文壇の裏表に通暁していた。何でも知っていたのでずいぶん悪口もつき、すっぱ抜きもやったが、それにもかかわらず、グレさんグレさんと呼ばれて、だれからも愛されていた。書く力を持ちながら小説も書かず、評論も書かず、自由気ままに文壇をかっ歩していた。それでだれいうとなく、「書かざる作家」といわれるようになったというのであった。

おもしろい話がある。

銀座を散歩している時向こうから文士がやってくる。すると紅蓮洞はそれがだれであろうとお構いなしに「おお、五十銭貸せ。」という。借りるとそれで満足であったらしく、二番目の人には決してたからなかった。

そのうちにこのことが知れわたると、文士の方が心得ていて、紅蓮洞の姿を見かけるとさきに五十銭用意していたというのだから余程変わっているといっていい。

昭和三十一年に鈴木十郎氏が桐家名跡保存会を起こし、かつて帝劇の女優として鳴らした森律子、村田嘉久子にそれぞれ桐大内蔵、桐長桐、地元の加藤澄代に桐尾上の名跡を継いでもらったことがある。その時からわたしは嘉久子さんと相知るようになった。その嘉久子さんが大阪の鶴屋八幡と関係のあった『あまカラ』という雑誌に随筆を書いた。その中に紅蓮洞が出てくるのである。それで一度嘉久子さんから話を聞こうと思っていたが、その機会を得ないうちに亡くなられてしまった。後々の事を思って別にして置いた『あまカラ』も、それがかえって仇になって、どこにまぎれこんだか見当たらない。今更残念がってもはじまらないことになってしまった。考えてみると、北村透谷にしろ、福田正夫、牧野信一にしろ、坂本紅蓮洞にしろ、一般の小田原人気質からすればまるで毛並がちがっている。明治の前半期にはこういうたぐいの人がまだほかに大分いたと思うのだが、今ではほとんど見られなくなったといってよいであろう。

いずれにしても紅蓮洞についてわたしの知っていることはこれで全部である。

なんだたったこれっきりか、これではどうしようもないではないかといわないでほしい。望月さんは紅蓮洞の墓が無縁になりかけている、といった。その時、わたしはたとえわずかなことでも今のうちに書いておかなければ、それこそ小田原の無縁さんになりかねないではないか、そう思ってこれを書いたのだから——。

（五三・三・二四）

梅若六郎の道中記

わたしはかつて明治以前の道中記、紀行文のうち小田原・箱根に関係のある部分だけを抜き書きしたことがある。その数は五十、原稿用紙四百枚に達するが、これを年代順に配列すると、各時代の有様や移り変わりが一目瞭然としてわかり、なかなかおもしろい。

梅若六郎の道中記は『梅若』第八巻第十一号から第九巻第四号まで連載されたもので、俳誌『鹿火屋』の詩友細谷邪桃氏から拝借して写したものである。

題名がすこぶる長く

明治十八年四月

真光寺殿千年忌祭事ニ付丹波江出立

日　記

四十四世　梅若六郎

とある。

明治二十五年五月が梅若家の祖先梅津兵庫頭橘友時朝臣の千年忌に相当するということで、梅若実は息子鉄之丞、六郎の二人を伴って、旧地丹波国舟井郡関能郷殿田村の禅宗関殿山曽源寺へ墓参のため、明治十八年四月十四日に東京を出立した。この道中記はそれから約一か月後の五月十七日帰着するまで、梅若六郎のしるした日記である。梅若六郎は明治維新後、一時衰運にあった能楽界を隆盛に導いた父実のあとを継いで家元となった人である。

わたしがこの道中記に特に興味を感じたのは筆者が梅若六郎だということもあるが、ほかの道中記とちがって、旅館の料理献立、宿泊代、乗物代、酒手などを克明にしるしてあって、当時旅行するのにどのくらいの経費がかかったのかを知るのにまことに格好な資料だと思ったからである。

往復とも小田原は素通りしているが、箱根についてはくわしくしるしてあり、第一これはちょっと手に入りにくい資料でもあるのでここに紹介することにした。

梅若の一行は四月十四日午前六時二十分に出発し、新橋までおおぜいの人に見送られ、八時に汽車で神奈川に着く。汽車賃は中等一枚、下等二枚で一円であった。そこから成駒屋の馬車をやとって午前九時三十分に出発した。小田原までの代金は一円八十銭である。途中藤沢で中食、所々の立場で小休みをして午後五時小田原に着いている。

さすがに文明開化の世の中、江戸時代には二日、三日の行程を一日できたことになる。

これからは原文を現代文に書きなおしてお目にかけよう。

午後五時小田原駅着。それから箱根山中の湯本まで歩く。午後七時二十分前福住に一泊。たびたび入浴する。夕食は

一、菓子カステイラ、砂糖づけ　一、飯　一、しる焼どうふ　一、向さわら照り焼き　一、

一、わんかまぼこにみょうが　一、香の物京菜、みそづけ大根

泊六十九銭、茶代三十銭、夜雨がすこし降る。

一行は三人だから宿泊代、茶代は一人当たり二十三銭、十銭ということになり、横浜小田原間の馬車賃は六十銭で、宿泊代の約三倍にあたる勘定である。

同十五日庚子、晴天。朝食は

一、しる菜　一、向あんこううま煮　一、わん山かけどうふ　一、つぼしそ　一、香の物たくあん

湯本福住を午前六時十五分に出発。同苗かご一ちょう三島まで代金一円。兄とわたしは歩行で山を越える。わらじ二足二人がはく。代三銭。湯本駅で小休み、畑駅で小休み、ここまで霧が深かった。わたしは杖を買った。代三厘。それからおいおいのぼる。さるすべりをのぼって小休み。ここでさんしょうの魚を見る。それからさいかち坂、二子山のふもとをとおり、名代甘酒茶屋に休む。それからまた乗り、二十八町ほどで急にくだり箱根神社前右に朱の鳥居。ここから湖水のふちを左へまわり松林の中を行く。さいの河原、所どころに古い石塔がある。それより旧関所。ここに湖を見わたす村社がある。午前十時箱根駅に着。右側石内で中食。

一、飯　一、かつお　一、わん玉子とじ　一、香の物たくあん

代金三十銭。

それより下り、山中駅笹屋助左衛門方で小休み。三島の宿に着いて同苗かごをおりる。人

足に酒代三銭をつかわし、右側古世六太夫方に小休み。歩いて三島明神へ参けい。さい銭一銭五厘。同所から元吉原まで馬車にのる。

帰りはここを五月十五日に通過している。

本日曇り富士を見ることはできない。沼津三島をぬき、三島の宿はずれの田中屋という小さい家で車をおり中食する。あじ煮付け、たくあん、しそまき梅ぼし。代金十五銭。金五銭人力酒代。それから同苗かごをやとう。同駅から箱根駅まで一ちょう金五十銭。時間増し一割五分七銭五厘。兄とわたしは歩行、一里ほどのぼって小休み、茶代八厘。このあたり雨でむこうが見えない。かごの人足はいきづえをあげて走る。霧で見うしなわぬよう兄とわたしはあとからかけた。兄はすべってしりもちをついた。午後六時前箱根宿石内弥平太方に着いて一泊した。奥の座敷はなかなか見晴らしがいい。入湯、夕飯、しるとうふ、向あじ酢の物、平さかな切り身に昆布。焼き物あじ、香の物たくあん。かごやさかてをねだる。金四銭つかわす。山中はことのほか寒い。酒を申しつける。代六銭。はたご代六十六銭。茶代三十銭。

五月十六日、庚未、雨天、朝飯、しるとうふ。向さかな切り身、わん玉子、香の物奈良漬け。雨天なので十二時までとう留。ここで清廉氏新聞を見て驚く。昼食、しる、さかなにとうふ、向あじ煮付け、代二十四銭。別に茶代十銭心付け。十二時過ぎ雨中を湯本まで下る。同苗かご両人はわらじばき歩行。かご湯本まで金六十二銭。湯本ほか二か所立て場、茶代二銭。四時ごろ湯本福住へ着く。たびたび入湯する。夕刻雨がやむ。湯本細工をみやげにいろいろ買う。代金七十三銭。夕食、しるとうふ、向さわら、わんかまぼこ、ちょこしそ、たくあん。福住はたご代六十九銭、茶代三十銭。
同十七日、辛申、晴、朝飯、料理失念、入湯する。午前七時ごろ出立。同所から馬車買切り神奈川まで金二円四十銭。乗合いなく三人きり。

江戸時代における旅の乗物は馬とかご、明治二十二年には東海道線が開通して、交通にも一大変革がもたらされた。これはちょうどその中間の時代ともいうべき時期である。箱根の山越えにはまだかごを使っているし、酒代をねだるなど江戸時代の名残がうかがえるが、平地の乗物には馬車、人力車が新しく登場している。馬車の賃金はさきにしるしたとおり、神奈川小田原間が一人六十銭であるが、人力車は明治十年の神奈川県管下賃金表によれば一人乗一人びきで小田原大磯間二十五銭、大磯神奈川ステーション間八十銭、合計一円五銭であった。総じて乗物代が非常に割高であることに気付かれるであろう。ついでに比較のため当時の米価をあげると、明治十四年に白米一俵金四円六十八銭であった。

終わりに、他の宿駅の宿泊代、料理なども数か所書き抜いてあるので、それも参考にしるしておこう。

藤沢宿大阪屋中食
一、飯　一、椀かまぼこ、のり、みょうが　一、向煮肴　一、香物漬菜、たくあん

三人前三十三銭

静岡伝馬町大方屋清十郎泊

夕食

一、飯　一、汁とうふ　一、向鯛さしみ　一、椀ほうほ、菊しいたけ　一、壺いか、ほうれん草酢合　一、焼物小鯛　一、香物大根　一、酒　一、菓子カステイラ、西洋菓子

朝食

一、飯　一、汁菜、しいたけ　一、焼物なまび塩鯛　一、椀半ぺん　一、香物たくあん

宿泊代三人六十九銭、茶代三十銭

浜松駅右側花屋惣三泊

夕食

一、飯　一、汁しじみ　一、向なます　一、平肴切身　一、鯛さしみ　一、同肴　一、香物　一、酒　一、菓子（蒸羊かん、田舎万頭、桜餅）

朝食

一、飯　一、向玉子焼　一、椀月形半ぺん、ゆば、のり　一、猪口煮豆　一、香物たくあん

宿泊代三人六十九銭、茶代四十銭

豊川稲荷角屋松十郎休

草餅　一つ九厘
　宮駅紀の国屋易右衛門中食
一、飯　一、煮ざかなあいなめ　一、椀（あなご、しいたけ、菜、ゆば）　一、香物
代三人前三十銭
　同　泊
夕食
一、飯　一、汁切干　一、向（いか、鳥、ぅど）　一、椀（あわびうしお、ふき）一、茶
碗さより　一、煮肴あいなめ　一、猪口切干　一、香物たくあん
朝食
一、飯　一、椀しんじょ、子いも　一、向いかぅま煮　一、香物京菜
宿泊代三人七十五銭
　伊勢山田十文字屋泊
夕食（朱塗本膳、盃ちょうしにて酒出す）
一、飯　一、向鯛なます　一、平月形半ぺん　一、焼物鯛　一、猪口つまみ菜　一、吸物
切身　一、膳のふちに香物なくあん拍子木に切りうつわなしに乗る　一、菓子蒸菓子
朝食
一、飯　一、汁　一、向いなださしみ　一、平しんじょ、しいたけ　一、鯛煮肴　一、猪

口京菜　一、香物
宿泊代三人八十四銭、茶代五十銭
この中で、静岡浜松は待遇がよかったようで、伊勢山田では最上級に扱われたらしい。
こんなにおもしろい資料があるのにあまり注意もされず、やがて消えてしまってはもったいないので紹介した次第である。

畑の平の富士

野上弥生子氏が『秀吉と利休』を書く、その下調査のために中央公論社の藤田圭雄氏とともに図書館に来られたのは昭和三十五年の春だった。
図書館で、秀吉の小田原攻めやそれに関連する郷土資料などについて話している時、野上さんは
「利休が古田織部に宛てた手紙の中で、お前は隅田川、筑波山、武蔵野などのよいけしきが見られてうらやましい。自分は、富士山を見るだけでがまんするほかないといっていますが、箱根のこちらがわで富士山の見えるところといったら、どこでしょう。」
ときかれた。

千利休が小田原から武蔵を転戦している古田織部に宛てた手紙は国立博物館所蔵のもので、わたしはその写真も見ているし、桑田忠親氏の著書などでもよく知っていた。

しかし、改まって野上さんにこう聞かれて、わたしははじめて「おやッ」と思った。

「箱根の南側の方から富士の見えるところといったら、全部山でさえぎられていますから、芦の湖まで行かなければちょっと見えるところはないでしょう。しかし、それだと石垣山の本陣から離れすぎていて困りますね。」

秀吉が茶の湯だといった時、利休の居場所が四里もはなれていたのでは話にならない。といって、利休の手紙に、富士ばかり見て暮らしているとある以上、どこかにそれらしいところがあるはずである。それに気がつかなかったのは少々ウカツであった。さっそく調べてお知らせしましょう、とわたしは約した。

一応調査が終わって、鈴木十郎市長にあいさつに行くというので、市長室に案内した。あいさつが終わるとすぐわたしは「富士の見える場所」を市長に聞いてみた。

すると市長はこともなげに

「ありますよ、今石垣山のうしろの畑の平というところにゴルフ場をつくっているのですが、そこから見えますよ。」

と写真まで出してきた。

今まで思いもかけないことであったが、たしかに富士が見える。その写真はゴルフ場から西北の方角を写したもので、右に塔の峯、左に湯坂山から奥の山々があり、その左側の方の山の肩のところに富士が顔を出しているのである。

畑の平から富士が見えるならば、畑の平こそ利休の仮住居としてまことにうってつけの場所である。

野上さんは利休の居所を畑の平ときめ、『秀吉と利休』第九章にその情景をつぎのようにみごとに描写した。

石垣山と早雲寺とのちょうど中間にあたる畑の平に、湯本の物もちが建てた隠居所である。ながらく空いてゐたのを修繕させたりするうちに、利休も次第に快い方にむかひ、移転は、病後の静養とともにめづらしい閑居となった。

家は八畳、四畳半、三畳に、台所のついただけの、このあたりでは一帯にそうであるように、板葺の屋根を太い割り竹で押さへた田舎普請である。利休は小細工のない作りをいっそ好いとした。なおそこからだと富士が見えた。これは早雲寺からは見えなかったもので、石垣山のお城さへ、箱根の連山にさへぎられて富士の眺望には欠けている。

利休のあたらしい家とても、富士を富士とする頂上、中腹、裾野へと、末ひろがりに流れる美しい傾斜線は仰がれず、石垣山につづく背後の峯の右寄りに、もろこしの絵に描かれた駱駝というけものの瘤に似て、まるくのぞいているに過ぎない。

古田織部への手紙の内容がよく生かされているし、ここから見える富士をらくだのこぶのようだとはまことにみごとな表現である。さらに板ぶき屋根も。いわゆる小田原ぶきを年頭においてのことで、その配慮の細かさには驚かざるを得ない。

こんなことのあった畑の平の富士をわたしはまだ見ていない。

知られざる大家・沼田荷舟

わたしの家に古くから「己丑孟春荷舟」と落款のある山水の掛軸がある。絵のことなどまったくわからないわたしの眼にも、なんとなく気品が感じられ、この絵に対するといつも心が洗われるような気がするのである。毎年春にはきまって床の間にかけるのだが、そのたびにこの人はきっと一流の画家にちがいないとひとり悦に入ってこの絵をながめる。そのくせ、荷舟とはどのような画家であったか皆目わからない。それがわたしにはいかにも残念であった。父に聞いても知らないというし、古老にただしてもはっきりしない。もちろん日本画家名鑑なども見たが、どの本を調べても荷舟の名は出てこない。

父も祖父も特別書画に趣味を持っていたわけではないから、家に大家の絵などあるはずもない。こうなるといくらよい絵であっても、やはり荷舟は地方画家の域を出ない人だったのであろう。そう考えるよりしかたがなかった。それでもなお、わたしの心奥に思い切れないものが長い間こびりついていた。

それだけに、『函東会報告誌』の中に荷舟の名を発見し、しかもわたしの推測どおり、明治中期における日本画の大家であったことを知った時の喜びはたとえようもないものであった。

荷舟のことは、明治二十三年四月発行の『函東会報告誌』第七号と二十四年十一月の第二十一号との二冊に出てくる。わたしはここにそれを紹介して、荷舟という人を改めて認識してもらいたいと思うのである。

まず第七号の雑報欄の記事をわかり易く書き改めるとつぎのとおりである。

翁は名古屋の画家である。かつて宮城の召に応じたが、その帰り道に小田原を過ぎ、この地の風光の美しさに感じ去ることができず、ついに住居を新玉町に作り、一家を挙げて移り住んだ。つい先日紳士豪商を新宅に招いて新築披露の宴を催し、それとあわせて書画詩歌の雅会を開いたが、参加するもの三十名を数えた。そしてたがいに歓をつくして散会した。翁は家塾をはじめ、臨本をかいて与えられるということである。今その社則が手に入ったので左にしるす。

雨亦奇社中規約

一、絵画入門の志ある人は左のことをご承知ありたい。

第一　月謝金壱円

第二　毎月三の日八の日をもって清書を検閲し、あわせて臨本を揮毫する。

第三　毎日通学生は月謝金二円とする。

第四　入塾生は一か月金三円五十銭とする。

ただし、非常のほかは夜間外出を禁ずる。

第五　通学するもので月謝をきめないものは金三十銭以上とする。

第六　粉本は揮毫の時の参考として備えてあるものゆえ、ご入用の方は家へ来て写しとってもらいたい。

第七　絵画は精神を写して人に鑑賞してもらうものであるから、精神を高尚にして品行を端正にしなければならない。

この新宅披露宴に招待された人の中には辻村甚八郎、福住正兄、尾崎壮三などがいて、それぞれつぎのような詩や歌をよんでいる。その二、三を原作のまま紹介してみたい。

歌題寄花祝贈荷舟先生

無能生　辻村

酒仙来会画仙家　紙舞筆飛墨吐霞　展尽席間三十幅　燦然総是胸中花

詠寄花祝

福住　正兄

たまちはふ　神のみよより　しき島の　やまとこゝろに　匂ほいつゝ　いまもかはらす

さき匂ふ　御くらの花に　君あえて　その花のこと　とことはに　千代匂ひませ　千代さかえませ

反歌

この花のさくやと云ひし神代より匂もあせぬ花は此花

詠寄花祝　　　　　　　　　　尾崎　壮三

春毎に　わか返り咲く　桜花　うるはしきかも　五百年も　千年もさかえ　五百枝さし　千代さしをほひ　赤らひく　朝日に匂ひ　久方の　月にかをらひ　いひしらぬ　色にこそあれ　いひしらぬ　薫なりけり　雨は降り　風は吹けとも　色もあせす　春毎に　わか返り咲　花しうるはし

反歌

五百枝さし千枝さしをほひ春毎に若返りつゝさく桜花

以上の記事でわかるとおり、沼田荷舟は宮中に召されて絵をかいているほどであるから、当時一流の画家であったことはこれだけで十分信じてよいであろう。ところが、『報告誌』第二十一号には、さらにそれを証明する詳細な記事が載っている。それによれば――。

小石川水道町の華族松平老伯爵は非常にぼたんを愛し、全国からちがった品種のものを集め、その数は数百の多きに達した。そして、春光はたちまちにして移り、満開は十日を越えないのを惜んで、相州小田原の画伯沼田荷舟翁にぼたんの真の姿をつぶさに写してほしいと依頼した。翁はこれを承諾し、明治十六年、ぼたんの花が開く時が来ると、伯の庭園にやってきて、種類を区別しその描写をはじめたが、それからはこれに没入してうむところをしらなかった。そして、年々花が開けば、朝に夕に筆をとって花の間に立ち食事も忘れるほどであった。このようにして年を重ねること八年、ぼたんの画帖ははじめて完成を見た。

『報告誌』の記者はこの画帖に対し、「寒風肌をつんざき六花窓を打つとき炉を囲んで之れを展けば、春色忽ち座間に動き太真嬌を呈して出で西施笑を含んで舞う。」と讃辞を述べている。記事はさらに続く。

老伯は翁がよくぼたんの神髄を写し得たことを喜び、さらに翁に委嘱し、この各種の名花をあしらい金びょうぶ一双に写して、長く松平家の家蔵にしたいという希望を述べた。翁は快諾して、「虎が死して皮を残すということにならい、老生も心血を注いで画きましょう。」といった。そこで明治二十二年初夏に筆を起し、日夜この仕事に専念した。それは、心すでにぼたん、筆はおのずからぼたん、手もぼたん、夢もぼたんというべきものであった。最近その十一張を写し終り、完成も間近かになった。近隣の人々はこれを見て賞めないものはなく、遠近またこれを聞き伝え、翁の門をたたいて観覧を願う者も非常に多いということである。

これで見ると、このぼたんのびょうぶは小田原で画かれたもののようで、その評判は大したものであったらしい。ところで、最初に述べたとおり、これほどの人がどうして世に知られていないのであろうか。『報告誌』の記者も同じような疑問をもったらしく、記事はその点に触れながら、荷舟翁の人柄、画業に及んでいるのである。

記者はかねてから翁の名を耳にし、また翁が黒田伯爵の特別な推薦によって皇居のふすまに揮毫し、栄誉を博したことを知っている。しかしながら、ついに翁の抜群の技量についての評判を聞かないのはいかにも不思議である。そこでこのことを友人で、翁をよく知っている者にたずねた。友人は翁について次のようにいった。

荷舟翁はおさなくして四条画を学び、ついにその奥義をきわめるにいたったが、ひそかに思うに、東洋の画は支那に起り、その仏画を日本に伝えた。これが日本画の源を開いたのであることは明らかである。ことに近世の日本画は長い間退歩の道をたどり、今ではほとんど見るに足るものがない。したがってこの道をきわめるには支那の本源にさかのぼるよりほかに方法はないこと。そこで転じて支那南宋の画法を学んで一大進歩をしたが、ある日夢うつつのうちに悟る所があった。そして、画くといい写すというが、それ自身もう間違っている。流といい派というのはさらにはなはだしい誤りである。画はただちに天地の真理にせまることによってつきる。いやしくも天地の真理を得ようと思ったら、わが師と仰ぐべきものはただ一つ自然があるだけである、と感嘆していった。それ以来、みずから得たところにしたがって画き、新機軸を出すようになった。人が翁にその流派を聞くと、ただ荷舟の画は荷舟の法であると答えるだけであった。ある権威並ぶもののない高官がふすまに画をかいてほしいと頼んだ。それを翁は承諾した。その高官は自分の家に来るようにつげたところ、それを断って、画くことはすでに承諾したが、参上することはできないといってついに行かなかったという。

大阪の画伯直入氏（田能村直入）がかつて東京の美術博覧会を見た後長崎に遊んだ時のことである。植松有経氏もまた長崎にいて、ある日二人で絵画について話あった。

有経氏が直入氏にたずねた。

「博覧会に出品された画をあなたはどう思うか。」

「画はまったく地に落ちたといってよい。」

「それでは関東にはもはや見るべき画はなくなったのであろうか。」

「いや、そういってもなお僕の胸にしるされており、眼に残っているものに荷舟翁の画がある。僕はまだ荷舟翁にあったことはないが、その人柄が思われてならない。」

ああ、翁のごときにいたってはじめて大家と称してよい。末世の浮薄なやからは利に走り、権にこび、白昼は馬車にのって大道せましと走りまわり、夜はひそかに人の門をたたくようなものばかりであるが、これで得々としているやからはよろしく恥を知るべきである。

『報告誌』の記事はこれで終わっている。

すでにおわかりになったとおり、沼田荷舟が宮城のふすまに絵をかいた後、小田原に住むことになったのは明治十六年以前のことになる。その時どこに居を定めたかわからないが、明治十六年から八年間、松平伯爵のためにぼたんを画き、二十三年に新玉町に新宅を建てて、本格的に小田原に腰を落ちつけたのである。一流一派に属せず、権威にこびることもなく孤高を持していたので、自然中央画壇との交渉もなかったはずで、それが田能村直入をして感嘆させるほどの大家であったにもかかわらず、あまり世に知られなかった原因といえるであろう。

荷舟にはもう一つ紹介しなければならないことがある。

それは箱根物産の寄木象眼にかかわりをもっていることである。

我が国の木象眼糸鋸機械使用の創始者として、箱根物産史上忘れてならない人に白川洗石がある。その洗石が、明治二十三年の内国勧業博覧会に父とともに制作出品した六枚びょうぶの下絵は、実に荷舟の筆になるものなのである。

このことについては、松平義人著『糸鋸機械による切貫及び木象眼法』の中に、洗石の談話筆記が載っているので、荷舟との関係のある部分だけを抜いて紹介しよう。

わたしの父は指物師で箱根細工を営業しておりましたので、わたしも少年のころから親のそばで指物を習っておりましたが、明治二十三年に内国勧業博覧会が東京に開催されることに決したので、父は何か出品したいと思ひ立って、その義弟でやはり箱根細工の挽物師である勝俣儀兵衛にその事を相談いたしました。ところが、此の業にはなかなか熱心な人でありましたから、さっそく賛成しまして出品についての下調べに兄弟そろって東京横浜地方の視察に出かけることになりました。それが明治二十一年の九月でした。その視察の結果、父は寄木細工の六枚びょうぶ、叔父は挽物の大花瓶を出品することに決し、開会三年前のその年の秋、父はわたしを相手にいよいよ出品物の製作に取りかかる事になりました。びょうぶの大きさは高さ六尺、幅一丈、その欄間には沼田荷舟先生の下絵で、雲にほうおうの寄木、その中間には同先生の極彩色のぼたん、両袖の寄木は七宝地に群雀の図を応用し、裏面全体は乱寄木としまして、二人がかりで満二か年をついやして明治二十三年二月にようやく完成いたしました。

また叔父勝俣の大花瓶の模様には、探瞑斉守貞氏の下絵になった宇治川の先陣佐々木高綱馬上の図を寄木にしたのでありました。（中略）こうして兄弟が丹精をこらしたその作品に応用したのは曲線の寄木でした。これは箱根細工開びゃく以来かつてなかったことですから、非常に珍らしかったのですが、いかんせん曲線の寄木は工作が至難であるから経費が安くできないために、一般向に用いる事ができないので、その発達を見ずに終わりましたのは実に遺憾の極みです。

しかし、この時のびょうぶの評判がよかったことから洗石の象眼に糸鋸機械を使用するという道が開けることになるのである。

これだけの資料を見ても沼田荷舟がいかにすぐれた画家であったかを知ることができるであろう。

わたしの家の掛軸は「己丑」とあるから明治二十二年の作である。どうして手に入れたかわからないが、わたしはこれを持っていることに大きな喜びを感じているのである。

かつて郷土文化館で開催された展覧会で、関重広氏、杉山康輔氏、長谷川了輔氏所蔵のものを見た覚えがある。しかし、小田原には荷舟の絵は相当数多くあるはずである。荷舟がこれほどの大家であることを知らないために、案外粗末にあつかわれているのではないかと思う。所蔵している方はあらためて見直していただきたいものである。

平岡吟舟と小田原

明治以来、小田原には伊藤博文、山県有朋をはじめとして政界、財界の名士や著名な文学者が数多く来住している。そういう人々に対しては郷土研究家も深く関心を示し、いろいろと書いているけれど、平岡吟舟については不思議なことにだれもとりあげていない。わたしはかつて『小田原歌謡物語』『資料紹介明治の人』に平岡吟舟のことを書いたが、「小田原叢談」ともなればやはりこれを除くわけにはいかない。あらためて平岡吟舟翁に登場してもらうこととした。

NHKラジオが芝浦の仮放送所からはじめて放送されたのは大正十四年のことである。わたしはその当初からずっと聞いていたが、番組中に時々東明曲というのが出てきた。古来からある日本音楽の枠をとって編み出した新しい邦楽である。この東明曲を創始したのが平岡吟舟である。

そんなわけで、わたしはその名を早くから知っていたが、急に興味を覚え出したのは平岡吟舟が「小田原八景」という唄を作っているということをだれかから聞いた時からである。

平岡吟舟が亡くなったのはわたしが図書館に勤めた昭和九年の五月六日のことである。高橋箒庵はすぐその思い出を『都新聞』に連載したが、それが秋豊園から『平岡吟舟と東明曲』という表題の本となって出版されたのは十月のことであった。

図書館ではすぐにこの本を買った。図書館に入ったばかりで本のこともろくろくわからない、また邦楽についてなんの知識も持っていないわたしがこの本を選んでいるのは、やはり「小田原八景」に関連して平岡吟舟に興味を感じていたからであろう。

ところで、まず平岡吟舟とはどういう人かということからはじめなくてはなるまい。大百科事典を引くと

平岡吟舟（一八五八—一九三四）明治時代の実業家で、しかも東明節や小唄を作詞作曲し、旦那衆としての立場から邦楽界を善導した。本名熙一《ひろし》一八七一年十五才でアメリカに渡り、汽車の車輛製造の技術を学び、七七年に帰国して車輛製造工場を起して巨利を得、これを遊芸のために花柳界方面にも大いに散じたので平岡大尽の名で呼ばれた。また文芸、音楽

の才能にも恵まれ、一九〇二年から長唄、清元、箏曲、河東、宮薗等の既成音曲の枠を集めて自作自曲した新三味楽を東明節と名づけて発表した。「大磯八景」「盲人の月」「都鳥」「三九年川」「月の霜夜」は代表作としてしられる。また当時通人間の余技であった小唄にも幾つかの佳作があり、「春霞」「逢うて別れて」「三つの車」などは今も広く愛唱されている。

高橋箒庵は著書の中で吟舟のことを、「江戸ッ子の生存者、ベースボールの輸入者、東明曲の元祖、馬鹿ばやしの権威、釣魚の名手、袋物の目きき者、小唄の作者」といっている。いわゆる通人中の通人である。

この平岡吟舟が酒匂に別荘を持ったのは大正八、九年のころである。

小田原が明治期に保養地、別荘地として発展しようと試みたことはすでにご承知と思うが、酒匂も同様で、海側の松林の中に料理旅館、貸別荘を業とする松涛園ができたのは明治二十四、五年のことで、その「松涛園地割の図」というのが図書館に所蔵されている。松涛園はすぐれた景勝と交通の便利さにより、政界財界の人々が閑暇を過ごし、あるいはかくれ遊びをするのにもってこいの場所であったので、たちまち評判になり、その繁昌は相当長い間続いた。

平岡吟舟が三望園を作ったのはそれからずっとあとのことで、高橋箒庵はその間のことをつぎのように書いている。

翁は大正八、九年ごろ酒匂の松涛園より西方四五丁を隔てて、富士山の展望が最も都合好きところに、数千坪の地面をあがない、その内にいなかふうの別荘を建てて、これを三望園と名づけ、園内の一部に広大なる釣堀を造って、自ら釣魚するばかりでなく、時に酒匂辺より小田原辺までに及ぶ、同好仲間もしくは漁夫等を招集して、釣魚競技会を催し、優等の成績を挙げた者には、それぞれ賞品を与えたというようなやり方であったから、この社会において有名になったのは、もとより怪しむに足らぬのである。

三望園というのは、酒匂から鴨宮へ行く道を入って右側のところにあった。家の名を峯龍といったと土地の人から聞いたが、単に別荘として使っただけでなく、政界財界の知友の遊び場所として提供していたようである。

平岡吟舟はここで小田原のあゆつり仲間を集めて、しばしば大会を開いたばかりでなく、本町の料亭花菱で小田原の芸者全部を集めて豪遊したという話も伝わっている。

こんな時、吟舟はよく即興的に唄を作り、作曲して、その場で教えたという。いつであったか、その当時直接教えてもらった智恵子さんが、いろいろ教えていただいたが今覚えているのはこれだけといって、うたって聞かせてくれたのがつぎのえとの唄である。

初春は午の年、はねたお馬はひんひんひん。

きたさっさ、きたさっさ、何がきたさっさ、兎の年がきたさっさ、だからね、ううう、何と皆ではねまわり、皆でかせごじゃないかいな。

この時の話で「小田原八景」はどうやら大正十二年の作で、これを教えてもらった芸者が東京へ出かけて行ってレコードに吹き込んだということがわかった。

わたしはこの「小田原八景」の歌詞とレコードを図書館にいる間探し続けたがついに発見できなかった。

レコードに吹き込んだということは幾人もの人から聞いているので間違いないことだが、どうもその前後の事情がわからない。何かこれを裏付けるものはないかと探していたら、ついこのごろになって『小田原保勝会沿革並に記録』という小冊子の中にその記録を見つけた。

大正十二年五月、当時酒匂村に在住の平岡熙翁（号吟舟）は本会のために「小田原八景」並に「ここは小田原」の二曲を作詞作曲され、これを小田原芸妓に振付けて、練習指導の労と数千金を投ぜられついに完成したので、本会は町の俚謡として知らせるために披露会を当町御幸座で催した。後に当時の芸妓連をして株式会社日本蓄音器商会のレコードに葺きこませた。

わたしは「小田原八景」のほかに「ここは小田原」というのがあったことをこの記事ではじめて知った。

レコードの吹きこみは御幸座の発表以後そう遠くない時期に行われたと思うが、そのレコードが一枚も見つからないのは関東大震災で全部消滅してしまったからであろう。

わたしは別稿で福田正夫の「小田原節」「足柄小唄」を小田原最初の新民謡として紹介した。

しかし、もしこの吟舟の唄が残っていたら、それこそ最初のものといわなくてはならないのである。

吟舟はこのほかに大正十二年七月一日、コンクリートでできた酒匂橋の開通式並に水産試験所開所式の唄も作っている。その全歌詞は『小田原歌謡物語』に載せてあるのでここでは省くこととしよう。

小田原最初の新民謡

日本全国に古くから伝わっている民謡に対して、新しい民謡運動が起こったのは大正八年のことだといわれる。古茂田信男外三名著『日本流行歌史』によれば

このころに出版された北原白秋のパンフレットにも「小唄集」とのみ書かれていて、まだ「民謡集」と銘打たれた詩集は出ていなかった。大正十年に出版された野口雨情の代表的な民謡集『別後』、翌十一年に出版された雨情門下の島田芳文の『郵便船』が新民謡集と銘打った最初のものだった。

とある。この新民謡運動は昭和に入ると全国的にひろがり、観光地のPRとして地方唄がさかんに作られるようになった。昭和二年には野口雨情作詞、中山晋平作曲の「須坂小唄」、北原白秋作詞、町田嘉章作曲の「茶っ切り節」、昭和三年には長田幹彦、中山晋平の「天龍下れば」、

白鳥省吾、中山晋平の「龍峡小唄」などが作られている。

当時の小田原町は関東大震災でひどい打撃を受けたにもかかわらず、それをみごとに克服して発展の道をたどっていた。小田原駅は箱根登山、大雄山、小田急の三私鉄をあわせて交通の要点となり、観光客も逐年増加していた。

このような状況の中で、小田原でも一つ新民謡を作ろうではないかという声が出てくるのは当然のことだったといってよいであろう。

小田原町が直接これにたずさわったのか、あるいは小田原保勝会がやったのか、その辺はさだかでない。作られた年もはっきりしていないが、わたしは昭和五年ごろだと思っている。ともかく郷土の詩人福田正夫の作詞、尺八演奏作曲家として知られた福田蘭童の作曲で「小田原節」「足柄小唄」（鴎どり）というのができあがった。これが小田原最初の新民謡である。

これは鈴木正一指揮のポリドール・オーケストラの伴奏、ソプラノ歌手四家文子の歌でレコードに吹き込まれた。

わたしはこのレコードを長い間探し求めた。そして、ついにそれを、しかも二枚手に入れた。このレコードは現在児童文化館に保存されている。

この歌を知っている人はほとんどなく、歌詞のリーフレットもない。そこでわたしはレコードをかけて聞いてみた。

小田原節

一、よって見やれ　帰られまいぞ
日もぬくむ　冬もあたたか
小田原サテよいところコイコイコイヨ
二、聞いて見やれ　うれしかろうぞ
鐘の声　波にひびいて
小田原サテよいところコイコイコイヨ
三、住んで見やれ　人の心も
やわらかに　いつものんびり
小田原サテよいところコイコイコイヨ

というのである。ところが「足柄小唄」の方は聞きとりにくくてどうしても歌詞がわからない。そこで福田さんに問い合わせたところ、古いことなので自分も忘れてしまった。ことによると作曲してくれた福田蘭童氏が知っているかも知れないから聞いてみよう、という返事がきた。そして間もなく福田蘭童氏から左のような手紙と歌詞が送られてきた。

前略、福田正夫氏より歌詞が不明だからという手紙を貰いました。別紙の通り書きましたから御送りします。幸に昔の日記の中に書き込んでありましたのですが、レコードもなく節もすっかり忘れてしまいました。草々

足柄小唄　一名鴎どり

一、海に浮ぶは　ありゃ鴎どり
浮世辛かろ　水ぁ冷たかろ
嬢やしょんぼり　可愛いえくぼ
しおて吹こうと　泣きゃしない
　　エッソレソレソレ、ソレナ
二、箱根おろしは　ありゃ吹きこえる
南国ぬくかろ　陽は燃えるだろ
町で暮らすにゃ　安心ぐらし
恋の思案で　日が暮れる（以下同じ）
三、お城のうらには　ありゃ梅林
花も笑うだろ　身もうれしかろ
日がな一日　ひねもすぁ永い
町で暮らせば　気も伸びる
四、沖に見えるは　ありゃ大漁ぶね
鴎浮くだろ　水ぁ冷たかろ
なんの小田原　陽だまり身代
果報妬けるなら　来てみやれ

小田原と謡曲

小田原に関係のある謡曲は意外に多い。中でも曽我物が一番多く、わたしの持っている『謡曲三百五十番集』では八種類しか数えることができないが、富士高等女学校の先生であった宇野量介氏が『静岡県郷土研究』第四輯（昭和十年二月発行）に発表された「曽我伝説の展開について」には十四番が挙げられている。

すなわち

切兼曽我、夜討曽我、調伏曽我、元服曽我、赤沢曽我、追懸曽我、御坊曽我、禅師曽我、小袖曽我、伏木曽我、十番斬、虎送、大磯、和田酒盛

「謡曲三百五十番集」の解説（野々村戒三）によれば、謡曲の曲数は各流派によって違いがあり、また時代によって曲目に入れられたり廃止されたりしていて一定していない。全部合わせると千曲以上にもなるが、それらのすべてを載せることは不可能なので、ここには各流派の現行曲だけを収めることとしたとある。してみると前記曲名のうち傍線を付したものは現在でもうたわれているといってよいようである。いずれにしても、一つの事件がこんなにいろいろ作られている例は外にはなく、それだけ曽我の仇討は世の耳目を集めていたといってよいであろう。

小田原にはこのほかに蓮如上人作「国府津」という謡曲がある。

国府津の真楽寺は親鸞聖人が七か年の間ここに居住して諸人を教化された霊場として知ら

れ、今もなお聖人が石に指で十八字の名号を書いたら、それが自然にくぼんだと伝えられる帰命石を宝物としている。この謡曲は一向上人が国府津の霊場を訪ね、亡き聖人から仏法の教を受けるという筋のものである。ツレは姥、シテは漁翁、後シテ親鸞聖人、ワキ旅僧（一向上人）となっている。

源頼朝の石橋山の挙兵を扱ったものに「七騎落」がある。これは石橋山の合戦で敗北した頼朝がひとまず安房上総へ落ちることにきめ、したがう者はと聞くと七騎だという。自分を加えると八騎になる。それでは不吉なので一騎を舟から下ろせというが、誰もおりない。結局、親子二人乗っているというので、土肥実平はその子遠平を敵中に残して舟出する。時が経って、一そうの兵船が近づき、これは和田義盛である。お供したいと思って追ってきたといい、引出物として戦場から助けてきた遠平を引きあわせたので、一同めでたしめでたしとうれしい酒宴を張るというものである。

また新曲として「二宮」がある。

原作井口丑二、改作斎藤香村、節は観世喜之、狂言節付山本東次郎、筆写草山惇造で、報徳二宮神社から出版されている。発行年月日がしるされていないのではっきりしたことはいえないが、図書館への寄贈が昭和十六年四月十四日になっているので、そのころに作られたものであろう。これは毎年尊徳祭にうたわれているから御存じの方も少なくないと思う。

つい先日、なんということもなしに『謡曲三百五十番集』の目次をみていたら、「番外謡曲五十一番」の中に「北条」というのがあるのに目がとまった。試みに中を開いて読んでみると、これがなんと北条氏政を題材にとったものであったのには驚いた。

京都五山の僧が東国の様子を見物しようと旅立ち、箱根を越え小田原を過ぎて、大山のふもとの辻堂にやどる。そこへ老翁が現われて物語をするが、やがて僧はこのあたりはかつて北条氏の治めたところだが、北条氏政父子が滅亡した由来を語ってくれという。老翁が合戦のありさまを詳しく話すと、古いことをこんなにこまごまと話されるところをみると、由緒のある人とお見受けした、お名をあかされよというので、実は北条氏政の幽霊であると名乗り、それからなお、合戦の模様から切腹までを物語り、われも御僧の教化のおかげで解脱することができたと喜ぶ。

こういう筋のものである。小田原には謡曲をやる人が非常に多いが、まだこの「北条」については聞いたことがない。とすると、これは思いもかけぬ拾い物であった。

小田原に関係のある謡曲は、まだほかにもあるかも知れないが、ちょっと調べただけでもこんなにたくさんある。これらについての研究はいずれだれかにやってもらいたいと思うが、こんな謡曲があることを知っているだけでも、何か心が豊かになったような気がするのである。

小田原と歌舞伎

　声色は小田原までは通用し

という古川柳がある。

　これは小田原が江戸の経済圏、文化圏に属し、江戸との往来がひんぱんで、芝居を見る機会が多かったから、名優の声色も通用したという意味なのか、それとも小田原には古くから桐座という劇場があって、そこで名優の舞台を見ることができたからなのか、あるいはまた、「箱根からこっちにはおばけは出ない」という言葉を念頭において、声色も箱根のこっち側までは通用するとよんだものか、ほんとうの意味はよくわからないが、いずれにしても、小田原と歌舞伎には深い関係がある。

　坂東三津五郎著『東海道歌舞伎話』は東海道各宿を舞台にした芝居を紹介し、その合い間合い間に歌舞伎独特の「舞台の血」「舞台の雪」「荒事・和事」「下座」「四天」などの解説をいれていてなかなかおもしろい。

　小田原宿では「ういろう」をとりあげているが、よくよく考えてみると、小田原は歌舞伎に実に大きな寄与をしている。

　その第一は曽我兄弟の仇討である。これは歌舞伎にとってまことに大事な材料で、曽我をとり入れた狂言はいくつあるかわからないほど多い。富士高等女学校の宇野量介氏は江戸時代だけでも百五十二種の名を挙げている。明治以後を加えたらいったいどれほどになるのか。河竹繁俊氏は『歌舞伎十八番』の中で、宝永六年（一七〇九）の正月に中村、山村、市村、森田の四座がみんな曽我狂言を上演して大当たりを取ったことを述べ

それ以来、江戸の劇場ではかならず初春には曽我を出すの慣例を生じ、明治までも続けられた。そのため当然脚色上の無理も生じ、荒唐無稽の脚色をいやが上にも重ねる結果となったのである。曽我という文字は冠してあっても、かならずしも五郎十郎の事跡を取り扱はないものさへ現れたのである。助六実は曽我の五郎といった風の現象もおびただしく生れたわけである。

といっている。

助六実は曽我の五郎、白酒売実は十郎というのはまだいい方で、世話物として知られる「十六夜清心《いざよいせいしん》」の中にも曽我兄弟が出てくるのには驚いた。現在上演されているのは「花街模様薊色縫《さともようあざみのいろぬい》」という狂言で、これには曽我は出てこないが、そのもう一つ前の脚本「小袖曽我薊色縫《こそでそがあざみのいろぬい》」の第一番目大詰にはりっぱに出てくる。これを見た時にはあいた口がふさがらなかったが、荒唐無稽であろうと何であろうと、曽我兄弟がいろいろな脚本に使われていることは事実である。

つぎは「ういろう売」である。二代目団十郎の作ったもので、七代目が歌舞伎十八番を選んだ時、その中に入れられている。

どうして地方の一都市の薬売が芝居の舞台に乗るようになったのか。かずかずの話が伝わっているが、わたしの聞いたかぎりではおおよそつぎのとおりである。

二代目団十郎は宝井基角の門人で俳諧をよくし、号を三升といった。当時ういろう主人宇野藤右衛門も俳諧をたしなんでいたが、同じ道に遊ぶ者としていつしか二人は親交を結ぶようになった。ある時、二代目は箱根へ湯治にきた帰り道かなにかでういろうの前を通りかかった。御主人はどうしているかと門前に立って案内を乞う。藤右衛門がとんで出てきて、よくきたと中へ案内しようとすると、二代目は

「実は前を通りかかったので、お変わりはないかどうかとうかがった次第です。わたしのような河原者が奥へ通るなどとんでもないことです。御壮健のお顔を拝しただけで十分です。」

という。

「何をおっしゃる。あなたは今日は役者としてではなく、俳諧の友として訪ねてきたのでしょう。そんなら身分の上下などはないはずです。」

と奥へ招じ入れて厚く歓待した。

二代目は大いに感激して「ういろう売」を舞台にのせ、その宣伝をしたというのである。

「ういろう売」は元来舞台に立って例の「拙者親方と申し候は、御立合の中に御存知のおかたもござりましょうが、お江戸を立って二十里上方、相州小田原、一しき町をおすぎなされて、青物町を登りへおいでなさるれば、欄干橋虎屋藤右衛門。只今は剃髪して円斉となのりまする

……」

という長い口上を早口ことばで述べるだけのもので、一つの狂言としては成立しない。そこでいろいろな狂言の中に登場する。

その最もいちじるしい例は「助六」である。前にも述べたとおり、助六実は曽我の五郎、白酒売実は曽我の十郎となっている狂言もあれば、別に虎屋藤吉という名でういろう売の出てくる狂言もある。しかし、古くは曽我の十郎がういろう売になっている形式であった、という。

河竹氏によれは、七代目がういろう売を復活させた時には、幼少の八代目に演じさせ、その後も市川家の若い血統者に勤めさせたそうである。

二代目が大阪で「ういろう売」を演じた時、大阪の客が団十郎を困らせてやろうと、このせりふを全部覚えて行き、団十郎より先にペラペラとやってのけた。団十郎は少しもあわてずういろうのせりふをお聞かせいただいてまことにありがたい、わたしはそれをさかさまに申し上げましょうといって、長いせりふを全部さかさにしゃべったので見物客はびっくりし、それが大評判になり人気がいやが上にもあがったという話はあまりにも有名である。

第三は劇場桐座である。小田原の桐座は江戸で最も古い猿若座とほとんど同じ時代にでき、大正時代まで続いた格式の高い劇場である。江戸にも市村座の控え櫓として大きな役割を果たした桐座があった。

この二つの桐座の関係を明らかにするために演劇研究家木村錦花氏が『小田原桐座の発見』

を書き、そのあとを受けてわたしは『小田原桐座の研究』をすでにまとめてある。

わたしの見解によれば、この二つの桐座は古くから深い親戚関係にあり、江戸の桐座は小田原の桐座を背景にして、日本演劇史上に大きな足跡を残したことになるのである。

こんなふうに見てくると、小田原というところは歌舞伎の世界の中であだやおろそかにできない重要な位置を占めるものといってよいと思うのである。

初春姿《はるすがた》川柳曽我《せんりゅうそが》

歌舞伎の初春狂言といえば昔から「曽我」と相場がきまっている。これは、宝永六年(一七〇九)春、森田座で「福引曽我」、山村座で「愛保曽我」、中村座で「傾城曽我」、市村座で「銘石曽我」をやって、いずれも大当たりをとってからのことで、それ以来、正月と曽我に切っても切れない縁が結ばれたのだそうである。そこで、こちらもお慰めにもと思って、古川柳で「初春姿川柳曽我」を書き下ろした次第。

幕あく
椎の木の陰に待ち駒はって置き

時は安元二年（一一七六）十月十日、工藤祐経の郎党大見小藤太、八幡三郎は伊東祐親を討とうとして、伊豆赤沢山の裾野の椎の木陰に待ちぶせ、祐親ならぬ川津三郎祐泰を射殺した。将棋の待ち駒をはねるように、工藤は大見、八幡をはっておいたというわけだが、これが天下三大仇討の筆頭、曽我兄弟仇討の発端。

父祐泰を討たれた時、兄一万は五歳、弟の箱王は三歳であったが、これから兄弟の十八年の辛苦がはじまる。母は二人の子をつれて曽我の領主曽我祐信のもとに再婚したので、曽我兄弟となるのである。精神的な苦労もさることながら、物質的にもひどく貧乏だったと川柳子は見立て

　兄弟の質朝比奈が置いてやり

だから、兄弟の質は親密だった朝比奈義秀が多分とってやったであろうと推測するのである。

　一万箱王貧乏な名ではなし

　貧乏も曽我ほどすれば名が高し

しかし、兄弟も元服後、十郎祐成、五郎時致と名乗ってからは、さすがに青春の血を沸かせ、十郎は虎御前と相思相愛の仲となり、あの大磯での和田義盛とのさや当てが起こるのである。

　兄ィめは練れたものだと和田が言い

川柳子は、十郎は武骨者だと思っていたら案外の通人だと、和田がほめたようにいっているが、実はこの時には十郎と和田との間にまさに大事が起きんばかりであった。

弟五郎は兄の危急を知って
　八文が飲むうち五郎乗って逃げ
馬子が一っぱいやっているすきに、はだか馬を無断借用してかけつけるが、さすがの五郎も
途中で息切れがしてきたので
　時致は鞭をかじって息をつき
と鞭のかわりにしていた大根をかじって一と息ついた。
かくして、まっしぐらにかけつけた五郎と朝比奈との間で、有名な草摺引きが行われるので
ある。一方、馬を乗り逃げされた馬子は追いかけ追いかけ
　大磯でようよう馬をとり返し
たらしい。
建久四年（一一九三）五月二十八日、ついに仇討本懐の時節が到来した。
　至極隠密と和田から狩場の図
富士の巻狩の場の配置図を手に入れた兄弟は、勇躍狩場に潜入して
　松明を突っつけて見る幕の紋
庵に木瓜の幕の狩屋を見出し
　本望は松明で見る寝顔なり
枕を蹴って、起き上がろうとする祐経に兄弟こもごも斬りつけたのであった。

祐経は二度目の疵が深手なり

初太刀は十郎、二の太刀は五郎。五郎の方が強かったと見ている。それでも

祐経は虫の息にて五寸抜き

十郎は仁田四郎に討ちとられ、五郎は御所の五郎丸に手捕りにされた。五郎丸もさすがに気に病んだらしく

五郎丸二十九日は気くたびれ

幕

小田原と宏道流

生花について特別趣味を持っているわけではないが、生花というとすぐ宏道流のことをわたしは思い出す。

それは多分祖父が遊雲斉鴻山という名の宏道流師範であったからであろう。子供のころ、祖父が床の間に花をいけているのをそばで見ていたこともある。また縁側にふとい孟宗竹の筒を持ち出して花器を作っていた。竹をみがいたり、切り口にうるしを塗ったりしているのがめずらしく、首をのばして見ていると「あんまりそばに寄るとうるしにかせるぞ」と注意されたこ

ともあった。そのくせうるしにかせた覚えはまったくない。

そのころわたしの家では、今の錦通りと裏町の角のところに相当広い地所を持っていた。ここは西田義助という藩士の屋敷跡だったので、みんな「西田、西田」と呼んでいた。西側には錦織横町（今の錦通り）寄りに孟宗竹、奥の方に真竹のやぶがあり、東側にはかなりの数の梅の木が植えられていた。祖父は花器作りの材料としてここの孟宗竹を使っていたらしい。そういえば秋の終わり近くになると真竹を切ってきて何本も竹ぼうきを作り、それがたまると荷車にのせて、知人の家にくばるなどということもやっていた。

祖父は大正六年、七十八歳で亡くなった。わたしが小学校六年の時であったから、正確には覚えていないが、師範といっても門人をとって教えるといったことはなかった。家業の呉服商を父にまかせたのちは町会議員その他の公職のかたわら、もっぱら生花を趣味として楽しんでいたようである。

祖父が師範であったからであろう、姉や姉の友達はみんな宏道流を習っていた。そのころ小田原ではほかの流派がどの程度行われていたかまるっきり知らないが、明治から大正にかけて最も流行していたのは宏道流ではなかったか。当時、花嫁修業といえば花は宏道流、琴は山田流、裁縫は新名さんか石井さん。これが通り相場になっていたのではないかという気がする。子供のころのほんの身近な見聞だけをもとにしていっているのだからあんまり当てにはならないけれど、宏道流についてはわたしだけの感じではなく、そう考えられる節がなくもない。

いったい宏道流とはどのような流派であったのか、大百科事典をひいて見ると、つぎのように書かれている。

宏道流　生花の流名。江戸の人梨雲斉望月義想（文化元年没）が明の袁宏道中郎著の『瓶史』を愛好して挿花の想を纏め挿法を起したものであり､最初は袁中郎流挿花と称えたが、後に宏道流と呼ばれ、遂にそれが流名となった。梨雲斉の門下に江戸の人青雲斉渓崖（寛政九年没）あり、『瓶史』を甚だ愛好し、その門人に倲雲斉桐谷鳥習あり、江戸末期に発達した流派である。宏道流挿花の家元は梨雲斉と青雲斉の二家となり、昭和時代に至るもなお対立している。

わたしは今でも「遊雲斉石井鴻山」と書いてある木の名札と『袁中郎流挿花図会』十一冊とを持っている。祖父の遺したものはこれだけで、手作りの花器などはすべて関東大震災の時烏有に帰してしまった。

この書物は文化四年（一八〇七）から六年にかけての出版で、宏道流の原点ともいうべきものである。前編、後編にわかれており、両編ともに倲雲斉先生註の『瓶史国字解』と諸先生編著の『挿花図会』とが組合わされて一書となっている。前編巻末の広告を見ると、前編七冊、続編六冊、全十三冊とあるので、わたしの所蔵本は二冊欠本ということになる。しかし、内容を点検していくと首尾一貫していてどこにも落ちがない。これについてはもう少し検討する必要があると思っている。

実は、この本は格別必要でもないので、紙包みにして長い間棚の上にのせっぱなしにしておいたのだが、包み紙が汚れ、ボロボロになったので、包み替えようと思っておろした。そのついでに中身を繰ってみたら、足柄上郡、下郡の人々の挿花図がいくつも載っている。それに興味をそそられて、『挿花図会』全部に目を通すことになったわけである。

まず前編の大部分は江戸の師範で、それに下総、上総、加賀の何人かの挿花が収められている。続編の挿花図は巻二からはじまっているが、その巻二には越後、甲斐、尾張、三河の人々の作品、次の巻三は「相州連」という註記があって、全部が相模国の人々、巻四は武蔵国、巻五の大半はまた相模国の師範並びに門下の作品で埋められているのである。

通覧してすぐ気のついたことは、『図会』八冊のうち江戸が三冊、相模国が二冊を占めていることである。これは宏道流創始直後、その普及活動がまず江戸に置いて展開され、ついで相模国に力が注がれたことを示しているといってよいと思う。

この相模国の分をもう少し詳しくみていくと、続編三に採録されている挿花図は全部で五十六図、そのうち武蔵国の四図を除いて相模国の分は五十二図あり、また続編五では挿図数三十九図のうち三十五図が相模国の人々の作品となっている。

繁雑とは思うが、後の研究者のためにその氏名を列挙しておこう。

続編三

徚雲斉門人

相州淵之辺		龍像寺	崹雲斉風吟
〃	高座郡七ツ木住	岸久太郎	美雲斉画雞
〃	厚木住		曙雲斉梧井
〃	〃		想雲斉専魯
〃	〃		其　中
〃	〃	越智次助	素　柳
〃	恩馬邑		寛雲斉眉山
〃	愛甲郡林邑		林雲斉穴口
〃	〃　妻田邑	比井忠蔵	烏　扇
〃	〃　荻野邑		隆雲斉其風
〃	愛甲郡及川邑	桐生忠兵衛	戯　蝶
〃	伊勢原住		呉竹斉叙来
〃	大住郡住		嗹雲斉卜二
〃	〃　中原住	小川玄貞	嘌雲斉総羽
〃	〃　入野邑	江原啓助	量　可
〃	〃		暢雲斉國花

〃 〃 片岡村 大沢市作 湖　舟
〃 〃 久保寺牛五郎 五　鶴
〃 〃 金目村 森文右衛門 峮雲斉百亀
〃 〃 下谷村 石川　福也
相州 波多野 碧雲斉和暁
〃 〃 〃 臥雲斉廬眠
〃 〃 〃 台雲斉阿仙
〃 〃 〃 呉雲斉文雅
〃 〃 大槻村 安居院平八 皐雲斉梅素
〃 小田原久野邑 東泉蘭若一草
〃 足柄郡府川住 新川　稲子
〃 久野邑 保寿寺 古　仙
〃 大磯駅 石川碩隆 二　扇
〃 津久井県中沢邑 子　礼
〃 〃 畠久保邑 四方庵澧水
〃 〃 子　煥
〃 〃 三　千　竹

〃　〃　少年　長松
〃　〃　凍雨
〃　〃　関邑　青峨
〃　〃　小網邑　小野沢兵左衛門　王亀
〃　〃　窪沢町　角屋伊八　蒼鳥
〃　小谷戸村　西山七郎右衛門　東溟
〃　江之島下之坊主　青潮亭周方
〃　江之島　山口雄八郎　喜常
〃　〃　西之浜　西方菴秋國
〃　江之島住　北村忠左衛門　鳥流
〃　〃　宇田川弥平太　芳洲
〃　高座郡藤沢駅　西川伊三郎　光石
〃　鎌倉住　雪地観鏡水
相州高座郡恩馬邑　尾上佐右衛門　尾蕉
〃　金子村　害珠山戡梨
〃　足柄下郡飯泉住　宥雲斉山口三得
〃　〃　都泉

続編五

詢雲斉門人

相州大住郡矢石　舎雲斉亀旭
〃　狩野庄　灑雲斉如泉
〃　川村向原　集雲斉和翠
〃　大住郡曽屋邑　中村瀧次郎　瀁雲斉文季
〃　上平間村　平雲斉鳥海五雲
〃　松田住　明雲斉中村盤水
〃　〃　白雲斉北村三雪
〃　〃　鍵和田伝兵衛　朗雲斉梁石
〃　狩野庄金井島　下山弥五右衛門　岾雲斉登鳥
〃　川村岸　川口栄治　栄　岡
〃　〃　武井辨蔵　其　道
〃　〃　府川永治　其　蘂
〃　〃　武井栄次　露　井
〃　坪之内住　近藤織部　梅　翁

〃大住郡落幡邑　久保寺孫右衛門　知　足
〃〃　矢名宿　大戸豊吉　岨　鳥
〃大井庄鬼柳村　鬼柳山　文雲斉金鷲
〃永塚村　河村嘉助　仙雲斉五通
〃狩野庄牛島邑　草柳　如栁
〃竹松邑　露　仙
〃新土邑　吉田多仲　袖　広
〃小八幡邑　大木小兵衛　洞　草
灑雲斉門人
相州足柄上郡内山　高橋善蔵　魯　橋
徠雲斉門人
〃大山町別所町　武市之進　岷雲斉東雅
岷雲斉門人
相州大住郡大山町　田城清兵衛　阿雲斉和水
〃〃　磯部要人　鐘雲斉桂雅
相州大住郡大山町　田城初治郎　桜雲斉都月
〃〃　亀井良蔵　虹雲斉楚江

〃〃　鈴野善大夫　積　雪
〃〃　高尾豊後　湖　映
〃〃　荒井染之助　牛　雪
〃〃　大谷粂治郎　鶴　翠
〃〃　武藤吉蔵　府　月
〃〃　古満屋与四右衛門　東　雪
相州雨降山中　陽海堂大瓢

この名簿を通覧すると大山町の十二名を筆頭にして伊勢原、厚木、秦野、大住郡などその周辺地域に師範並びに門人が集中していることに気がつかれるであろう。

また続編三の新川稲子のページに「文化三年丙寅秋九月初二日、俥雲斉門人相州連中四百四十六人、於雨降山挿花大会之砌挿之」という記事がある。

これらを総合して考えると、相模国に対する宏道流の普及活動は大山を拠点として行われたといってよさそうである。また足柄上、下両郡だけを見ると二十二名が採録されていて、相当普及していたことがうかがわれる。

ここでちょっと奇異に感じられるのは、大久保藩領内の各村には師範と呼ばれるものが相当いるのに、小田原の町の中には一人もいないということである。創始当初のことでまだ小田原まで進出する力がなかったのかも知れない。それならば、小田原ではどの流派の生花が行われていたのであろうか。宏道流より古い流派としては古流、池坊、遠州流などいくつもある。しかも、文化年間といえば、大久保家中興の祖といわれる忠真の時代である。藩士並びに町家の子女が生花を全然やらなかったはずはないと思うが、この辺の研究はまったくされていないので皆目わからない。

しかし、幕末になると山角町天神社別当庭松寺の住職で護雲斉という人の名が出てくる。『新編相模国風土記』によれば居神明神社のところに

別当庭松寺　曹洞宗（板橋村香林寺末）居神山卜号ス。開山明庵文聡（本寺四世、弘治三年正月二十七日卒）。

とあるが、多分これであろう。

明治に入って、この護雲斉の門下から一世蜀雲斉川口宗作が出ている。

大久保神社のそばに一世蜀雲斉と二世蜀雲斉の二つの碑が建っており、その碑文は郷土文化館発行の『小田原の金石文』一に収録されているが、その解説によると

一世蜀雲斉川口宗作は本名川口平四郎と称し、茶畑に生まれ、明治の初め戸長や郵便局長などになり活躍したが、華道は山角町天神社別当庭松寺の住職護雲斉に学んで蜀雲斉を名乗り、茶道は小田原藩士畔柳宗拙に学んで宗作と号した。寿碑は、蜀雲斉七十二才で隠退の時に華道、茶道の両道の弟子達が長寿を賀して建てたものである。

とある。この碑は明治三十九年二月に建てられているが、二世蜀雲斉は鎌野平八といい、一世の門人数百人のうちから選ばれて二世を継いだという。

門人数百人といえば大したもので、これだけでも明治大正期における宏道流の繁栄がうかがえるのである。わたしの祖父もおそらく一世蜀雲斉の門人だったのであろう。

三世蜀雲斉岩下清香になると祖父や父とも親交があり、わたしもよく知った人で一層身近になる。昭和二十六年に亡くなられたが、その碑は板橋見附光円寺の境内にある。

宏道流には古くから「相模宏道」ということばがある。いつごろから、またどういう意味でこのことばが使われたのか知らないが、ここに一人注目すべき師範がいる。それは暁雲斉柏木蝶習である。

柏木蝶習の頌徳碑は昭和十二年に門人六十名によって栢山の善栄寺に建てられている。それによると、柏木蝶習は名を金次郎といい、文久三年十二月十二日栢山に生まれた。和歌、俳句、絵画をよくし、中でも俳句は静岳と号して淩霜庵二世をつぎ、華道は宏道流西都家元六世として活躍し、本流中興の祖と仰がれた。大正のはじめごろ東京に一大教場を開いて弟子の育英に努めたが、震災後、山北に閑居し、昭和六年に没した。その流れをくむ門下は実に七千に及んだという。

大百科事典の記述によれば、宏道流は梨雲斉と青雲斉の二家にわかれて今日に至っているというが、ここにまた西都家元というのが出てきた。いったい柏木蝶習は梨雲斉と青雲斉のどちらに所属していたのか、あるいはそれとはまったく別に家元を名乗っていたのか、また相模宏道と西都家元との間にどのようなつながりがあるのか、これらの点について調べてみたらきっとおもしろいにちがいない。

しかし、わたしは研究家ではないからこれ以上追求するつもりはない。あまり苦労をしないでも身近にこれだけの資料がある。それを放置しておくのはもったいないので、この小文を書いたわけである。

いずれにしても、蜀雲斉や暁雲斉のことを考えると、明治大正期に小田原では生花といえば宏道流だといったことが、まんざら根も葉もないことではなかったということがおわかりいただけたと思う。

落語「抜け雀」

東大落語会編の『落語事典』を見ると、小田原箱根を舞台とする落語がいくつかある。「三人旅」「小間物屋政談」「盃の殿様」「抜け雀」「宿屋の仇討」「しじみ売り」などである。

「三人旅」の中の「鶴屋善兵衛」は、三人が小田原の鶴屋善兵衛という宿屋へ泊まる。一人が飯の前に風呂へ入りたいといって、入ってくる。「なんだ早いな。」「でもいい湯だ。夕べの宿はひざこぞうまでしか湯がなかったろう。きょうは肩まであるからなあ。」「そいつはいい。」「そのかわり入りかたがむずかしい。」「どういうふうにへえるんだ。」「さかさにへえるのよ。」という話。

「おしくら」というのはこれに続く話で、「おしくら」は小田原の方言で「だるま」という売女を呼ぶが、そのうちの一人が年寄りのびくにで、なにやかやあって翌朝宿を立つ時ほかの二人はそれぞれの女に髪油でも買えといって小遣いをやる。お前もやれといわれてしかたなく「こりゃ少ねえが、お前にやるから油でも買って頭へ……といっても毛がねえな。じゃ油でも買って仏壇に灯明でもあげてくんねえ。」と落とす話である。

「小間物屋政談」は「大岡政談」の一つで、これも小田原の宿屋が舞台になっているが、どれもこれも小田原でなければならないというほどの特色はない。

ところが「抜け雀」(別名雀旅籠)はまことに小田原らしい落語になっている。聞けるものなら是非一度聞いてみたいものだと思っていたら、つい先ごろ(昭和五十年四月)NHKの落語特選で金原亭馬生がやってくれた。『落語事典』にもそのあらましが載っているが、馬生の話とつきまぜて紹介しよう。

みなりのみすぼらしい旅人が小田原へ着いたが、どの客引きも呼んでくれない。宿を通り越して夜になってしまった。こんなに暗くなればみなりもわからないだろうからと引き返してくると、相模屋喜兵衛という宿屋の亭主に泊まってくれといわれる。相模屋も先代までは小田原一の旅籠だったが、今ではすっかりおちぶれている。そこへ泊まった旅人は朝から晩まで一升酒を飲んで寝てばかりいるので、宿賃が心配になってさいそくすると、「実は一文なしだ。宿賃のかたに、ついたてに絵をかいてやろう」といって、スズメの絵をかき、「買いたいという者があっても売るな」といって上方へ出立した。すると翌朝になって雨戸をくると、ついたての中からスズメがバタバタと飛び出し、やがて帰ってくるとついたての中へピタリとおさまった。これが評判になりスズメを見にくる客がふえ、宿屋は繁盛した。ある日お忍びで大久保加賀守がお見えになり、「これは名画である。千両で余にゆずれ」といわれたが、約束があるので断ると、「その絵かきがきたらかならず知らせよ」といって帰った。それでまた評判が高くなり、建て増しをするほど繁盛した。ある日、六十二、三歳の上品な武家がおとずれ、つくづくついたてを見て、「このままではこのスズメは落ちる。外を飛びまわってきてついたてに帰ってきても、羽を休めるところがないから疲れて死ぬ」という。どうしたらよいかと聞くと、「とまり木をかいてやろう」といって、その絵に鳥籠をかき添えていった。するとぬけでたスズメはすうっと籠の中へ入って羽を休めた。これをまた大久保侯がごらんになって「これは二千両の値打ちがある」といったので、喜兵衛は大喜びで、あの絵かきがきたら十分なもてなしをしなければ……と待っていると、ある日絵かきがりっぱな姿で訪ねてきた。喜兵衛は籠のことを話すと、絵かきはついたてをじっと見ていたが、両手をついて「不孝の段はお許し下さいますよう――」と泣いた。喜兵衛が不審に思って聞くと、「実はその老人はわたしの父だ」という。喜兵衛は「あなたぐらいの名人になったら不孝なことはございますまい」「いや亭主、これが不孝でなくてなんだろう。現在の親を籠かきにした」

鳥籠と人を乗せる籠とのしゃれがサゲになっている。

馬生師匠の話は、宿場のフンイキをきめ細かに出しながら、おもしろおかしく、しかも上品にまとめあげた逸品であった。

ところが運のいいことには、昭和五十一年九月十七日のNHK第一の「思い出の芸と人」という番組で、司会木下華声、話岡本文弥。長女美濃部みつ子出演の「五代目古今亭しん生抜け雀」が放送された。

「抜け雀」は五代目しん生の十八番で、馬生とはちがったいい味の傑作であった。馬生はしん生の子で、いわば親譲りの話なのである。

両方とも録音をとってあるのでいつでもお聞かせすることができるが、何かの機会に馬生師匠をよんで一席話してもらったらどうであろうか。

この原稿を書いた後、「抜け雀」に関する本が二つ出版された。一つはたしか『金原亭馬生選集』という名であったと思うが、その第四巻かにこの口演筆記が載っていた。

もう一つは昭和五十一年十月の出版で、『落語事典』の編集をした保田保宏著『東海道落語の旅』である。その小田原のくだりには「鶴屋善兵衛」「おしくら」「抜け雀」と、ちょうどこのわたしの原稿と同じものが掲載されている。こっちの方が本家なのでここに紹介しておく。

小田原と邦楽

わたしはかつて『小田原民謡覚え書』『小田原歌謡物語』を書いて、江戸時代から伝わっている民謡と大正から昭和にかけて作られた小田原の新民謡、歌曲などを紹介した。

小田原に関する唄といえば、まだこのほかにいわゆる邦楽に属するものがある。

まずはじめに長唄であるが、わたしの知っているものだけで三曲ある。一番古いのは柏伊左久の作った「長唄新曲、小田原の栄」である。歌詞を半紙に書き、和とじにした本が図書館にあるが、大正十四年三月十五日という日付けがあるので、それから五十年もたった今日、もう知っている人はほとんどないであろう。柏伊左久という人は多分当時小田原で長唄の師匠をやっていた人だろうと思う。

つぎは昭和三十七年五月六日、お城まつりの催し物として天守閣広場で行われた野外劇「小田原の栄」の中の長唄「小田原様五代の栄」である。お城まつりの野外劇は前年の三十六年にも行われているが、両方とも作、演出は円城寺清臣、洋楽は岩尾徹、邦楽は松島庄十郎が担当している。「小田原様五代の栄」は北条時代における小田原の繁栄振りを表したもので、鳴物入りであくまでも派手に、にぎやかなものに仕立ててある。この野外劇の台本は図書館にあり、録音テープは児童文化館に保存してあるので、いつでもお聞きになることができる。これなら、ああそんなこともあったっけと思い出す方もあるであろう。相当金のかかった催し物なので、この録音テープなどはそのままお蔵にしておくのはまことにもったいない。何かの時に利用したらどうかと思っている。

もう一つ、円城寺清臣作詞、松島庄十郎作曲の「夜討曽我」というのがある。

松島庄十郎は従来の家元制度にしたがって行われている日本舞踊に対して、地方の舞踊家が自由に振り付けをして上演できるような新曲を作ろうという考えから、長唄舞踊新曲と銘を打ってすでに四十曲にあまる新曲を作り、これを東芝レコードから世に送り出した。その歌舞伎十二か月の一月の巻に「夜討曽我」がある。ドーナツ盤、片面七分五十六秒の短いものである。わたしはこのレコードを持っているが、ご存じない方も多いと思うので、その歌詞を紹介しておこう。

夜討曽我

本調子　それ建久四年　右幕下の　富士の御狩に時を得て　十八年の天津風　風立ち

さわぐ幕張り中　移ろう松明吹き消せば　あやめもわかぬ五月雨に　路踏み迷う仮屋形

せめて軒端の雨雫　受けて二人が水盃を　交す涙の袖たもと　さしもに猛き武夫も　名

残おしむぞうたてけれ
二上り　かくては果てじと　兄弟が　年頃日頃優曇華の　花待ちたえる　喜びに　勇み立ったる有様は　寿ぐ初春の曽我模様　庵に結ぶ初夢も　めでたかりける次第なり

どなたか小田原の舞踊家がこれに振り付けをしたら、小田原独自の舞踊が一つできるのだがと、わたしはいつも考えているのである。

箏曲にも同じ曽我兄弟を題材にしたものがある。「曽我の狩場の嵐」という相当長い語り物風の曲である。生田流のものか山田流のものか知らないが、現在ではおそらく演奏されることはないであろう。これが掲載されている中川愛水選『新選琴唄全集』という本も大正五年二月発行のものであるから、この唄はやがて消えてしまうかも知れない。だからその歌詞だけでもここに書きとめておくことにした。

曽我の狩場の嵐

雲井にそびゆる富士の根の、あは雪とけもとけやらで、十有八年積り来し、恨みをはらしゝ物語、そもそも曽我のはらからが、幼き時の名を問へば、兄をば一萬弟をば、箱王とこそはよびにけり、二人年を合せても、十年にならぬ幼顔、母はつく〴〵打まもり、いとゞ歎きに沈みける、「幼き子供の心にも、恨みは五体にしみ渡り、成長したらん其時は、仇をぞ打たんとまつ月日」、春夏秋冬一日に来らん者かと語り合ふ、二人が言の葉聞く母は、末頼母しくぞ思ひける。時しも九月の十三夜、月影隈なき庭のおも、詠むるをりからにそら行く、雁をば二人は数えつゝ、兄上五つの雁の内、二つは彼等の父母か、鳥だに父母あるものと嘆くとも、実にこそ道理なれ。実にや光陰矢の如く、一萬今年は髪を上げ、曽我十郎祐成と、名を改めてぞ呼びにける。箱根に在りし箱王も、曽我の五郎と名のりつゝ、母の心にそむきしも、此世におはさぬ父の為め、建久四年夏五月、頼朝富士の裾野にて御狩をなすよし伝へ聞く。二人の心や如何ならん、定めて仇の祐経も、供にて有らんと勇み立つ、人目をしのびて、はらからが、刀のめぐきを、しめしける。御狩の供に事よせて、其とは云はねど死出の旅、覚悟を極めてはらからが、別れをつげるや、母の許、母はそれぞとくみしりて、今更別れの惜まれて、身を大切にの一言は、如何なる心やこもりけむ、さらでも暗き五月雨の、雲吹き乱す山おろし、篝りの火影のかさ消て、あやめもわかに、暗の夜に、篠つく大雨冒しつゝ、木戸を打越えしのび入り、奥なるふすまを、開け見れば、祐経爰にぞ寝たりける、十郎枕をけちらして、祐経能く聞けよ、十有八年我々は、忘るゝひまなき親の仇、返さん者ぞと斬りかゝる、切先鋭きはらからが、其の刀《たち》風こそ歳頃の、恨みを晴しけれ、恨みを晴してやがて身も、消ゆる後を来て見れば、尾花の袖に秋風の、露や涙とこほすらん。（菊法師調）

曽我の傘焼き祭りは毎年曽我兄弟遺跡保存会（曽我貞次郎会長）が中心になって開催されているが、昭和五十一年五月二十八日には菊棚月清大検校が門下菊明世以花、菊麗由華、菊順生華、菊朋俊華とともに地唄箏曲「幼曽我」「風呂入り曽我」の二曲を奉納した。

菊棚大検校は明治十年に大阪に生まれ、全国の伝承地唄を中心に後継者の育成に尽くしており、中でも曽我もの十二曲を最も得意としているということである。

残念なことにこれを聞く機会を逸したが、この曽我もの十二曲の歌詞もまだ採集していない。

錦心流琵琶に「石橋山」があることは毎年の琵琶大会でしばしば演奏されているのでご存じの方も多いと思う。

昭和二十八年十月に『新曲琵琶石橋山』という小冊子が片浦村教育委員会から出版されている。原作節録松本孝作、作詞小野鶴彦、補作大林天洞、作曲榎本芝水となっている。佐奈田与一の奮戦をうたいあげたもので、なかなかの大作である。

これがあまり長いのでもう一つ「琵琶佐奈田与一」というのが作られている。歌詞の一部は「石橋山」から取ってあり、作詞松本孝作、作曲野地鶴山というものである。

このほか、わたしの兄の石井浤水が「ああ小田原城」というのを作ってあるといったが、これはまだ聞いていない。

浪花節に「浪曲二宮先生」があることを知っている人は少ないかも知れない。

昭和十六年八月十七日に下府中村鴨宮の神谷秋次郎という人が出版している。表題を見ると神谷福円口演とある。多分発行者と同一人であろう。

昭和十六年といえば、九月四日に神奈川県尊徳会が栢山の誕生地で発会式を行っている。これはそれに関連して作られたものと思う。どこであったか忘れたが、わたしはこれを一度聞いた覚えがある。

昭和五十一年は二宮尊徳がなくなって満百二十年に当たるというので、全国的にはその記念事業会（河野謙三会長）、小田原には小田原地区実行委員会（今井徳左衛門会長）が結成され、尊徳翁の偉業をたたえる各種の事業が行われたが、九月十九日には午前十時から報徳二宮神社で臨時大祭が催され、神前で三波春夫の新曲「噫々、二宮金次郎」の献歌があり、続いて会場を市民会館大ホールに移して、高松宮殿下の御来臨を仰ぎ全国報徳大会が開催された。全国からの参加者は千二百名にのぼってなかなかの盛会であった。

この時に記念品の一つとして出されたのが「噫々、二宮金次郎」のレコードである。テイチクのドーナツ盤で、A面は三波春夫作詞曲、佐藤川大編曲、歌三波春夫、テイチクオーケストラで、B面はその演奏音楽になっている。

その歌詞をつぎに掲げておこう。

噫々、二宮金次郎

一、天地無限の　恵みの前に
両手合せて　捧げる祈り
供に微笑む　気高さが
日本の国に　生きている
あゝ　二宮金次郎

二、今の吾が身の　幸福《しあわせ》辿りや
父や母また　御先祖様が
徳を遺した　有難き
譲る心の　尊さが
日本の国に　生きている
あゝ　二宮金次郎

三、種を播《ま》かなきゃ　稔《みの》りはしない
汗を惜しまず　育てなされや
人の浮世も　同じこと
諭《さと》す言葉が　今も猶
日本の国に　生きている
あゝ　二宮金次郎

四、梅の花咲く　小田原後《あと》に
桜町へと　旅立ちなさる
うしろ姿に　陽が赫《あか》い
萌ゆる心が　永久《とこし》えに
日本の国に　生きている

あゝ　二宮金次郎

三波春夫にはこのほかに「曽我兄弟」がある。歌謡浪曲として赤垣源蔵、俵星玄蕃、紀ノ国屋文左衛門などがあってよく知られているが、この「曽我兄弟」のあることはあまり知られていないようである。

テイチクレコードから発売されている「三波春夫の長編歌謡浪曲名演帖」には以上の三曲と三波春夫作詞構成、長津義司作編曲の「曽我兄弟」とが収められている。

相当長いものなので歌詞の紹介は省略するが、このレコードは児童文化館で購入してあるのでいつでも聞くことができる。

小田原に関する邦楽もこう並べてくると案外たくさんあることがわかるであろう。しかし、ただあるだけではおもしろくない。いろいろな会合でこれを利用する道はないものであろうか。考えてほしいものである。

小田原・箱根の唱歌

このごろふと小田原・箱根にゆかりのある唱歌をまとめておいたら何かの参考になるのではないかと思いついて、郷土資料のメモを調べたらかなりの歌が書きとめてあった。

唱歌といえば鉄道唱歌、箱根八里、二宮金次郎、金太郎など、誰でもなつかしく思い出すにちがいない。ここにはそれら皆さんご存じの歌も含めて、今までに集めたものをご披露におよぶこととした。まだこのほかにもたくさんあるはずである。覚えていらっしゃったら是非教えていただきたいと思う。

まず最初に「鉄道唱歌」である。「汽笛一声新橋を」ではじまる鉄道唱歌については大悟法利雄著『なつかしの鉄道唱歌』に詳しく書かれているが、これを読むと「汽笛一声」より前にこれに類する歌のあったことを指摘している。

その一つは明治二十六年に出た「鉄道線路レールエー節」である。著作兼印刷者は静岡市の士谷金太郎で、二冊本のうちの第一冊が東京から浜松、二冊目が浜松から神戸までとなっている。法界節の変形で、きわめて幼稚なものだそうであるが、明治三十三年九月に『汽車旅行鉄道節』という名で発行されたという。

つぎは明治二十九年から三十年にかけて出た横江鉄石の欣舞節「汽車の旅」である。横江鉄石は添田啞蟬坊門下の演歌壮士であったということである。これは街頭で歌われたもので、歌詞を印刷したものは、その際聴衆に売られたとしるされている。

この二つともわたしは手に入れていないので、小田原･箱根の部分がどううたわれているか、残念ながら紹介できない。

さて「汽笛一声」の「鉄道唱歌」であるが、これは正確には『地理教育鉄道唱歌第一集』という表題で、大和田建樹作歌、上真行・多梅稚作曲、発行者は大阪の三木佐助、発行年月は明治三十三年五月十日となっている。

この中で小田原に関係する部分は

⑫国府津おるれば馬車ありて
　酒匂小田原遠からず
　箱根八里の山道も
　あれ見よ雲の間より
⑬いでてはくぐるトンネルの
　前後は山北小山駅
　今もわすれぬ鉄橋の
　下ゆく水のおもしろさ

である。

「馬車ありて」の馬車は明治二十一年に国府津湯本間に開通した馬車鉄道のことをいっているのである。

ところがこの鉄道唱歌の出る二か月前、明治三十三年三月三十一日にはすでに電車の運転が開始されているのだからおもしろい。

日進月歩の世であった。この例にみられるように、鉄道唱歌に歌われた東海道沿線の情景は歳月とともに発展し変貌した。

これに対応するためか、大和田建樹は九年後の明治四十二年に東京鹿児島間をすっかり作りかえた。すなわち、東海道、山陽線、九州線の「汽車」三部作で、作曲は田村虎蔵であった。この『東海道唱歌汽車』の中では

⑪国府津に名高き蜜柑山
　枝に黄金の玉満ちぬ
酒匂小田原打ち過ぎて
　熱海に行くはここよりぞ
⑫山北出でて小山まで
　行くにはくぐる七箇所の
トンネルくらく水白く
　足柄連山かげ青し

とうたわれている。

ちょうどこのころに神奈川県農工銀行から『相州蜜柑』という本が出ている。その序文に、近年蜜柑を栽培する者が前川、国府津、下曽我、片浦はじめ各地に増加し、相模一帯にひろがったために「相州蜜柑」と呼ぶこととしたとしるしている。おそらく沿線のあちこちでみごとな蜜柑山をながめることができたのであろう。また「熱海に行くはここよりぞ」といっている

のは、明治三十九年十月、従来人車鉄道を走らせていた豆相鉄道株式会社が熱海軌道株式会社となって軽便鉄道に切りかえた、そのことを頭に入れてこう歌っているのである。

建樹の没後、明治四十四年に最初の鉄道唱歌を改訂した『訂正鉄道唱歌』が出ている。

この歌では

⑫国府津おるれば電車あり
　小田原熱海へ行くもよし
　箱根八里の山道も
　あれ見よ雲の間より

と訂正されている。

「汽笛一声」の鉄道唱歌が全国的に流行すると、これに類似する鉄道唱歌がいくつも作られた。わたしのメモの中にある『地理歴史教育鉄道唱歌』もその一つである。

国民学会長大畑裕作歌作曲のもので、発行所は静岡市兄弟図書会、発行年月は明治三十三年八月になっている。「汽笛一声」より三か月後の出版である。

「新橋乗り出す兵隊は」とうたい出されているこの鉄道軍歌の中で国府津以西の部分を抜粋してみよう。

⑱貴顕紳士の別荘は
　木の間隠れに美しく

見えつ隠れつ国府津駅
　向うは何処安房上総
⑲波路隔てて帆掛舟
　走る姿も勇ましし
海を眺めて行く程に
　風も涼しき松田宿
⑳山また山の山北は
　小山にあらで大山ぞ
汽車もとどろと踏み鳴らす
　トンネル出づれば絶壁の
㉑下を流るる激流は
　世界で一の瑞西《すいつる》の
湖水の景も及ぶまじ
　笹に珠ちる白雲は

鉄道唱歌がいくつ出ても流行したのはやはり「汽笛一声」であったといってよいのであろう。

そのつぎは、さきに述べた横江鉄石の『汽車の旅』（欣舞節）の訂正版である。大正五年五月に出ている。この歌のあるのをわたしは知らなかったが、春日俊雄氏が教えてくれた。

○越えて二宮国府津駅
　世にも名高き報徳の
社に神と祀られし
　尊徳翁の古事や
○空拳蹶起早雲が
　覇業五世の基を立て
豊太閤の雄略も
　持久重囲に辛うじて
○陥落《おとし》いれたる小田原の
　城址遙かに眺めつつ
進む松田のステーション
　嶮路峻坂旅人の
○なやみなやみし箱根さえ
　今は苦もなく迂回して
巧みにうがてる隧道は
　一明一暗十余ヶ所
これには歴史的なものまでずいぶん詳しく取り入れられている。

つぎのも春日氏の教えてくれたものだが、鉄道省編、大阪毎日・東京日日新聞社発行で、昭和四年四月『新鉄道唱歌』十冊が出ている。一冊目が東海道線で六十二番まである。

⑲海水浴の大磯は
　名も淘綾《こゆるぎ》の浜つゞき
冬あたたかに山は又
　目に美しき蜜柑畠
⑳行けよ南へ国府津より
　電気列車の熱海線
小田原よりは電車にて
　箱根の山に入りぬべし
㉑音に聞えし十二湯
　中にも湯本、塔の沢
春は桜の小涌谷
　強羅を登るケーブルカー
㉒芦の湯過ぎて芦の湖や
　古き関所の趾どころ
温泉めぐりまた更に

湯河原熱海伊豆伊東
㉓足柄山の北裾を
　巡りて越ゆる箱根路や
瓦斯紡績の工場に
　その名知られし駿河駅

この歌を見ると、熱海線は電化され、それに接続して箱根登山電車、ケーブルカーがあって、交通機関が整備されてきた情況がよくわかると同時に、熱海線に三節を費していて、鉄道省が観光面に力を入れ出したことがはっきりうかがえるのである。

それから七年後の昭和十一年に土岐善麿作詞、堀内敬三作曲の『新鉄道唱歌』が出た。これはＮＨＫが昭和十一年からはじめた「国民歌謡」の一つとして放送されたものである。

①帝都をあとに颯爽と
　東海道は特急の
流線一路富士さくら
　つばめの影もうららかに

と歌い出され、二番は横浜鎌倉

③小田原行けば湯の箱根
　天下の険もバス電車

越えゆく伊豆の海近く
温泉湧きて谿深し
④　科学のちから一念の
大地の闇を貫きて
丹那に入れば今ここに
時代は進むまっしぐら

と続いている。ちなみに、この唱歌は全線を一人で作詞したのではなく、第二集は西条八十、第三集は佐々木信綱、第四集は与謝野晶子が分担して作っている。

この歌詞と明治のころの歌とをくらべると文字通り隔世の感がある。難工事中の難工事といわれた丹那トンネルが貫通し、今まで支線であった熱海線が東海道本線となり、御殿場線が支線となったのは昭和九年のことであった。これによって流線型の特急富士、さくら、つばめなどが生まれた。すでに小田急、箱根登山、大雄山の三私鉄を集めて交通の要衝となっていた小田原駅はいよいよその重要性を増したのであった。

歌は世につれというが、これら一連の鉄道唱歌を見ていると、その時々の有様が浮かびあがってくる。この移り変わりを直接目で見てきたわたしにとっては感慨ひとしおのものがある。

『鉄道唱歌』の一年後、明治三十四年に鳥居忱作詞、滝廉太郎作曲の「箱根八里」が発表され、一高寮歌「春爛漫」、土井晩翠作詞、滝廉太郎作曲の「荒城の月」とともに大いに流行した。

箱根八里

第一章　昔の箱根

箱根の山は　天下の険　函谷関も物ならず
万丈の山　千仞の谷　前に聳《そび》え後《しりえ》に支《さそ》う
　雲は山をめぐり
　　霧は谷をとざす
昼猶闇《くら》き杉の並木　羊腸の小径《しょうけい》は苔滑《なめら》か
　一夫関に当るや万夫《ばんぷ》も開くなし
天下に旅する剛毅の武士《もののふ》
大刀腰に足駄がけ　八里の岩根踏み鳴《なら》す
　斯くこそありしか往事の武士

第二章　今の箱根

箱根の山は　天下の阻　蜀《しょく》の桟道《さんどう》数ならず
万丈の山　千仞の谷　前に聳え後に支う
　雲は山をめぐり
霧は谷をとざす

昼猶暗き杉の並木　羊腸の小径は苔滑か
　一夫関に当るや万夫も開くなし
山野に狩する剛毅の壮士《ますらお》
猟銃肩に草鞋《わらじ》がけ　八里の岩根踏み破る
　斯くこそありけれ近事の壮士

作詞者の鳥居忱は東京音楽学校教授で、曲は滝廉太郎が東京音楽学校学生時代に応募した作品であるという。

箱根の唱歌はこのほかにもある。『新編教育唱歌』という本の中につぎの二つの歌が載っている。

　箱根山
一、相模駿河と伊豆の国に
　またがりたてる箱根の山
　八里の坂と世にきこえし
　処はこゝぞ、このみ山ぞ
二、関所をおきて、山こす人
　しらべしことも、今は昔
　夕ぐれさむく、嵐ふきて

杉の下道、馬もいかず

三、この山中に鏡のごと
清くたゝへる芦の湖水
霞のまより影をひたす
さかさの富士の、あな面白

四、旅行く人も、いとまあらば
箱根の七湯あみめぐりて
ふく風きよき窓のもとに
むすべ、都の外の夢を

箱根山

一、昔の人の難所と云ひし
山路八里の箱根山
今は汽車路のきりひらかれて
越すは時の間夢の中

二、昔の人のなやみし山路
今は楽しき箱根山

富士の根うつる湖水に遊び
清きいでゆにゆあみして

両方とも楽譜はついているが、人に教えてもらったものなので、残念ながら作詞、作曲はもとより年代もよくわからない。

唱歌ではないが野口雨情の童謡になるとこんなふうになる。

箱根の山

箱根のお山で
狐が啼いた
とんがり口して
コーンと啼いた

とんがり口して
コーンと啼いた

懸巣が真似して
コーンと啼いた

ほんとの狐と
狐が思った

とんがり口して
コーンと啼いた

唱歌と童謡のちがいがよくおわかりであろう。

五月五日はこどもの日、特に男の子の節句でどこの家でも五月人形を飾る。このごろは鎧《よろい》飾り、兜《かぶと》飾り、太刀《たち》飾りが多くなり、人形はあまり見かけなくなったが、むかしはどこに行っても金太郎の人形が飾られていない家はなかった。まるまるとして健康そのもののような金太郎は男の子の代表みたいな顔をしていた。

石原和三郎作詞、田村虎蔵作曲の幼年唱歌「きんたろう」の作られたのは明治三十三年六月のことである。石原、田村ともに言文一致唱歌の運動を推進し、多くの傑作を発表した人である。

きんたろう

一、まさかりかついで、きんたろう
くまにまたがり、おうまのけいこ
はい、しい、どうどう、はいどうどう
はい、しい、どうどう、はいどうどう

二、あしがらやまの、やまおくで
けだものあつめて、すもうのけいこ
はっけよいよい、のっこった
はっけよいよい、のっこった

むかしの子供でこの唱歌を歌わなかった者はまずないといってよいだろう。
これにも別の唱歌がある。さきに紹介した「箱根山」と同じ『新編教育唱歌集』の中につぎのようなものがある。

金太郎

一、足柄山の山奥に
ひととなりたる金太郎
力すぐれて膽《きも》ふとく
うちふる斧《おの》の音たかし
二、幼遊《おさなあそび》のたはむれも
猿を家来に従へて
熊にまたがり分けのぼる
山に靡《なび》かぬものもなし
三、山路にまろぶ石を投げ

谷間にはゆる木をぬきて
橋かけわたし道なほす
をさな心も人のため

四、明暮《あけくれ》ふるふ斧《をの》の音
いつしか漏れて頼光に
めしいだされし殿《との》の内
その名は高く聞こえたり

五、鬼《おに》の住むとて世の人の
ふるひ恐れし大江山
こもれる賊を退治せし
一人は君ぞその功

六、斧のひびきは絶えたれど
絶えぬ武勇のものがたり
足柄山の峯高く
響くは熊のなく声か

長さは長いし、文語体で、これでは子供にはちょっと歌いにくい感じである。
これにも雨情の童謡がある。ついでだからこれもご紹介しておこう。

足柄山

足柄山で金時は
鹿とお相撲とりました
鹿はころりと負けました

足柄山で金時は
熊とお相撲とりました
熊もころりと負けました

足柄山で金時は
お山の大将になりました

なんとかわいらしい金太郎ではないか。

金太郎の歌とともに二宮金次郎の歌もよく歌ったものである。教育研究所へ行ったら日比野先生が『報徳研究号』という本を見せてくれた。昭和十年十月、足柄上郡町村会、足柄上郡教育会から発行されたものである。この年には二宮尊徳八十年祭が行われた。その記念出版である。この中に五篇の唱歌が載っている。それをそのまま転載させていただこう。

二宮尊徳

一、あしたに起きて山に柴刈り
草鞋つくりて夜はふくるまで
路行くひまも書をばはなたず
あはれいぢらしこの子たが子ぞ

二、勤倹力行農理をさとり
世に報徳の教をつたへ
荒地開きて民を救ひし
功績のあとぞ二宮神社

二宮金次郎

一、柴刈り縄なひわらじを作り
親の手を助け弟を世話し
兄弟仲よく孝行つくし
手本は二宮金次郎

二、骨身を惜まず仕事をはげみ
夜なべすまして手習読書
せはしい中にもたゆまず学ぶ
手本は二宮金次郎

三、家業大事に費をはぶき
少しの物を粗末にせずに
ついには身をたて人をも救ふ
手本は二宮金次郎

二宮尊徳

一、月の光に啼く虫の
鳴く音絶えても聞ゆるは
か弱き腕の健気にも
同胞のため親のため
君が藁打つ槌の音

二、荒れたる畠の片ほとり
香も懐しき菜の花は

隠びの君が読む書の
その灯火の為にとて
君が育てし花なりき

三、家興しゝも世の中の
人の哀を救ひしも
只一筋のこの心
天晴尊き徳ぞとて
賞揚らるゝもこの心

尊徳翁唱歌

長坂邨太郎編

一、東に清き酒匂川
西に秀づる箱根山
精霊此処に鎮まりて
天の降せる偉人あり

二、偉人その名は世に高き
尊徳先生二宮氏
天明七年七月の
二十三日産れ給ふ

三、先生五才の時なりき
酒匂の川の水害に
田をも畑をも流されて
家は貧しくなりにけり

四、朝《あした》に霜をふみくだき
　荒地を拓く親の苦を
五、かくて十四の時かとよ
　母はなき〳〵三男を
六、友愛ふかき先生の
　母にすゝめて呼びもどし
七、夫役《ぶやく》に出ては村人に
　柴刈る山路の往来《ゆきき》には
八、天は偉人のちからをば
　十六才に母親は
九、孝心厚き先生の
　心のうちやいかならむ
一〇、あはれ此時先生の
　田畑は人の手に渡り
一一、たのむ軒端に雨もりて
　弟二人は母の里
一二、苦しき中に思はれき

夕に星を戴きて
思ひやりては嘆かれき
父は此世を去り給ひ
我が里方に預けらる
いかで其儘すごすべき
親子三人くらされき
草鞋をあけて礼を述べ
腰なる書に道問ひぬ
なおためさんと先生の
卯月の花とちりましぬ
此の哀しみを重ねたる
思ひやるだに涙なり
家の財産《たから》は皆つきて
唯残れるは居宅のみ
塒定めぬ目なし鳥
先生一人は伯父の家
世に学問を修さめずば

いかで立身出世して
祖先の家を興すべき

一三、蛍の光窓の雪
夜の学びの料《しろ》にとて
己が作れる菜種もて
かへる油の色ぞ濃き

一四、伯父は只管《ひたすら》いへる様
やがて鋤鍬とる身には
文字は無用ぞ業すめば
灯火消してとくねよと

一五、さはれ此儘くづをれて
手を束ねるは人ならず
力にかぎりつくしてぞ
世に生れたる甲斐ぞあれ

一六、伯父の意見に先生は
夜毎に業をすませては
着物に灯火《あかり》しのばせて
物まなびせし幾夜さり

一七、昼は農業に余念なく
荒地にあまる苗を植ゑ
小を積みては大となる
自然の道をさとられき

一八、ここに二十年《はたち》の頃
雨もる家をふきかへて
破れし壁を塗りかへて
祖先の跡を立て給ふ

一九、入るを量《はか》りて出だすてふ
生活《よすぎ》の法を行ひて
日に傾ける運命の
家を扶けしいくばくぞ

二〇、大久保侯に仕へては
花咲き実る桜町
時の幕府に召されては
老を忘れて西東

二一、君のみためと世人《ひと》のため　つくし給ひし大偉人
安政三年十月の　廿日に此世を去り給ふ
二二、遺る功績のいちゞるく　人の鑑と大君は
位を授け報徳の　神とし永く祀られき
二三、至誠は教の本にして　勤労するは身の努
分度は家を保つ法　推壌するは人の道
二四、嗚呼この偉人あれませし　処はいづこ我郡ぞ
いでや励みて我とぢの　道の守りと仰がなむ

二宮先生　報徳唱歌
大久保綱補作

一、昔天明七とせの　藪をもからす七月に
相模の国は酒匂川　流れに沿へる栢山村
二、ながめ淋しきこの里に　生まれたまひしその人は
公徳世にもたぐひなき　尊徳先生二宮氏
三、生れて五才の時ときく　酒匂の川の氾濫《みなぎれ》に
一畝も残らず先生が　家の田圃は流されぬ

四、家もと貧しきその上に　不慮の天災いやまして
　あしたの煙も上げかぬる　まづしき中に人となる

五、かよはき腕に草鞋さへ　作りてそれを料《しろ》となし
　父に侑《すす》むる一合の　酒、量《かさ》なけれ孝心よ

六、十四の年ぞいたましき　家の柱と頼みたる
　父病ひてあへなくも　遂にあの世へ旅立ちぬ

七、いとと貧しき其の上に　困苦ます〳〵重なりて
　母はぜひなく最愛の　末子を他所へ預けけり

八、いざ是よりは骨折りて　女の手にも貧苦をば
　凌がんものと決《さだ》めしか　愛にはもろき親心

九、夜の目も閉ぢず母上の　案じたまはる様子をば
　孝心無二の先生が　早くもそれと察しけん

一〇、一日《あるひ》母ごの膝ちかく　涙ながらに申しける
　何程ひんにせまるとも　末子一人の故ならず

一一、小腕ながらも小子《わたくし》が　あすより山に薪伐り
　それをひさぎて富次郎　養ふてだてまゐらせん

一二、可愛幼子取り返し　母よろこべば先生も

　共に悦《よろこ》ぶ荒屋《あばらや》の　いぶせき中もいと楽し
一三、かゝる困苦も弟や　母の為ぞと先生は
　光陰《ひかげ》を惜しみ縄を索《な》ひ　身をも忘れて励みけり
一四、人と生れて来しからは　聖《ひじり》の道を踏み見んと
　孔子の遺書を繙きて　常に心を磨きけり
一五、難去りて又一難　世の諺の如くにて
　又もや僅か十六の　年に母さへ病みければ
一六、真心こめて祈りしも　神の霊験《しるし》や薄かりし
　愛子《まなご》三人後にして　あの世の人となりにけり
一七、不幸不運の打つゞき　先生縁者に養なはる
　縁者固より邪慳《じゃけん》にて　その名も高き万兵衛が
一八、慾にくらみし眼には　いかで情のあるべきか
　夜の間僅かの学問も　無理無体にぞさまたげる
一九、昼は終日《ひねもす》はたらきて　夜をたのみて学ぶさへ
　非道の人にさへぎられ　一言さへも争はず
二〇、されど一生無学にて　世を終へんこそ悔しけれ
　いで我が力ためさんと　川辺の荒地に菜を蒔きぬ

二一、早や春過ぎて夏来り　菜実も多く得てければ
これを灯油に取りかへて　夜毎に学ぶ文の道
二二、慾に目のなき万兵衛は　猶も無慈悲に罵りぬ
先生少しも逆らはず　油断なくして学びけり
二三、衣《きぬ》にて灯火《ひかり》の濡れぬ様　かくせし上に師もなきに
心を一に師とたのみ　鶏鳴く頃まで学びけり
二四、いつ迄かくしてあるべきか先生家を興さむと
堅忍不抜の心には　何どか打勝ものやある
二五、人のかまはぬ土地を掘り　人の捨たる苗拾ひ
一苞余りもみのり得て　是をば種と植えつけぬ
二六、塵も積れば山となる　世の諺に漏れずして
遂にその身は独立の　嬉しき人となりにけり
二七、家にかへれば壁落ちて　屋根さへ草の生ひ茂り
花の園まで荒はてゝ　見る影もなき姿なり
二八、先生独り相手なく　屋根をつくろひ草払ひ
辛苦艱難年を積み　遂に一家を興しけり
二九、この頃天下に名を得たる　小田原侯の老職は

服部なんと呼びにけり
三〇、嵩み／＼て一千両
職さへ辞せん有様に
三一、早くも先生の人となり
再三再四頼まれて
三二、家風をいたく改めて
くらしなすやう計ひぬ
三三、五つとせ過ぎて千両の
猶も余れる三百両
三四、残らず謝恩《れい》に贈りしを
其の廉潔慈悲《いさぎよきなさけ》には
三五、当時小田原分家にて
桜町こそいとあしき
三六、田野隅なくあれ果てゝ
世話頼まれて先生は
三七、田地田畑売り払ひ
日々の生活の節倹に

家事の不如意に借財の
償ふ事のかたくして
ほと／＼困り果つる折
聞きて整理を頼みける
いなみ兼てやうけがひぬ
ひたすら質素倹約に
隙行く駒の足早く
借財こゝに返しつき
皆な先生の賜ものと
奴婢《めしつかへ》にぞ恵みける
誰か感ぜぬ者やある
宇津家領せる下野の
土地ならはし其上に
政治《まつりごと》さへ廃《すた》れしか
直ぐに祖先の墓につげ
妻子をつれて移り行き
民の難儀は我が事と

三八、朝な夕なに領内を　歩きめぐりて勤めぶり
洞察《みすか》し玉ひて聊かも　信賞必罰誤らず
三九、月に叢雲花に嵐　初めのほどは色々の
さまたげ起り先生も　なさん術なく惑ひしか
四〇、十とせの苦心あらはれて　土地も開けつ家も建ち
憂も変じて喜びの　巷とこそはなりにけり
四一、勧善懲悪違ひなく　老をいたはり金恵み
村長《むらおさ》始め村民を　諭して家起さしめ
四二、一身一家をなげうちて　国の益をば計りたる
誠意誠実なし遂げて　七十一期に下野の
四三、市宮官舎《やかた》にみまかりぬ　明治の御代の聖明に
ます〳〵功績顕はれて　畏きあたりに達しけん
四四、贈正四位に叙せられて　小田原城中報徳の
神とその名も高らかに　尊き社に祭られぬ
四五、陽気発して金石も　亦透すとやいにしへの
人の言の葉よく守り　忍耐勤勉なす時は
四六、何どか事業のならざらん　先生もとは一農夫

千辛万苦のかず〳〵を　　積てとげたる成功は
四七、世の亀鑑なれ心して　　其の成功の源を
胸に修めて国のため　　勉め励めや我が稚児よ

最初の「二宮尊徳」は桑田春風作詞、田村虎蔵作曲のもので明治三十五年九月に作られ、幼年唱歌（四の下）に載っている。

八十歳ぐらいの老人の中には今もなお覚えている人がかなりいるが、わたしたちが歌ったのはそのつぎの「柴刈り縄ない」と歌い出す「二宮金次郎」である。これは文部省唱歌明治四十四年六月の作で、『尋常小学唱歌（二）』に掲載されている。このほかに「昔天明七とせの」の「二宮先生報徳唱歌」を歌う者が同年輩から年下の中にいるが、わたしたちはこれを習ったことも歌ったこともない。これは山田美妙作詞、小山作之助作曲のもので、明治三十四年七月に博報堂から発行されている。その原本を所蔵していると春日俊雄氏が知らせてくれた。ついでに、明治四十一年に三木楽器店から発行された大和田建樹作歌、永井孝次作曲の「修身唱歌二宮金次郎」も持っていて、両方とも楽譜がついているということであった。

『唱歌萃錦上巻』の中にもう一つある。

二宮尊徳先生

一、小田原侯の重臣の
借財かさみいかにとも

つぐなう術《すべ》もなかりしに
その整理をばひきうけて
遂に恢復いたされぬ

二、余れる金の三百両
御礼なりと贈りしを
一文残さず奴僕《ぬぼく》らへ
分ち与えて恵みある
その潔き心には
感ぜぬ者ぞなかりける

三、小田原侯の分家にて
下野の国宇都木領
土地の慣《なら》はしいと悪しく
田畑荒れはていたりしを
十とせの間苦心して
遂に拓《ひら》きし桜町

四、苦の為ぞと吾が身をも
家もすてゝ尽したる

功績《いさを》によりてお上より
贈正四位に叙せられて
小田原城に祀られし
二宮神社尊しや

最後に、これも『新編教育唱歌集』の中にある「曽我兄弟」を紹介しよう。

曽我兄弟

一、冨士の裾野の狩の庭
関八州のつはものを
集めてここに狩くらす
威勢かがやく右大将

二、目ざすかたきの祐経が
陣屋は何処こよひこそ
討ちて恨みをはらさんと
待てば夕べの暮れがたき

三、晴れ間もみえぬ五月雨《さみだれ》に
燃えんとしてはまたしめる
松明の光をたのみにて

忍び入りこむ敵の小屋

四、いかに祐経とくさめよ
曽我の五郎十郎ぞ
忘れもすまじ父の仇
討に来ると知らざるか

五、刀とるより立ちあがる
敵めがけて兄弟が
岩もとほれと斬りつくる
みよや孝子の一念を

六、見事あたをば報《むく》いたり
心にかゝる雲もなし
縛《しば》らばしばれ斬らばきれ
命生きても何かせん

七、五月雨はれて千秋の
雪なほ白し富士の山
清くけだかき姿こそ
わが国民の鏡なれ

わたしのメモにあるのはこれだけである。なんべんもいうようだが、まだこのほかにたくさんあるはずである。わたしの収集は郷土資料を集めるかたわら、目にとまったものを書きとめておいたに過ぎないが、どなたか積極的に集めてごらんになる方はありませんか。

附記　この原稿を神静民報へ掲載したら箱根仙石原の勝俣牧三氏、光円寺の春日俊雄氏から手紙をいただき、いろいろ教えてくださった。御礼を申し上げる次第である。

拾遺・小田原・箱根の歌

図書館在職中のある時期に国書刊行会叢書の『近世文芸叢書』や文部省文芸委員会編の『俚謡集』などのページをめくって、小田原・箱根に関する歌の抜き書きをした。そのほか箱根の俗曲や箏曲も二三書きとめてある。

これらはそれぞれ原本を見れば、わたしと同じように誰でもすぐ調べることができるのであるが、あの本この本と探す手数を省く意味にもなるので、ここにまとめてお目にかけることとした。

まず最初に紹介したいのは三世坂東三津五郎が、文政の末ごろ、五代目瀬川菊之丞の弟子路之助をつれて箱根に遊んだ時作ったといわれる「箱根七湯」である。

三下り　〽箱根ナァ、箱根七湯をいはうなら、先づ湯本から入り初めて、その行先は塔の沢、聞けどもどこが堂ヶ島、えゝ白糸のにくらしい、主の心の木賀知れぬ、それ宮の下行くほどに、早や日もたけて底倉や、山路を急ぐ芦の湯や、好いた同志の道連れは、これも互の恋の山駕籠なァえ、あすはめでたく帰る江戸入り

この小唄の歌われるのはごくまれなことだそうであるが、昭和二十八年五月二十九日、NHKラジオの俗曲の時間に、鈴木十郎氏の解説で、唄岡田米子、三味線佐橋すえ、渡辺やなさんの出演で歌われることになった。これは聞くことができると楽しみにしていたら、当日急に番組が変更になってしまった。同じ年の春、恒例新橋の東おどりにも出たそうであるが、ついに聞く機会を失ってしまった。

箱根のどなたであったかお名前を忘れて申しわけないが、大津絵の「箱根七湯めぐり」というのを教えてくれた。

〽箱根山七湯めぐり、めでたく湯本の福住や、茶屋のかず塔の沢、夢想国師の堂ヶ島、ありがたや宮の下、夕ぐれに底倉く、木がもめますではないかいな、夕日にたいまつ芦の湯どまり、夜が明けりゃ箱根山、曽我兄弟の石碑あり、みづ湖お関所お手形すんで、通れ〱の旅人のありがたや

大正五年二月発行の中川愛水選『新選琴唄全集』という古い本の中に「足柄山」という箏曲がある。「小田原と邦楽」に紹介した「曽我の狩場の嵐」と同じようにやがて忘れられる運命

にあると思われるので、せめてその歌詞だけでもとどめておこう。

足柄山　　琴　雲井・三弦　三下り

頃は寛治の春とかよ、堀川の院世をしろしめす、めぐみあまねきみひかりの、くまなき御代にしこ草の、あだなすえみじを討てよとの、世にもかしこきみことのり、忠義にきたふ義家が、やたけ心のつるぎたち、腰にとりはき深雪ふる、みちのく山に立てこもる、同じ流れの源や、立ち別れて末遂に、御国を守る義光が、都の空のあけくれに、君の寵愛浅からで、下向を許し玉はねば、弥生の花の色も香も、めづるよしなきうたかたの、あはれはかなき世をかこつ、いでや後日のつみとがは、よしあらばあれそのかみの、難儀を余所に見らるべき、忍びいでんと九重の、大内山を後にして、あしげの駒に鞭をあげ、みちのくさしていそぎゆく、雲に聳ゆる足柄や、山又山のつゝら折、道もさだかに朧夜の、月影やどす白樫の、枝を交ふる木の間より、花の香おくる小夜風に、遠く聞こゆる駒の音は、大内よりの御使か、それかあらぬか呼子鳥、呼べば答ふる山彦の、音にも心おく露の、木の下蔭に駒とめて、しばしやすらふ義光の、後逐ひすがる時秋は、いきせきあへぬ道芝の、露にしほるゝ若草の、こきさしぬきの色にでゝ、いはねど夫と山吹の、露重げにも見えにける、みちのくゐぞのはてまでも、死生を共に覚悟して、御跡したひまゐりしなり、まげて御供をゆるさせ給へ、義光しばし思案して、まこと切なる御心、いかでか浅く思ふべき、さは去りながら、吾この度の下向は、生きて帰るの心なし、御身は世にありがたき玉の緒を、つなぎとゞめて豊原の、流れいみじき笙の手を、万世までも伝ふべし、いざや秘曲を授け参らせん、とく〳〵都へ立ち帰り、君の御為道のため、時の風をもあげ給へ、心得とりやと説きさとす、なさけの雨の露衣、ほすよしもなき木の間より、もる月影の朧夜に、吹きすさびぬる笙の音は、実に雲井まで通ひつゝ、花を見捨てゝゆく雁も、なごり惜しむか、音をとゞめ、天つ乙女も舞の手を、打忘れなんばかりなり、時秋感涙せきあえず、夜もすがら口授をうけ、空もやう〳〵鳥が啼く、あかつきがたになりぬれば、いざとて暇たまひける。あゝかゝる高恩の師をすてゝ、などか都に帰らるべき、さは思へどもふじの根の、山より御教を、いかでかあだにととりなほす、心の太刀や梓弓、入る月影名残をば、四つの袂にとゞめても、立ちぞ煩ふ旅衣、むつと都にしほるらむ。（佐藤左久調）

さて、これから『近世文芸叢書』第十一巻から拾った、小田原・箱根の歌を並べていこう。文政五年（一八二二）、当時京阪において流行した歌を松井譲屋が集めた『浮れ草』という本がある。その中に

　　無理酒本ちょうし

箱根八里は馬でも越せど、越にこされぬお泊りなませ、いやなら酔興なこさしゃんせ、おっとそこらがおしゃれの種となる。

　　大べらぼ

箱根八里は馬でも越すが、歩行ではつろござる、そこで越すに越されぬ大井川よへ。

　これさ
箱根これさ、八これさ里これさ、馬これさでもこれさ、こすにこれさこさこれされぬこれさ大これさ、井これさがこれさわこれさ、浅黄にこまげた紅鹿の子、よひやサァ。

の三つがある。原歌はもちろん箱根馬子唄の「箱根八里は」で、これは寛永の末期（一六二九）にはすでにあったと『日本歌謡史』はしるしている。

潮来節を集めた『潮来風』には

　箱根越てもそはねばならぬ、明日はなにわにおよぶとも
わたしゃ相模でおまへは上総、じゃうのないのはあたりまへ

尾州藩家老大道寺の家臣小寺玉晁が編集した『小歌志彙集』は文化二年（一八〇五）から天保元年（一八三〇）までの間、名古屋を中心として行われた流行歌を年代順に記載したものであるが、文政八年に越後ぶしが大いにはやったとしるしている。

　渡し場へ出て乗合舟にてお前さんを見染、ひらに平塚とめやうとすれどそうはとらの石、晩には大磯わしゃ楽みよ、逢わずにいんではどうぞおまえさん小田原相談、登る箱根はお関所の琴なら、及ばぬ恋じゃと思ふて見たれど、早う下りしお顔三島の明神様よ

この歌は花のお江戸から京までをよみこんだ東海道五十三次の歌の一節である。

小寺玉晁はさらに『小歌志彙集』の拾遺ともいうべき『小唄のちまた』を編集している。文政九年から嘉永年間（一八四八）までの名古屋の流行歌を集めたものである。それには

文政九丙戌年俊願人唄武蔵野節

〽襟がけ合平塚まはり時花唄《はやり》合夫にお前はしゃらくらと、大磯がしにをかしゃんせ

〽親々の合話も皆《みんな》小田原や合わたしゃお前に逢ひたさに、箱根を越て来たわいな

これも東海道五十三次地名をよみこみの歌である。

その翌年の文政十年には「そうだろ節」というのがはやって

箱根八里はお山さんの色はのソウダロ〳〵

越すに越されぬナ、ふたせ川ソウダロ〳〵

同じく東海道宿駅をよみこみの「まねき節」が天保四年秋に流行している。

〽連れて駈落大磯ぐ、ヲヽイ〳〵道は小田原てにておはへ、早いものじゃはやいものじゃへ

〽箱根八里は馬でも乗せる、ヲヽイ〳〵若い姉さん案じますへ、大きな物じゃ大きな物じゃへ

この年の七月に大須山門の外にはなし家がやってきて、両国の遊参舟の光景を話し、その中でいいにくいよしこのを歌った。それからむずかしいよしこの節が大いに流行したという。これには小田原ちょうちんが出てくる。大須山門とは名古屋の大須観音のことであろうか。

〽隣から弓張提灯小田原提灯、ほうづき提灯ぶら提灯借に来ました。弓張提灯小田原提灯ほうづき提灯ぶら提灯を貸してやりましょうか、弓張提灯小田原提灯ほうづき提灯ぶら提灯

を。

多分いろいろな提灯の名を繰り返して歌いにくくした、それがおもしろがられたのであろう。小田原ちょうちんをぶらちょうちんというが、ほんとのぶらちょうちんは丸ちょうちんに短いくさりをつけ、細い竹の棒にとりつけてあるものをいうのである。

安政六年（一八五九）刊の『改正哇袖鏡』、万延元年（一八六〇）『歌沢大全』などに載っているものだが、ちょっとしゃれた小唄がある。

〽箱根山をばくらしととほり、花の小田原星月夜しょんがえ、小田原、はなの小田原ほし月夜しょんがえ

今では曲がなくなってしまって歌われていないと思うのだが、もしそうなら新しく作曲して復活させたいと思う小唄である。

東海道五十三次の歌で皆さんよくご存じのものに「お江戸日本橋七つ立ち」の「こちゃえ節」がある。

「こちゃえ節」は明和五年（一七六八）江戸で流行した。その時の唄は「坊さん忍ばばがよい」というものであったが、この唄はその後すたれ、天保三年（一八三二）ふたたび流行した。その後いろいろ替唄が作られ、結局「お江戸日本橋七つ立ち」が生まれた。これは広重の「東海道五十三次」からヒントを得て幕末に作られたと説く人もいるが、先に述べたとおり、東海道

五十三次をよみこんだ唄はすでにいくつかあるのだから特別新しい着想だとはいえないであろう。

ともかく、「お江戸日本橋七つ立ち」の「こちゃえ節」は明治四年から五年にかけてまたまた全国にわたって大流行し、現在でも歌われているのである。しかし、不思議なことに今では最初の「お江戸日本橋」だけしか歌われていない。だから、これに「上りのうた」と「下りのうた」とがあることを知っている人はごく少なくなっている。

上りのうた

〽馬入渡りて平塚の女郎衆は、大磯小磯の客を引くコチャ小田原相談あつくなるコチャエ、コチャエ

〽登る箱根のお関所でちょいと捲り、若衆のものとは受取れぬコチャ新造じゃないかとちょいと三島コチャエ、コチャエ

〽原や沼津の三島への朝露に、かけ行く先は小笠原コチャ越えゆく光は箱根山コチャエ、コチャエ

〽雲井の花をわけすてて小田原の、大磯小磯を打ち過ぎてコチャ平塚女郎衆のお手枕コチャエ、コチャエ

さらに、この時に三首の歌がつけ加えられていて、そのうちの一つに

〽曇らば曇れ箱根山、晴れたとて、お江戸が見えるじゃあるまいしコチャお江戸が見える

じゃあるまいしコチャエ、コチャエ

が入っている。

わたしはこの一連の東海道五十三次の歌を見るたびに、これが皆さんおなじみの東海道線各駅よみこみの「鉄道唱歌」作詞のヒントになっているのではないかと思うのだが、どうであろうか。

ついでだから大正三年に流行した「どこまでも節」と「まっくろけ節」を挙げておこう。

どこまでも節　　後藤紫雲作詞

おまえとならば　どこまでも
箱根山　白糸瀧の中までも
どこいとやせぬ　かまやせぬ

まっくろけ節　　添田唖蟬坊作詞作曲

箱根山
昔や背で越すかごで越す
今じゃ夢の間汽車で越す
煙トンネル　まっくろけのけ
オヤ　まっくろけのけ

『近世文芸叢書』掲載の歌にもう一つ毛色の変わったものがある。それは安政元年(一八五四)に流行した大地震口説節《くどき》である。安政元年の前年嘉永六年二月二日、江戸及び東海諸国に大地震があって、小田原地方は大被害をこうむった。その歌はその時の惨状を訴えたものであろうか。少し長いが全文を紹介しよう。

安政元年甲寅年大地震

口説節

聞てサアエ恐ろし地震のことよ、過し三月下旬、大地震にて死んだる人が、凡八千三百四人、丁度今年で七年跡の、是は信州の善光寺さまよ、今年不思議な話がござる、国は是より東海道の、箱根の山から伊豆八丈よ、伊豆の下田のあれたる事は、聞も大そうな津波がござる、頃は霜月四日の事よ、昼の四ツ時地震のはじめ、相模甲州駿河と伊豆よ、国が四ヶ国一度に震られ、海道一番箱根の峠、山の上にて暫時間、聞も恐ろし震動来の、音を聞くよりコリャ何事と、余多一度仰天致し、聞けば聞く程物凄くなり、谷へ響きて身の毛もよだつ、二子山とて名高き山が、どっと一度に崩れて落る、是もすさまじ天地にひゞき、家が倒れる立木が折れる、外へ駆出す大地が割れる、風ははげしく小石が飛んで、口もあかれず目もあけられぬ、箱根向ふの沼津の宿の、大手先にて櫓が落る、これを越ゆれば駿河の府中、遠州掛川浜松辺は、聞も哀れな話がござる、中に足弱老若男女、助け給へとたゞ泣く計り、爰で死んだる其人数は、凡三百六十余人、甲州甲府は地震でつぶれ、其や下より出火となりて、町は残らず皆焼まする、又も信州松本辺と、上田城下の其災難は、年を数へて八年跡に、負けぬ今度の地震の話、人の損事は数しれずヤンレ
哀れサアエなるかや小田原宿と、伊豆の下田は大そうな事よ、凡家数は千軒余り、朝の四ツ時地震の騒ぎ、ソレヨ地震と言より早く、遙沖より水巻上る、これよ津波といふより早く、どっと一度に押来る浪で、家は流れる立木はこける、人の損じは其数知れず、跡に残りし其人々は、助け給へと皆いふ声は、山にひゞきて身の毛もよだつ、間の宿々皆ゆりつぶれ、爰に峠の名所がござる、箱根権現七湯壺、さいの河原のお地蔵計り、菩薩御関所後に大湖も、水がゆられの其音凄き、五郎十郎の墓場へ這入り、水かぶれば往来留よ、又も一つの名所といふは、昔初花かゝりし場所よ、水が一度に此白瀧へ、とっと落行く震動来に、山と谷とが一度に崩れ、箱根山路がみな水煙、番所こえれば箱根の宿よ、是も一所に皆震つぶれ、相の山中はだしで逃る、飯は喰はずに三島の宿で、あまたの人々皆手を合せ、天へ向ひて一心不乱、今朝の四ツからわしゃ桑原で、何卒萬歳楽にもならば、水も沼津に信心致し、原もつぶれちゃ安堵もならぬ、助け下され大地震様よ、親の二人は吉原なれど、此子一人は助けてたべて、朝の四ツから夜の八ツ迄よ、あまた怪我人数あるけれど、中に哀れは下田の町よ、宿で名高き藤屋と云は、日々に繁昌な旅籠屋でござる、一人娘にお藤というて、年は二八の十六島田、宿で一番愛敬者よ、是が天性因縁づくか、逃る先にて石にてすかれ、声も出さずに相果てまする、残る二親目も当てられぬ、石にすがりて両手を

合せ、お藤〳〵と泣声計り、是を見る人聞く人も、扨も哀れな話でござるヤンレ

これはちょっとおもしろそうだと読み通してみると、結構いいかげんのもので、所々で頭を混乱させられる。読んで馬鹿を見ちゃったと思う人がいるかも知れない。

『俚謡集』は文部省が各府県から提出させた報告によって編集したもので、大正三年九月の発行である。越えて大正四年四月には高野斑山、大竹紫葉共編で『俚謡集拾遺』が出ている。これは『俚謡集』に漏れた二府十三県の俚謡、その他新たに収集したもの、各地童謡などを収めたものである。

この中の東京都、神奈川県の項には小田原・箱根に関する歌がかなり含まれている。主なものをしるすこととしよう。

神奈川県

麦打歌

小田原よいとて誰がほめた、前は海、後は殿の大林
小田原よいとて誰がほめた、前は海、後は七つ八つ山
お江戸ではやるしゅすの帯、小田原ではやるが紺の前掛
国府津の宿はしゃれた宿、前は海、後は蜜柑山
小田原酒をのむなれば、大磯の、虎子にしゃくをと一ら一せ一な一

地搗歌

咲いて見事や小田原つゝじエンヤラもとは箱根の山つゝじエンヤラ、ヨーイヤサ、ヤーセー、ヨーイヤナー

東京府

棒打唄

照り降り曇れ箱根山、はれたとて、お江戸が見えるでもなし

木遣唄

（キヤリ）箱根七湯きがに、そこくら、だうが島、塔の沢には、あしの湯、湯本に名高き宮の下

わたしの抜粋した歌は以上のとおりであるが、小唄俗曲の研究家でもないわたしには意味のわからないものが多い。例えば

お江戸ではやるしゅすの帯、小田原ではやるが紺の前掛

がどういうことを歌ったものなのかわからないのである。その研究はどなたか専門家におまかせしよう。図書館屋にとって大事なことは資料の保存と提供ということである。それをやったまでのことと思っていただきたい。

さて、「小田原民謡覚書」からはじめた小田原・箱根の歌の紹介はこれで全部を終了した。しかし、実をいうとまだ二つ残しているのである。

一つは、各高校、中・小学校の校歌の収集である。これはそのつもりで相当集めているがまだ完了していない。いつでもすぐ手のとどくところにあるので、かえってなおざりになっているのである。全部集めれば各学校の校風、環境などが比較できておもしろいと思う。

もう一つは曽我兄弟を題材にした邦楽である。これはびっくりするほど多い。静岡県の宇野量介氏の研究によれば、江戸時代に作られたものだけでも、浄瑠璃二十八種、大薩摩、長唄、常磐津、清元、富本、河東などで四十七種類もあって、これを全部集めるとなるとそれこそたいへんなので、わたしの方から敬遠した。

小田原のこま

お正月の遊びといえば、むかしはこま、羽根つき、かるた、すごろくとどこでも相場が決まっていた。しかし、一見おなじもののように見えても、その土地土地で少しずつ違っていたようである。今考えると、小田原のこまはほかとちょっと変わっていた。

こままわしといえば、普通はいっしょにまわして長くまわっている方が勝というのがどこでもやる遊び方で、そういうこまを寿命が長いといった。

もう一つ、じゃんけんで負けた方が先にまわし、勝った方がそのこまに自分のこまをぶっつけてつぶすという遊び方があった。この方がずっとおもしろいので、たいていはこれをやっていた。

ところがこいつに強いこまが出てきた。相手のこまをつぶすにはかねど——こまのまわりの鉄の輪のところをそういった——が厚く重いこまの方が強いにきまっている。それが出てきたのである。おもちゃ屋で売っているのはせいぜい一センチぐらいの厚さのものだから、その倍以上もあるようなものにはとうていかないっこない。

いったいそんな厚いのをどこで売っているのだろうと思ったら、実は売っているのではなくて、かじ屋へ行ってかねどと心棒を作ってもらい、それから木地物屋へ行って胴を入れてもらうのだという。

よおし、それならこっちも作ってやれと、大工町のかじ屋へ行って頼んだ。そのころはこれが流行みたいになっていたから、かじ屋も心得たものですぐ作ってくれた。いくらしたか値段は忘れた。

かねどと心棒ができると今度は十字町の木地ひき屋へ持って行く。こんな小さい仕事はどこでもやってくれるわけではないのだが、どこへ行けばいいということは子供同志ちゃんと知っていた。窓のそばでおじさんがろくろをまわしてお盆を作っていた。かねどを差し出して胴を入れてくれというと、「ちょっと待っておいで。」といって、なおお盆をひいていたが、まわる木地に刃があたると、シュル、シュル、シュルとみごとにけずられ、たちまちお盆ができあがる。それがおもしろくて見とれていた。

いよいよ、こっちの番になると胸がワクワクしてきて、息をつめてジッと見つめる。胴に心棒が入り、かねどにぴたりとおさまった時にはほんとうにうれしかった。今度はそうやすやすとは負けないぞと心が躍った。

家へ帰ってきてまわしてみると、あのおもちゃ屋で売っているようなか細いひもではどうやってもうまくまわらない。そこで店の者に、麻で太くて短いのを作ってもらった。たった一つのこまにもこれだけ苦心をしたものであった。

小田原ってところは箱根物産の関係で木地ひき屋さんが多かったから、こんなこともできたので、ほかではちょっとまねのできないことではなかったかと思うのだがどうであろうか。

だるま・けんやき・むかでだこ

小田原ではむかしは五月の端午の節句にたこを揚げた。

そのころ東京ではたこ揚げは正月のものであったらしく、『幼年の友』、『幼年クラブ』、『少年クラブ』その他どの雑誌をみても、みんな新年号にたこ揚げの口絵がのっていた。小田原ではどうしてお正月に揚げないのだろうと、子供心に不思議に感じたものであった。

ちょっとたこのことを調べてみると、たこの歴史は非常に古い。中国では、漢の高祖の時韓信が敵状偵察用に使ったのがその起源だといわれているし、日本では承平年中（九三一―三七）に作られた『和名抄』という本の中に出てくる。たこを揚げる季節はなにも正月に限ったことではなく、風さえ吹いてくればいつでもいいわけで、五、六月、七、八月に揚げる地方もある。

子供のおもちゃとしてだけでなく、古くは軍陣用にも使われたというのだから、尚武の精神を養う五月の節句に揚げる方がむしろふさわしいといってよいのかも知れない。

わたしなどは屋根の上で揚げたり、近所の空地で揚げたりしていたが、たまに海へ行くと、これまた、まことに壮観であった。

やっこだこ、とんびだこ、角だこ、だるまだこ、けんやき、むかでなど――大分後になって飛行機だこも出てきたが――いろんなたこが、やや風波ぎみの海をうしろにして、さつき晴れの空に高く低く、遠く近く上がっている。それを見て、今度海へくる時にはたこを持ってこようと思ったり、海の近くの子はいいなとうらやましがったものであった。

西沢笛畝著『日本玩具事典』の中の「小田原だるまだこ」には

小田原には珍しいたこの種類がある。長崎だこのヒントをうけて作った「けんやき」と呼ぶひし形の両側を切り落したものや「むかでだこ」のような奇抜なものもある。「だるま」だけはその形を巧みに利用してあるところに一つの特色がある。

と書いてある。

小田原だけのたこしか知らないわたしたちにはわからないが、全国のたこを研究している著者が珍しいといっているのだから、やはり郷土玩具として独特のものであったといってよいのであろう。

けんやきの糸のつりはまんなかに二本しかないので、つりあいをとるのがなかなかむずかしい。両側にふさをつけてつりあいをとるのだが、それがとても微妙で、どうやら揚がったと思っているうちに、ちょっとした加減で横ざまにサーッと落っこちる。そのたびにふさをつけて調子をとる。それだけにうまく揚がった時のうれしさは格別であった。領袖を振っているみたいで、ほんとにひょうきんなたこであった。

そこへ行くと角だこやだるまだこは高い空にジーッと安定し、ブーンとうなりを響かせて——動いたとしてもおおようで、さすがに貫禄があった。糸の切りっこももちろんやった。わたしはやったことがないのでどうやって糸を強くし、相手の糸を切るのにどんな仕かけをしたのか知らない。

長崎ではビートロ引といってガラスの粉を糸に引いて切れないようにした。江戸では木切れをけずり、刃物を植えた雁木をつけて、それで相手の糸を切るなどいろいろ工夫をしたといわれているが、小田原のも多分そんなところだったのであろう。

むかでは竹で円い輪をいくつも作り、それをつなぎ、間隔を置いて糸でつなぎ、その上に紙を張ったもので、揚げると長い胴体を空中におよがせる。まったく奇妙キテレツなたこであった。当時でもそんなにたくさんは揚げていなかった。

これはいくら口で説明してもわかってもらえそうもない。百聞は一見にしかずだが、いつだったか俳句の佐倉東郊さんがむかでの骨だけのものを郷土文化館に寄贈したといっていたから、郷土文化館に行けば多分見ることができるだろう。

むかしの子供は手作りのたこに大空への夢をのせて遊んだ。今ではそれが模型飛行機に変わった。

大空を仰ぎ、大空を相手にして遊ぶことは健康的でもあるし、また楽しいことでもあるが、かんじんなそれを揚げる場所がなくなってしまったのはさびしい限りである。

竹がえし

わたしたちの子供のころ小田原にはいろいろな郷土玩具があった。だるま、破魔弓、むかでだこ、笹舟、竹がえしなど、どれも武井武雄氏や有坂與太郎氏の著書に紹介されているが、わたしたちは実際にこれらを手にして遊んだものであった。

だるま、破魔弓は飯泉のお観音さんのだるま市に売られる縁起物で、関東のだるま市の振り出しの市として、今でもにぎわっていることは別稿にも書いた。そのほかのものは全部姿を消してしまった。

竹がえしはまことに簡単で、素朴なおもちゃである。

武井武雄氏の『日本郷土玩具』には「おだわらの竹がえし」いう題で

竹板の裏面に十二か月にちなんだ絵などを現したものを手の甲に並べ、手からずり落とす際の呼吸で、絵ばかり揃えたり、皮付きの方を揃えたりする遊びであるが今はほとんど忘れられたようである。

と書いてある。これが小田原独特のおもちゃであることは、全国的な視野に立って見ないとわからない。わたしもこのことは郷土玩具の本を読んではじめて知った。しかし、これだけではまだどんなものかわからないであろう。

十二か月の絵を画いたものは特別で、わたしたちはみんな自分で竹をけずってつくったものである。

竹は幅二センチ、長さ二十センチばかりに切り、裏の白い部分を小刀でけずって平らにし、紙ヤスリで仕上げをする。手作りだから絵なんか画かず、そのままでよいのである。

小さい手ではつかめないから七、八本も使ったであろうか。遊び方は竹全部を手のひらにつかみ、上にほうりあげ、手のひらを返して床の上で甲に受けとめる。つぎに表なり裏なり、全部同じものが出るように床にずり落とす。ここで一枚でもひっくり返れば負。そのつぎには、また全部を手のひらでつかみ、上にほうって手の甲ではじき、落ちてくるところを全部つかむ。一枚でも落としたら負なのだが、なかなかそうもいかないから、つかめた数で勝負をきめるのである。

手でつかむ時の音がチャラチャラと鳴って、さわやかな感じのする遊びだったが、いつとはなしに消えてしまった。

ところが、それから四十年いじょうもたった昭和三十年ごろに、これがまたこつ然として現われた。

中学校へ行っていた子供がこの竹がえしをさかんにやっているのである。

「ホホウ。」とわたしは目を見張って、「そんな遊びをどこから覚えてきた。」ときくと

「学校でみんながやっているよ。」という。

「ふうん、なんという遊びかしっているか。」

おそらく知ってはいまいと思って聞いてみると、やはり首を横に振った。

「これは竹がえしといって小田原独特の遊びなのだ。お父さんも子供のころよくこれで遊んだものだ。」

そういって、竹をつかんでチャラッ、チャラッと鳴る響きが、子供のころのものとそっくりなのを確かめながら、何度も何度も打ち返したものであった。

いったいだれが教えたのか、どこからはやりだしたのか。興味を覚えてわたしは各学校を調

べ歩いた。周辺地区からしぼっていったら、なんと灯台もと暗しで、わたしの子供がこの三月まで通学していたD小学校がもとだということをつきとめた。

そこでD小学校へ行って、先生にこのことを聞いたが、一番のもとはついにわからなかった。手先の運動の訓練にはもってこいだし、第一その音がシャッキリしていて気分がいい遊びである。むかしは女の子にはお手玉だの、あやとりだのという手先の遊びがあった。そういうものがすっかり姿を消してしまったのはまことに惜しい気がする。

そんなことを考えながら、「なかなかいい遊びじゃありませんか。」というと

「結構ですがね、竹を盗みに行ったりすると困りますからね。」

先生はあまり賛成したがらない顔付きをした。そういえばむかしはそこらに竹やぶがいっぱいあった。それが今ではどこにも見当たらないのである。何かさびしくなってそのまま帰ってきたのだったが、そのうちにこの竹がえしはいつとはなしに消えてしまった。

最近、また手作り、手先のものが珍重されるようになったが、この竹がえしがふたたび姿を見せることはおそらくないであろう。

一文菓子屋と物売り屋

むかしの子供の遊びは、こま、たこ、めんこ、お手玉、手まり、あやとり、折紙などその遊び道具はみんな簡単なものばかりであった。それでいて鵜塚鹿々子の句に

いつしかに冬の遊びの女の子

というのがあるように、季節感もあったし、それぞれに味もあった。

戸外の遊び場も方々にあった。わたしなどは職業安定所のあたりにあった永久寺――今は谷津に移転している――の境内や駅裏の愛宕山でよく戦争ごっこをやったり、辻村農園にも時々行ってぐるぐるかけずりまわったりしたものであった。

永久寺へは裏町の元志沢デパートの横の草ぼうぼうとした細い道を登って行く。このあたりは木や竹やぶが生い繁っていた。今ではこの岡はあとかたもなく削りとられ、商店住宅で埋めつくされてしまった。わたしは北条氏政・氏照の墓の前を通ると、いつもむかしの姿をなつかしく思い出すのである。

もう一つ子供の遊びに関連してなつかしく思い出すものに一文菓子屋と物売り屋がある。一文菓子屋にしても物売り屋にしても本来は菓子その他を売るのが商売なのだが、子供たちの方からみればいい遊び場所であったり、遊び相手であった。大正時代の子供のあそびという面からみると、これも落とすわけには行かないようである。

大正時代に一文菓子屋はあちこちにあったが、わたしの家の筋向こうにも一軒あった。間口二間半（四メートル余）ばかりの店で、まんなかに裏へ抜ける通路があって、その左側はおじいさんのやっている釣り道具の店、右側がおばあさんの受け持ちの一文菓子屋になっていた。

店の一番前に駄菓子の箱が並んでいて、上のガラスぶたをとおして、三角のハッカ、ネジリン棒、オコシ、豆板などが見える。そのうしろの少し高い台の上には、黒砂糖のテッポ玉や金平糖、塩せんべいを入れたびんが並んでいた。風車やデンデン太鼓、メンコのような安いおもちゃもあったし、正月にはこまやかるた、すごろく、羽子板なども売っていた。

わたしは毎日のようにここへ遊びに行った。いや、わたしばかりでなく、ここは近所の子供の集まり場所でもあり、遊び場所にもなっていたものである。みんな一銭ずつおこずかいをもらうと、ここのガラス箱にのしかかるようにして、今日はどれにしようかと品定めをしたのち、ガラス板の上から指でさし、「これおくれ」という。おばあさんがとってくれると、そのまま店先にずらりと腰をかけてペチャペチャやり出す。店のじゃまになりはしないかって。いやどうしてどうして、子供たちはいいおとくいさんなんだから、そんなことをいうわけはない。その上、おばあさんだって子供たちと遊ぶのがきっと楽しかったのだろうと思う。ろくに遊び場所のない今の子供たちと比べたらずっと幸福だったのじゃないかしら。

そのころ、一文菓子屋にはどこにも「ひっぺがし」というのがあった。

一枚の安物のボール紙のまんなかに十の絵が印刷されていて、あるものは桃太郎や金太郎などのおとぎばなしであったり、あるものは武者絵であったり、またあるものは動物であったり、いろいろあった。ともかくちがった絵が十かいてあるのである。そして、その両側にはそれぞれ三側ずつ、小さい紙のくるくる巻いたものが、青や赤の帯ではりつけてある。一銭はらってその小さい紙をひっぺがす。だから「ひっぺがし」というのだが、紙の中にはまんなかの絵のどれかと同じものが印刷されていて、これで一等、二等、三等と賞品をもらう仕掛けになっていた。賞品はみんなキンカ糖で、一等にあたると二十センチぐらいの大きなたいがもらえた。

このたいをとりたいばかりに毎日ひっぺがしをやりに行く。やっているうちに子供は子供なりに考える。一等は一番高い商品を出すのだから、ひっぺがしを作る人もきっとていねいに紙を巻いて、ていねいにはりつけるにちがいないというふうにである。

こうなると、一本一本を注意深く観察する。そして、一番ていねいなのをねらってひっぺがす。不思議なものでこれがまたよく当たった。みごと的中すると、鬼の首でも取ったように喜んだものである。ところがそのうちにこれがちっとも当たらなくなる。すると子供たちは帯の上に頭だけ出しているのに目をつける。これも結構確率が高かった。

まさに虚々実々で、子供たちはどこの人か知らない「ひっぺがし」作りのおじさんに勝負をいどむことに、一種独特のスリルを味わっているみたいであった。

子供たちをおとくいさんにして商売していたのは一文菓子屋だけでなく、町を流して売り歩く、しんこや、あめや、おでんや、豆屋などいろいろあった。

小学校から家へ帰ってきて少したつとしんこやがやってくる。くる時間が毎日判で押したようにきまっているので、子供たちはもう集まっていて屋台車がとまるとぐるりとそれをとりかこんで、それぞれうさぎ、とり、もも、みかんなどと注文を出す。

しんこやのおじさんはにこにこ笑いながら一々うなずき、ふきんで台の上をふいてから引き出しをあける。引き出しのまんなかにはふきんにくるんだ白い大きなしんこの塊が入っていて、その手前に赤、黄、青と食用色素で色をつけたしんこが並んでいる。

おじさんはまず白色のしんこを適当にちぎってこね、その中に砂糖を入れる。赤と黄のしんこをこねあわせてだいだい色を作ると、いつものことだからみかんだなとわかるのだが、幾度見てもおもしろいからおじさんの指先をジッと見つめる。おじさんはだいだい色のを少しつまんで平たくのばし、白い方の肩のところへつける。これはあとで皮をむいたときに身になるところである。それからさらにだいだい色のをのばして全部をくるみ、指を動かすとみごとに形ができる。そのまわりをささらでたたき、肩の皮をむいてはさみの背で中身に筋をつけるとでき上がり。それを経木の上にのせてくれるのである。

つぎはにわとり、つぎはねこ、そのつぎはいぬと指先からいろいろなものが生まれてくる。それを子供たちはまるで魔術にかかったように見とれていた。

わたしの順番がまわってくるとおじさんは心得顔に「水道だね」という。しんこの味つけには二た色あって、一つは中に砂糖を入れるもの、もう一つは寄せなべやそばなどを作った時に黒蜜をかけるのであるが、それがとてもうまいのでわたしはもっぱら寄せなべを作ってもらっていた。ところがある時おじさんは水道というのをはじめて作った。水道せんとバケツだけだから形としては一番簡単でちっともおもしろくないのだが、水道せんの中にいっぱい黒蜜が入る。これが魅力で、わたしはそれから水道ばかりつくってもらっていた。

子供たちはたいてい一銭で作ってもらっていたが、たまにはおとながおもしろがって十銭も出そうものなら、それこそみごとな大だいをこしらえて子供たちの目を見張らしたもので、そのほかに寄せなべ、すしなども実に克明にその姿を表現してみせた。

なにも作らないただのしんこもうっていた。これを「ただしんこ」といった。粘土細工をやるように、おじさんに教えてもらいながら作ってみるのだがどうも巧くいかない。結局手あかでしんこがまっ黒になってしまうこともあった。

しんこやと前後してあめやがやってくる。

丸いひらべったいたらいの中にあめを入れ、小さい日の丸の旗をさしたものを、手ばなしで頭の上にのせ、太鼓をデデンデデンと叩きながら町を流して行く、あのあめやである。これは渡り者だったからだろうか、特別に子供たちと仲よしになろうというふうもなく、子供たちの方もあまり買いもしなかった。ただよく手ばなしで頭の上にのせて歩けるものだと感心しながら、調子よく身体を振って行く、そのうしろ姿を見送ったものである。

いつだったか、東宝劇場の演劇人祭りの時、茨城県だったか、二人のおばあさんのあめや踊りが出た。まだむかしのままのものが残っているのだなあと、しみじみした気持になった。

あめやにもいろいろあって、屋台の鉄板の上に、汽車、飛行機、動物などの型をおき、その中へあめを流し入れて形を作る。そういうあめやもやってきた。これは一度見てしまうとあとはいつでも同じなので、子供たちの興味をつなぎとめることはできなかったようである。

これに比べると、もう一人のあめやの方は結構喜ばれた。ストローにあめのもとをつけて、口で静かに息を吹き込みながら、手早く鳥やいぬ、ねこなどの形を作り、それに絵の具で彩色する。

手さばきが早くみごとで、おもしろい見ものであったから、大勢子供たちを集めるには集めたが、買う者はそうたくさんはいなかった。

もう一つ印象にのこっているものにおでんやがある。

「おでんや、でこでこでんちゃんや。」

透きとおった実にいい声であった。

たしか一銭に二本だったと思う。細長の三角に切って、くしにさしたこんにゃくが大きななべに入っていて、お金を出すと、「でこでこでんちゃんや、ほら甘いよお」といいながら甘味噌をこってりつけてくれる。

子供たちは一本を左手に持ち、右手のを横かじりにする。口よりはるかに大きいのだから、当然口のまわりは味噌だらけ、それをまた舌でペロペロなめていたのが、今でも目に見えるようである。

　これは普通の味噌おでんだからおとなも大きなさらを持ってきて買って行く。多分お八つなどに適当だったからであろう。

　まだこのほかに豆屋がちりんちりんと鈴を鳴らしながら売りにくる。この豆屋は竹の花に店を持っていて、豆類、つくだに、漬物類を売っているのだが、こうして外売りにも出ていた。

　箱型の車のうしろの戸を開くと引き出しがいくつもあり、そこに煮豆や漬物が区分けして入れてあって、なかなか小ぎれいにできていた。

　重宝なのでどこの家でもお総菜の足しに買っていたが、子供たちは子供たちでこの豆をよく買って食べたものである。

　うずら豆、青豆、黒豆、あずきなどすべて汁気がなく乾いているので、指でつまんで食べてもよごれない。それを雑誌の一ページをはすかいに折ってはりつけた三角の袋に入れてくれるのである。

　格別甘いという方ではないが、やわらかく煮てあっておいしかった。量が少ないので一粒一粒たんねんに食べていたからかも知れない。

　わたしたちの子供のころにはこんな物売りが毎日決まってやってきた。それを一銭ずつもらっては買ってたべるのが楽しい日課になっていた。

　ろくに手も洗わずにこねまわしたしんこ細工、口でふくらましたあめ、雑誌の袋に入れた豆、今から考えればどれもこれも非衛生的なものばかり。それでいて、このしんこ、あめ、豆を食べてチブスになったり、エキリになったりした例は一度も聞かなかった。そして、わたしたちは楽しかったそのころの印象をいまだに持ち続けているのだから、まことに奇妙である。

これらの物売りはだいたい関東大震災を境にして次第に消えていった。

第3章 年中行事・その他

時の鐘

純然と時を報じるための鐘が三百年の昔からずうっと現在まで鳴らされているということは、全国にもあまり例のないことであろう。

小田原の時の鐘は、今では朝夕六時につくだけになってしまったが、わたしの子供のころには、鐘つき堂の下に年寄りの夫婦が住んでいて、昼夜の隔てなく鐘をついて、時をしらせていた。

この鐘がいつごろ作られたものかは判然としないが、貞享三年（一六八六）に小田原から新潟県高田へ移封された稲葉家から、後任として千葉県佐倉から移ってきた大久保忠朝に引継がれた『貞享三年御引渡記録』の中に

小田原町の時の鐘は昼夜についている。鐘つきの給金は一年金六両で、この内金三両は町方から、三両は町奉行所から遣わしている。

という記事がある。この時から計算しても二百八十九年になるのだからともかく古い。

この鐘はその後宝永四年（一七〇七）に至り、忠朝の子忠増によって新しいものと取りかえられた。江戸日本橋室町一丁目の鋳物師南条甚左衛門尉善教の作であることが、鐘の銘に刻まれている。

わたしの知っているのはこの鐘で、はじめは浜手口御門（今の新道柏又付近）のところにあったのを、明治二十九年五月裁判所の東北のすみに移され、さらにその向い側の現在の場所に

移された。それは大正何年のことであったか。ともかく関東大震災の時には石垣は崩れ、鐘楼はそのままの姿で道路に落ち、あおむけにひっくりかえっていた。

その後、石垣を修築し、あらためて鐘楼を建てなおして現在に至っているが、今の鐘は昔のものではない。

昭和十七年、戦争がいよいよ激しくなるにつれて、軍需資材の欠乏も深刻になってきた。そこで政府は全国的に金属類の供出を命令した。花瓶や火鉢はもとよりのこと、寺院の鐘もよほど由緒があり、価値のあるものを除いては、すべてその対象となった。市民に長い間時を知らせてきたこの鐘も小田原から永久に姿を消すことになったのである。これを時鐘応召と呼んだ。

十一月いよいよ応召の日がきた。わたしはこの鐘に別れを告げに行き、市役所の前庭でまさにトラックに積みこまれようとしていた鐘の写真をとった。

主を失った鐘楼はさびしく建っていた。終戦後、無事な姿で返された鐘もあったが、小田原の鐘はついに帰還しなかった。

終戦後の時報は鐘に代ってサイレンが勤めたが、朝六時に頭の上でけたたましい音をたてられてはたまらぬという苦情が出たりして、やがてチャイムに変った。しかし、これも城下町小田原にはあまり似つかわしくなかった。そして昭和二十八年、小田原寺院団によって新しい鐘が作られた。これが現在の時の鐘である。

娘道成寺の「鐘に恨みは数々ござる」ではないが、小田原の市民は、中途でいささかの空白はあったものの、三百年このかたこの鐘の音にいろいろな思いをはせて生活してきたといってよいであろう。

小田原の初詣

新年になって神社仏閣にお参りすることを初詣という。また恵方詣《えほうまいり》というのは、歳徳神が来訪されるめでたい道筋を恵方といって、その方角にあたる神社にお参りすることをいうのである。近ごろでは初詣も恵方詣もごっちゃになってしまって、方角など一向かまわずに、どこへ行っても恵方詣というし。それをひっくるめて初詣といっているようである。

元来、初詣といえば氏神様へお参りするのが普通のことであるが、わたしの子供のころには、御幸の浜へ初日の出をおがみに行き、その帰りに松原神社と報徳二宮神社にお参りをし、雑煮を祝ってから、氏神の大稲荷神社へ行くのが、家の毎年のしきたりであった。

元日のお参りは一応これですむのだが、藩士の家の人々はおそらく大久保神社へのお参りを第一にしたことだろう。

初寅《はっとら》の日に毘沙門天《びしゃもんてん》にお参りするという風習は初寅詣といって全国的なもので、京都では鞍馬寺、奈良では信貴山、東京では芝の正伝寺、牛込の善国寺、品川の連長寺などの毘沙門が江戸時代から特に有名であるが、小田原では水の尾の毘沙門さんにお参りする。夜中にお参りするのでわたしは一度も行ったことはなかったが、店の者はドテラなどを着こんで出かけたものであった。小田高の裏の道を行ったのか、荻窪から行ったのか、どっちにしても暗い夜道を行くのだからたいへんであったことであろう。

つぎは二十三日に板橋のお地蔵さんである。このことは別に書いておいたが、特別の事情がない限り、奥の者も店の者も交代で出かけた。奥の方はいなかからこれにかこつけて年始に来る者があるし、店の方はこれもついでに買物をして行こうという人が来るので昼間はなかなか忙しかった。

そのつぎは、二十七日、二十八日の道了さんである。大雄山最乗寺はさすがに関東の名刹だけあって、京浜その他から講中の人たちが初詣に押しかけてにぎわったものであるが、もちろん小田原からも毎年かかさずお参りするという人が非常に多かった。

二月に入ると初午《はつうま》である。初午には秦野の白笹稲荷に出かける。白笹稲荷は秦野市今泉にあるが、むかしから小田原に信仰者が多く、わたしの父なども世話人をやっていた。

小田原の初詣は是で一応終るのである。父は毎年これだけのお参りをしていた。今から考えるとご苦労なことだったと思うのだが、それだけにまたお参りしたあとの気分は一段とよかったにちがいない。

近ごろ初詣といえば、明治神宮、鎌倉八幡宮、川崎の大師、成田山などに出かける人が多いが、はてこの人たち、氏神様へのお参りはもちろんすましたのだろうなあと、余計なことを考えるのである。

板橋のお地蔵さん

毎年正月と八月の二十三・四の両日は板橋のお地蔵さんの縁日で、この日には特別に駅前から地蔵尊行きのバスが出るほどお参りする人でにぎわう。

『新編相模国風土記』にはこのことについて

宗福院、金龍山と号する。香林寺末、本尊弥陀。慶長三年（一五九八）地蔵堂のところに創建した。開山は理吟文察（本寺九世。慶長七年七月二日卒）

地蔵堂　木の座像を安置している。身たけ一丈（約三メートル）弘法大師の作と伝えている。昔は湯本の字内古堂にあった。永禄十二年（一三六九）ここに移したという。毎年正月七月二十三、四の両日を縁日とし、おおぜいの僧侶、俗人が参拝した。この日に堂の前で市が開かれ、時物を交易した。

とある。『風土記』には七月とあるのに今は八月となっている。これは七月では農家がまだ忙しいので一か月遅らせたという説もあるが、あるいは明治になって旧暦から新暦に切りかわった時に今のようになったのかも知れない。起源についても元禄時代からなどと伝えられているが、はっきりした証拠はないようである。

今でも相当にぎやかであるが、わたしの子供のころには、一軒の家でだれかがお参りに行かない家はなかったといってよかった。それにこの半年の間になくなった人のある家では、必ずお参りすることにもなっていた。

昼間は近郊近在のいなかから来る人が多く、町の人たちはたいがい夜お参りに行った。わたしなどは夕飯を食べてから父につれて行ってもらったが、店の者は十時ごろ店をしめてから出かけた。そのころの商店は年中無休で、物日以外には遊びに出ることもなかったから、お参りにかこつけで、いい気晴らしになっていたようである。

片岡永左衛門さんは『明治維新以前の小田原の年中行事』の中にこう書いている。

二十三日は板橋の地蔵尊の縁日で、近郷よりの参詣人は朝からぞろぞろやってきて、そのついでに買物をする者も多く、一日千両というほどの人出であった。夜は宿内の人が多く、見せ物小屋もでき、のぞき目鏡、からくり、露天商人も諸方から入りこみ、昼夜とも人の往来が絶間もなかった。

わたしがよくお参りに行った大正のはじめごろも、まったくこれと同じであった。板橋見附の光円寺の角をまがると、道の北側に露天商人が並んでいて、道は人でいっぱい、そこへ電車が入ってくるので、いやたいへんな混雑であった。電車は道の南側の家の軒先すれすれにゆっくりゆっくり走る。交通整理が行きとどいていたのか、人も電車ものんびりしていたのか。交通事故など聞いたこともなかった。地蔵尊行の電車はたしか上板橋で折り返し運転をしていた。

お地蔵さんの境内に入ると身動きができないほどで、ようやくお参りをすませると、見せ物小屋や露店を一とまわりするのだが、容易なことではなかった。

帰りに板橋の知り合いの家へ寄るのがまた楽しみだった。板橋の家ではどこでもごちそうを用意して待っている。酒はあるは、赤飯、すし、そば、ようかん、きんとん、煮しめなんでもある。夕飯を食べて行くのだからそんなにたべられるはずはないが、ともかく食べ物がたくさんあって、おおぜいの人が集まるということは、にぎやかで、楽しい。

今でもそうかも知れないが、そのころいなかの人たちはお年始とお地蔵さんを兼ねて出かけてくる。だから山角町から板橋へかけては、どの家でもお正月とお地蔵さんと、ごちそうを二度作ることになる。どっちかというと、お正月の方よりお地蔵さんの方に重きをおいているようであった。

大だいまつ

お盆の七月十六日の夜、千度小路下の浜で行われた浜せがき大だいまつは何といっても小田原最大の年中行事だといってよいであろう。

浜せがきは『新編相模国風土記』の徳常院のところに
毎年七月十六日の夜、海浜でせがきを修行する。漁業者の勧進によるものである。船を浮かべ、百八のたいまつを立て、すこぶる壮観である。

とあって、江戸時代から行われたことは間違いないが、起源ははっきりしない。

海でなくなった人たちの霊を供養するために漁業者が始めたもので、百八のたいまつをともし、導師は徳常院の住職が勤めた。

大正九年八月発行の『小田原の史実と伝説』には
百八のたいまつは無限無法の百八煩悩《ぼんのう》をかたどり、燃えあがる火の光は仏光を意味するものだという。そして、果しない海原にさ迷っている水死者の霊魂を照らし渡すというのがこのせがきの主旨だから、たいまつは高いほど遠くを照らし、その意にかなうわけである。

と書いてあるが、これで大だいまつのいわれはおわかりであろう。わたしの子供のころは百八のたいまつはもうなくなっていて、たまにいくつかあったこともあるが、だいたい大だいまつ一つだけになっていた。

ところが、十メートルぐらいもあったが、この大だいまつがなかなかうまく燃えてくれない。どうやってうまく長く燃やすことができるか、これには相当苦心をしたようで、同じ本の中に岡本治兵衛談というのが載っている。

世話役である岡本氏などは非常の苦心を年々重ねているので、従来の例によると点火時間からせがきの終わるまでつごうよく燃えたことがまことに少なく、あるいは早く燃え尽したりした末、今年は新機軸を出し、ぶり敷きに使った孟宗竹三十本を山田又市氏から譲り受け、長短二十四本を互い違いに組合わせてしんに入れ、その外側を六本の竹でかこい、それを俗称タカギという箱根二子山のしの竹でさらに包み、早々燃え尽きないように針金で細かく巻きその上を荒なわでくくったところ翌朝まで燃えていたということである。ある時は経費の関係から古電柱を使ったが、しんが軽くて結果がおもしろくなかったので、来年は今年のように孟宗竹を使い、しんとなる竹だけをつごうよく割っておいたら、さらによい結果が得られるだろうとの事である。

苦労はこれだけではなくて経費も思うように行かず、大正初年には廃絶するというところまで追いこまれたが、小田原保勝会の後援で続けることができたのだそうである。

大だいまつには小田原の町民はもとより、近在の人たちもでかけてくる。わたしも毎年父といっしょに行ったが、千度小路から入ると混雑なので、御幸の浜通りからまわって行く。それでもいっぱいの人出で、その間を縫って浜の子供たちが小さい箱に線香を入れ、「せんこヨーシカネ、せんこヨーシカネ」と売りにくる。

この線香は浜へおりてから砂の上に思い思いの形にさし、その中に入って大だいまつを見るのだが、この線香をさすというやりかたは、どうやら二十六夜待ちの風習がまじってしまったものらしい。このことは別に書くつもりである。

大だいまつはずっと続けられてきたが、湘南海岸バイパスの工事が始まったりして、昭和四十年ごろから廃止されてしまった。時の流れとはいいながら、城下町小田原の行事として何か惜しい気がしていたら、二三年前から復活したのはほんとうにうれしいことだと思っている。

線香祭り（二十六夜待ち）

小田原の年中行事としてよく線香祭りということが口にされるが、それがどんなものであったのか、昔はどういうふうに行われていたのか知っている人は少ないようである。

大だいまつの夜、線香を浜の砂の上に立てならべ、一家がその中に入って涼む。それが線香祭りだとわたしなども思っていたが、実は線香祭りというのは二十六夜待ちに行われた独立した行事だったのである。

二十六夜待ちというのは、正月と七月の二十六日の夜半月の出るのを待って拝むと、月光の中に阿弥陀仏、観音、勢至の三尊がお姿を現わすと言いつたえられ、江戸時代に各地でさかんに行われたというが、小田原にも古くからこの月待ちの行事があった。

はじめは純粋の宗教行事であったのだろうが、だんだん慰安娯楽的な要素が加味されてきたようで、夏の夜ゆかたがけで浜へ出かけ、線香でしきりなどをして、夜どおし飲んだり食べたり話したりというのは、まったくもってシャレた行事といわなければならない。

この二十六夜待ちについて、国文学者としてまた歌人として知られた池辺義象氏が「小田原町の二十六夜待ち」という題で、明治三十一年十月発行の『函東会報告誌』に書いたものがある。むかしの二十六夜待ちがどんなものであったかを知る資料としては、おそらくこれ以外にはないと思われるので、少し長いが、現代語になおして紹介しておこう。

（上略）国府津で汽車を降り、さらに馬車に乗りかえて、その日のまだ早いうちに小田原の尾崎氏（小伊勢屋）の家についた。残暑がきびしいので箱根まで行ってしまおうと思ったが、主人のいうには、今夜は二十六夜待ちといって、この海岸がたいへんにぎわう、ちょうどよい機会だから見てお出でなさいという。そんなにめずらしい日にぶつかりながら振りすてて行くのも惜しいので、その言葉にしたがい、日の暮れるのを待って浜へ出て行った。千度小路という町に至ると、左右の軒先に露店を張り、菓子、植木などを並べて、大きな声で競売しているありさまは東京の縁日のようである。

それから海浜へ行くと、さしもに広い砂原も人が山をなしている。花火、氷店、玩弄店《おもちゃ》、さては汁子屋、菓子店など、四方八方に棚を立て並べ、客を呼ぶ声が打ち寄せる波の音にまじって鳴りもやまない。この雑踏の中をくぐり抜けてやや灯火の薄いところにくると、見渡すかぎり、線香を砂地にたてつらねているありさまはたいへんめずらしい。近よって見ると、この立てつらねてあるのは、おのおのその納涼の領分をしきるための方法で、あるいは二坪、その大きいのは四坪五坪にも及んでいる。あるいはだるま形に、さては円く、さては四角に垣のように、線香を立ててある。どういうわけかと見たら、その線香の垣の中に、二人もしくは四、五人がうずくまり、無言で涼んでいる者があり、煙草を吸う者があり、菓子を食う者、弁当を開く者があり、酒を飲んで大声をあげる者があり、頬杖をついてうなっている者がある。まことに奇習といってよい。この夜は海は平穏で、沖には無数の漁火が何十里となくつらなっていて、この浜辺の光とはるかに相映ずるさまは都人の思いもよらぬけしきである。

宿に帰って、この線香垣の遊びのことを聞けば、これは維新前から行われていた習慣で、二十六夜の月を待つ間の遊びである。しかるに今は暦が変わったので、いつまで待っても月の出るはずもなく、十二時過ぎるころまで騒いで帰るのであるといった。（下略）

これがほんとうの二十六夜待ちの線香祭りである。それがどういうわけで大だいまつといっしょになってしまったかというと、大正元年ごろ、天候の加減で浜せがきが二十六日の晩にのびたことがある。それ以来、この月待ちの風習を浜せがきの夜にくりあげて行う者が出てきて、ついにいっしょになってしまったのだそうである。

飯泉のお観音さん

飯泉のお観音さんといえば板橋のお地蔵さんとともに、小田原の年中行事の双璧といってよいだろう。

年の暮れも押しつまった十二月十七日から十八日にかけて、飯泉の飯泉山勝福寺でだるま市が開かれる。ここは坂東五番の札所で、御本尊は十一面観世音であるが、俗に「飯泉のお観音さん」と呼ばれて、西湘地方一帯の崇敬の的となっている。

だるま市は遠く永禄年間（約四百年前）にはじめられたといわれているが、『飯泉観音略記』には

歳の市御縁日、十二月十七日、十八日、古来より千両市といい、東国だるま市の起源をなし、昼夜にわたってにぎわう。

としるされている。

板橋のお地蔵さんもそうだが、千両市というのはこの市が非常に繁昌して、千両の商いがあったというので、こう呼ばれたのだそうである。

またこのだるま市が東国だるま市の起源だというのは、発祥年代の古さをいっているのではなくて、玩具研究家の有坂與太郎氏の説によれば、このお観音さんのだるま市を振り出しにして、十二月中は神奈川県下一帯で開かれ、年が明けると埼玉県の大宮に転じ、さらに関東北部の機業地へ移って行く、そのだるま市の中で一番早く催されるものだという。

子供のころ、これもきまって父といっしょにお参りに行った。妙なもので、十七日の夜というと寒いからっ風が吹く。マントを頭からすっぽりかぶって、多古から吹きっさらしの川原に出ると、木のつり橋がある。それがグラグラ揺れる。この橋は中州までかかっていて、その石ころのゴロゴロした中州をちょと北へ歩くと、また一つ、つり橋が向こう土手までかかっている。この中州の寒いことといったら――時には吹きとばされそうになったりしたことを、今でもよく覚えている。

参道に入ると、両側にはだるまの店、おでん屋、甘酒屋、菓子屋などが並んでいて、そこから立ちのぼる温かいにおいと人いきれで、今度はのぼせ上がるほどであった。

縁起のだるまを買って帰ると、入れちがいに店の者が、えり巻きでほおかぶりをしたり、ドテラを着こんだりしてゾロゾロ出かけて行く。まるで百鬼夜行そのままの姿であったが、十時ごろ出かけて帰るのは真夜中になるのだから、これでもちっともおかしくなかったらしい。

だるまは小田原でもいくらか作られていたらしいが、神奈川県では平塚市四宮のだるま、厚木のだるま、梅沢のだるまなどが有名な産地で、おそらくこれらのだるまがみんな集まったのであろう。

ところで
お正月がござった
どこまでござった
飯泉までござった
なにに乗ってござった
ゆずり葉に乗って
ゆずりゆずりござった

というわらべうたが伝わっている。

このうたは東京から埼玉県一帯にかけては、三行目の「飯泉」が「神田」となって流布されている。神田といえば、お盆の七月十五日にお精霊さんが買物に行くということで弁当を作って供える。どこへ買物に行くのかと聞いたら、母は神田へ行くのだといった。お盆は神田なのに、暮れには飯泉になっている。おそらく、はじめは東京と同じ神田であったものが、このだるま市と結びついて飯泉となったのであろう。

どっちにしても飯泉のお観音さんがくると、お正月がまじかに迫った感じで、忙しい中にもなにか浮き立つような気持がしたのは子供ばかりではなかった。このうたはそういう気持をなんと心憎いばかりにうたいあげているのではないか。

小田原ばやし

最近、民謡のブームに乗って各地の神事太鼓、祭太鼓が続々というか、あとからあとからというか、そういう感じで紹介され、なるほど祭太鼓は日本全国どこへ行ってもないところはないのだなと、あらためて感心させられるのだが、小田原にも古くから独特な叩き方の小田原ばやしが伝承されている。

古いといってもいつから始まったという記録があるわけでもないし、そうかといって明治以後に起こったという気配はまったくないのだから、やはりその起源は江戸時代だといってよいと思う。

小田原ばやしの曲目には、はやし、聖天、神田丸、鎌倉、四丁目の五種類がある。これらの名称は小田原だけのものではなく、ほかの土地の祭ばやしにも、叩き方はまったく違うけれどこれと同じ名称を使っているところが方々にある。

このほかに小田原にはもう一つ馬鹿ばやしというのがある。これはわたしの記憶では、大正天皇の御大典の時に今度馬鹿ばやしという新しいのが増えたといって習っていたのを覚えている。

ともかく、はやし、聖天、神田丸、鎌倉、四丁目の五種類の名称が方々にあるとするならば、その源流は一つだと考えてよさそうである。

試みに関東の祭ばやしのもとだといわれる葛西ばやしについて大百科事典をひいてみると

葛西ばやし　下総葛西に起り、現在も広く東京地方に行れる祭礼のはやし、一説には葛西金町の鎮守香取明神の神職能勢環が、享保の頃、村民に和歌ばやしなるものを教え、それが発達して葛西ばやしとなったという。宝暦三年千住に売色のもの現われ、農村青年の風紀をみだした時、葛飾の代官伊奈半左衛門が憂慮して、農村娯楽として葛西ばやしを広く奨励し、同十二年より江戸の日枝神社、神田明神の祭礼に出演せしめるなどの保護を尽した。これが縁となって東京市内外の青年、農民等は祭礼以外の折にももっぱら娯楽として喜び、今日に及んでいる。馬鹿ばやし、ライジョ、テコメン舞、狐ばやし、鎌倉、越後等の曲目がある。歌詞はなく、はやしだけで、踊は曲目により行われる。

これが各地に広まり、小田原にも伝わってきたのではないだろうか。そして、長い間に叩き方に工夫がこらされ、新しい手が編み出されて現在の形になってきたのではなかろうか。そう考えることが最も自然のようである。

叩き方に工夫が加えられていることは大正時代と今の叩き方を比べただけでもすぐわかる。大正時代には今よりずっと早間であったし、小太鼓と大太鼓とのからみ方にも相当の変化が見られるのである。

わたしの覚えている大きな祭は、大正四年の大正天皇御大典の時と大正九年小田原駅開通の時との二つの祭である。両方とも、だし、屋台あわせて二十台以上も出たと思う。それが前の時には御用邸前に、あとの時には小田原駅前に勢ぞろいをし、はやしを競い合ったのだからまさに壮観であった。

鎮守の祭とちがって全町挙げての祭であったから、その意気込みもたいへんで、どこの町内でも一か月も前から太鼓の練習をしたものであった。馬鹿ばやしが新しく入ってきたのは御大典の時だったように思う。そのころわたしはまだ子供だったから練習をそばで見ているだけだったが、駅開通の時には仲間に入れてもらって少しばかり習った。おかげで今でもいくらか叩けるのである。

小田原駅の時には二度目なので各町内ともすっかり上達していた。それで誰いうとなく競演をやって、優勝したものがレコードの吹き込みに行くことになった。

あとで聞いたところによると、優勝したのは竹の花で、たしかにレコード吹き込みに行ったというので、図書館に入ってからずいぶん探したがついに見つからなかった、その代り筋違橋の若連が吹き込んだというレコードが鈴木太吉さんのところから出てきた。ヒビが入っているが、これは図書館に寄贈してもらって今でも保管している。小田原関係のレコードとして現存する最も古いものである。

各町内で持っていた、だしや屋台は関東大震災で大半焼けてしまった。中でも惜しいと思うのは台宿と一丁田のだしである。台宿の方は神武天皇、一丁田の方は素戔嗚尊《すさのをのみこと》がせり出しになる仕掛けのもので実にみごとなだしであった。

いったん焼けてしまったとなると、なにしろ高価なものだけにそうたやすくは作れない。その後新しいのを作った町内はほんの二三か町で、松原神社の祭で四五台、大稲荷神社、居神神社で二三台も出れば多い方だということになった。そして、あとはみんな子供みこしになってしまった。

世の中も変わったし、だし、屋台がすくなくなれば祭太鼓もそれだけ下火になる道理で、わずかに命脈を保つだけになってしまったといってよいと思う。

それを小田原ばやしという名で復活させたのが有音会である。小田原の祭太鼓を保存し、観光的にも寄与しようということで、同志が集って有音会を組織したのは、たしか昭和二十五、六年ごろではなかったかと思う。お堀に張り出して作られた舞台で、鳶職の木遣りとともに演じた有音会の小田原ばやしはまことにはなやかなものであった。その時にとった録音は今でも図書館にある。また何年であったか、八王子で開かれた関東祭ばやし大会で優勝し、高松宮杯だったかと思うが、その優勝杯を獲得してきてもいるのである。わたしはたいていのものは記録をとってきているが、有音会の記録だけはどうしたことかとってなかった。当時の新聞を調べればある程度まではわかるはずであるが、かえすがえすも残念であると同時に、有音会の人たちにすまないと思っている。

有音会が種々の事情で解散した後に生れたのが小田原ばやし多古保存会である。昭和三十五年八月十五日に結成され、会長土屋喜三郎、会員十名で発足したが、現在では少年部、青年部、壮年部を持って、小田原囃子の保存につとめている。昭和四十四年五月二十日に県の無形文化財として指定されている。

ところが、昭和五十二年三月二十七日付の『神奈川新聞』をみたら、飯田岡地区には古くから「飯田ばやし」が伝わっており、飯田ばやし保存会（香川慶治会長）があって、小中学生を含む会員六十二名が毎月二回ずつ公民館で練習をしている。そして、関東まつりばやし大会では一昨年が二等、昨年が努力賞であった。また会員の山崎謙二さんはコツコツ一年がかりで大太鼓を作りあげたという記事が載っていた。

小田原ばやしという名称はむかしからあったわけではなく、昭和二十五、六年ごろに他の土地のものと区別するためにそう名乗ったのだろうと思う。飯田ばやしもその名称がむかしの記録に出ているのなら格別だが、もしそうでなかったら、しょせんは小田原ばやしということになる。

いずれにしても、このような保存会が各地区に生まれ、後の世代に引き継いで行くという努力が払われていることはうれしい限りである。

（昭和五二・三・二八）

わたしの家の年中行事

わたしの家の年中行事を書きとめておくこととしよう。

年中行事はむかしは古い家ならたいがいどこでもやっていたと思うが、士族と平民とで違いがあったであろうし、農工商漁業それぞれその職業に即した行事を持っていたにちがいない。わたしの家は明治になってから呉服商を開業したのであるから、そう古い店とはいえないが、年中行事などは店を出した時に新しく作るというようなものではなく、多分、江戸時代から続いている店のまねをしたといってよいと思う。したがって、わたしの家の年中行事をしるしておけば、むかしの商店の年中行事とはおおよそこんなものだったぐらいの見当はつくであろう。

さて、わたしの家ではどんなぐあいにやっていたかというと、実は昭和十九年に母に教えてもらったメモがある。これだってどれだけむかしどおりなのかわからないが、ともかくわたしの子供のころから毎年繰り返してやってきたものなので、いくらか参考になるかも知れない。このメモを引用しながら、元日から順にしるしていくこととしよう。

一月一日

早朝若水をくむ。うがいちょうずの後、御幸の浜へ行き初日の出を拝し、帰途、松原神社、報徳二宮神社へ参詣。

一日から三日まで、朝、神棚と仏壇へ雑煮を供える。

大神宮　一対
年神　一対
福神　一対
ほうそう神　一膳
諸国神々　一膳
荒神　一膳
床の間　一膳
仏壇　一膳

神棚へは生餅、仏壇へは焼餅とする。別に神棚へかしら付き二尾を供える。お供え餅も右と同じで、床の間を除き三日の夜全部を下げる。

朝、一家全部が正月用の塗膳、塗椀で雑煮を祝う。雑煮膳にはしらがとごまめを並べた小皿とかつの木箸をつける。

雑煮は、大根、里芋、ほうれん草を入れ、のり、かつおぶしをかけて食べる。里芋は包丁を入れずまるのままで食べられる程度の小芋を用いる。

ゆずぶろに入り、晴着を着た後、一同とそを祝う。とそは最年少者からはじめ、最年長者で終わる。とそ膳、口取、吸物。

番頭には羽織、着物、帯、下駄などを、小僧には着物、帯、下駄などをおしきせとして与える。

昼、煮しめ、なます、きんぴら、黒豆、数の子、口取りなど。

夜、三が日まで、神棚、仏壇へおせちを供える。

父は大稲荷神社へ参り、とそがすんだ後、毎年きまってわたしをつれて川崎大師へ初詣に行った。

店の者は大みそかの片付けが、元日の二時、三時になるので朝はゆっくりである。それが起きてきて、いざ雑煮ということになると、たいへんである。十二人ばかりの血気盛んな者がいっぺんに食べるのだから、普通では餅焼きがとても間に合わない。それで朝早くからとび職の者が二人きて、祖父が考案したという直径四、五十センチの特別な餅焼火鉢で焼く。

店の者はそのあとでおしきせを着てとそを祝う。それからまた一と仕事で、暮に注文を受けた年始の手拭やふろしきを折って袋に入れる仕事がまだ残っている。大戸を下ろしてあるから、外から見ると休んでいるように見えるが、中は目のまわるような忙しさであった。それもどうやら夕方までに片付けて、夜になってようやく碁、将棋、花札、百人一首ということになる。

これが毎年おきまりの元日風景であった。

一月二日
初荷。

朝、雑煮。夜、仕出し屋からどんぶり物をとって一同で食べる。

二日は初荷なので、朝早くから店を開ける。この日はちょっと変わったことがある。それは上郡の松田の奥の寄木や秦野などからおばあさん連中が買物に出てくるのである。おばあさんといっても、子供だったわたしの目にそう映ったのであって、実は四十、五十の年配の人だったのであろう。朝暗いうちに起きて歩いてくるのだから、だいたいうちに着くのが十時ごろになる。めいめい大根やにんじん、落花生などをしょってくる。これはわたしの家へのみやげなのである。

このおばあさん連中、十二時ごろまであれこれと半年分の買物をする。そこで昼食を出すのであるが、かれこれ二十人もあったであろうか。昼食をすますと、この人たちは松原神社から浜の方を一とまわりしてきて、二時ごろ買った荷物をしょって帰って行く。この人たちはまたお盆にもくる。一年に二度だけだが、毎年のことなのですっかり仲がよくなって、待ったり待たれたりしたものである。今とちがって実になごやかな商売であった。

夜、どんぶり物をとるのは、ずっと働きづめの女連中に少しは休んでもらおうという配慮であったらしい。

一月三日

朝、雑煮。三が日のうち一夜とろろを食べる。

三日からは店をあけていても暇になり、夜は早くから大戸を下ろし、あとは自由に遊べるので、どうやら正月らしくなる。

三が日のうちにとろろをどうして食べるのかは残念ながら聞きもらした。
一月四日
六日まで夜おせちを供える。
一月六日
夜、おせちを供える前に、七草を叩く。新しいまな板の上に七草を細かにきざんだものをのせ、すべて新調の包丁、すりこぎ、大菜箸、しゃもじ、金のしゃくしなどを取りかえ、取りかえ、つぎの唄をうたいながら叩く。

　なんなん七草
　唐土の鳥が
　日本の国に
　渡らぬ先に
　あわせてカッタカタ

一月七日
朝、門松をとり、神の松、さかきを取りかえる。
七草を神棚の前でもう一度叩き、七草がゆを作って神仏に供えた後一同で食べる。
一月十一日
蔵開き。お供えを割り、朝しるこを作る。

一月十四日
親だんご二つを最も上にさし、宝船やまゆ玉などの形に作っただんご、小さいみかんなどをさして餅花をかざる。
夜、おせち。
一月十五日
朝、あずきがゆを神に供えた後、神の松、お飾りをとり、氏神へたき上げに行く。餅花のだんごをいっしょに持って行って焼く。歯痛のまじないになるという。
あずきがゆは少量とっておいて、十八日の朝、神へ供える。
一月十四日――十六日
松原神社祭典。やぶ入り。
一月十七日
旧須藤町錦織神社小祭。
一月十八日
朝、あずきがゆの残りを神に供える。
一月二十三日
板橋地蔵尊へ参詣。
寒中

寒のうちに寒餅をつく。これはもっぱらかき餅、ひなあられなどにする。

初寅《はつとら》

新年はじめてのとらの日に、水の尾の毘沙門天へ参詣。

甲子《きのえね》

一年を通じてきのえねの日には福神をまつる。茶飯、のっぺいじる、駄菓子などを供え、夜食とする。

二月一日

次郎正月。あずき餅を神前に供える。

節分

豆まき。煮しめ、なますを作り、夜、おせちを供える。

初午

神前へ赤のご飯を供え、またいなりずしを作る。

秦野の白笹稲荷へ参詣。

家にはなかったが、お稲荷さんを祀ってある家では、赤飯、すしを作って近所の子供を集め、祭太鼓をたたいて、お祭りをやった。

二月八日

八日節句。むしつじる（あずき、芋、大根、ごぼう、にんじん、焼き豆腐などの味噌汁）を作る。

三月二日
宵節句。ひなにそばを供える。
三月三日
桃の節句。ひなへ白酒、ひし餅、あられ、重詰を供える。
朝、雑煮。昼、煮しめ、ねぎぬた。夜、口取、すし。
重詰はひな道具の小さい重箱を使い、中につめる口取などはひな板その他すべて小振りに、かわいらしく作り、子供たちや子供の客に一つずつ与える。
ひな納め
天気のよい日に、そばまたはうどんを供えた後、ひなをしまう。
彼岸《ひがん》
おはぎを作り、だんご八つとともに寺へ持って行き、墓参りをする。
おはぎは親戚、隣家などに配る。
四月八日
花祭り。
草餅、白のだんごをあずきあんでくるみ、これを持って寺へ参詣。
五月四日
宵節句。そばを供える。

五月五日
　端午の節句。赤飯、煮しめ、すしなどを作り、かしわ餅とともに供える。しょうぶ湯に入る。
ひな納めは三月と同じ。
五月四日、五日
　氏神大稲荷神社祭典。
五月十七日
　錦織神社小祭。
七月七日
　たなばた祭り。
七月十二日
草市。枝豆、稲、くり、はすの葉、おがら、そうめん、竹などを買い整える。
七月十三日
　朝、精霊棚を飾る。きゅうり、なすで牛馬の形を作り、はすの葉の上になすのさいの目切りを盛って供える。
　夕方、おはぎを作ってあげ、寺へお参りしてきて後、門火をたいて精霊を迎える。
七月十四日
　朝、白飯、なすのごまじる。昼、そうめん。夜、煮しめ。

七月十五日

朝、赤の御飯のおにぎりと煮しめを重箱に詰め、弁当仕立てにして供える。

昼は仏が外出のため、魚を総菜に使う。夜、精進揚げを作り仏に供える。

この弁当は仏様が買物に出かけるためのものだそうである。どこへ買物に行くのかと聞いたら、神田へ行くのだと母はいった。仏様がるすになったすきに魚を食べて栄養をつけるというのはなかなかうまく考えたものである。

七月十六日

朝、茶飯、豆腐のあんかけじるを供えた後、浜へ精霊の飾り物を持って行って送る。

夜、大だいまつ。

九月彼岸

春に同じ。

十五夜

秋の七草。だんご十五、豆腐、さつまいも、くだものなどを並べた卓を縁先に出して月を祭る。

夜、煮だんご（芋、大根、だんごの味噌汁）を食す。

十三夜

だんご十三、くりその他の供え物は十五夜に準ずる。

夜、あずきだんご（里芋、だんごをあずきあんでくるむ）を食す。

十一月二十日

えびす講。

朝、赤飯を福神に供える。

夜、口取、さしみ、焼きざかな、うま煮、ちょこ、酢の物、吸物などを作り、知人を招いてもてなす。近所の子供にみかんをまき与える。

えびす講は普通十一月二十日であるが、互いに招いたり招かれたりするつごうもあって、わたしの家では十二月一日に決まっていた。

この日は朝早くから料理人が弟子を連れてやってきて、きんとん、ようかんその他全部の料理を作る。七、八十人前も作ったと覚えている。

夜になると客がやってきて店にずらりと並び、福神に商売繁盛を祈り祝宴になる。ちょっとした婚礼の料理みたいなものを家族、店の者全員に一人前ずつつける。

十二月八日

八日節句。一つ目小僧が山からとんでくるという、その魔よけに目ざるにひいらぎをさし、棒の先につけて立てる。

夜、赤の御飯とむしつ汁を神に供える。

十二月十七日

夜、飯泉観音へ参詣。帰りにだるまを買ってくる。

冬至《とうじ》
夜、ほろふき大根（ごまみそ、砂糖みそ）、湯豆腐を食べる。
十二月二十五日
餅つき。おろし大根、あずきあんでからみ餅を食べる。
十二月二十八日
餅切り。夜、しるこを神に供える。
十二月三十日
門松、お飾りをすませる。煮しめ、きんぴら、黒豆（しみこん、こぶ、はす、かんぴょうなどを入れる）、数の子、口取などを作り、正月の用意をする。
十二月三十一日
大みそか。夜食にみそかそばを食す。
すべて月のみそかには必ずそばを食べるのを例とする。

仙石原瓶酒四方山話

解説

昭和九年、わたしが図書館に入ったころ、小田原には古老あるいは町の御意見番といわれる人は何人かいた。片岡永左衛門、岩下清之助、松隈義旗、柏木正賢、山田又市、小川量祐などである。館長が町の功労者松岡彰吉であったし、わたしの祖父や父とも懇意な間柄であったためか、これらの人たちはよく図書館へ遊びにやってきていろいろな話を聞かせてくれた。

磯部平七さんもその一人であった。図書館へきたのは昭和十五年あたりから十二、三年間のことで、磯部さんが六十五歳から七十七、八歳ぐらいの年齢であったと覚えている。磯部さんの経歴についてはわたしはよく知らないが、父親は幸町で酒商を営み、御用邸の御用商人をつとめていた。

明治末期に町会議員や足柄下郡教育会評議員などの公職についているが、磯部さん自身そう表立ったことは好みに合わなかったらしく、もっぱら政界の裏方さんとして活躍していたようである。

『神静民報』や『小田原新聞』によく寄稿しているが、その中に

「愚老の母方の祖父号を春陽舎永里といって、川柳では江戸でちょっと知られていたらしい。そのせがれ、つまりわたしの伯父は角力の立行司で引退年寄となり、荒磯浪五郎といった。先

ごろ引退した横綱照国は荒磯を襲名したが、伯父の荒磯から五、六代目だろう。この伯父も祖父同様俳句川柳に親しみ、経営の料亭は伯母まかせ、俳句川柳で日を送っていたのんき坊だった。」

と書いている。

その血を引いたものか、磯部さんはずいぶんしゃれっ気たっぷりの人で、演芸界、花柳界の裏話や江戸小話などを新聞に連載していた。そうかと思うと、「御用邸の話」「小田原巷談」など、むかしの思い出も書いた。

晩年、仙石原に移り住んで仙石原瓶酒と号したが、そのころ一度新聞に発表した原稿を新しく書きなおして、わたしのところへ持ってきてくれた。その原稿は図書館のわたしの寄贈書の中に保存されている。

「御用邸の話」は筆者以外だれも知らないことであるし、「昔の小田原通筋」は明治期本町通りの町の様子がよくわかるおもしろい記録である。図書館にあるといってもちょっと目につきにくいし、特にわたしのところへ届けてくれた磯部さんの気持ちもはかって、あえてここに紹介することとした。

磯部さんは仙石原に移ってから図書館にくるのも次第に間遠になり、便りもなくなってその亡くなられたこともずっとあとになって知った。

記憶がよく、話し上手の人であった。

一、小田原御用邸の話

御滞留各皇族の御逸話の一端

この稿を書くについて、御用商人であったわたしの父のことにも触れるので、自己宣伝のようだが、御了解願いたい。当時はなにせ約六十年も前の事、多少年月等誤りがあるかも知れぬ。御用商人として生存者はわたし一人となったので聞くすべもない。御許しをいただきたい。

明治から大正にわたり小田原へは各皇族がしばしば御滞在になった。皇室では明治二十一年皇女御生誕常宮昌子内親王と申し上げる。続いて明治二十三年、皇女御誕生周宮房子内親王と申し上げる。明治大帝は佐々木高行侯を召され、「卿が子供と思い両宮を養育せよ。」と仰せられたと拝聞する。侯は両宮御養育主任を拝命したが、そのほか御用掛として園基祥伯、加賀美光賢の両氏が奉仕した。

御殿は芝高輪旧細川侯邸の跡で、高輪御殿と申し上げた。御殿御庭の一隅に赤穂義士大内内蔵之助等の切腹の旧跡があった。

佐々木侯は両宮御避寒の地に小田原を選定、伊藤公別邸滄浪閣を御旅館と定められ、明治二十五年一月、両宮は滄浪閣に成らせられ三月下旬まで御滞在になった。

父は東京時代から伊藤公父君重蔵翁の知遇を受けていたので、小田原旧上幸田の伊藤公隠宅へも出入りし、ヘボ将棋の相手などしていた。その縁故で伊藤家の推挙により両宮御旅館御用商人総代となり御用をつとめた。自然佐々木侯の知遇を受けることとなった。

明治二十八年十一月末と思う。十字町松隈義旗氏が高輪御殿へ参進した。松隈氏は以前から佐々木侯の知遇を受けていた。

侯は松隈氏に「明年の御避寒地として小田原に適当の御旅館があるかどうか、磯部とも相談してほしい。」といった。松隈氏は父と協議の末、当時鈴木善左衛門氏の経営する御幸の浜鴎盟館を選定、父は鈴木氏の内諾を得べく同氏に交渉した。鈴木氏は直ちに快諾された。いうまでもなく、善左衛門氏はわれらの先輩鈴木英雄氏の先代である。

鈴木氏の快諾に喜んだ父は高輪御殿に参進し、佐々木侯に鴎盟館を御旅館に推挙した。これが御取上げとなり、内匠寮竹屋技師の出張となり、下検分となった。父は東京に滞在、小田原に関する御用をつとめ、小田原との連絡係は鈴木氏の親戚で御用商人の鈴木儀三郎に委嘱、万全を期した。一方、鈴木氏は献身的に家屋内修理等竹屋技師に協力し、十二月末にはすべて完備した。これが小田原御用邸造営の動機になったといえよう。

余談だが、当時鈴木夫人は吉兆があり、鴎盟館を産所とされたが、両宮御旅館と決したので、急に万町本邸に移られ、二十九年四月八日めでたく男子を出産された。その赤ちゃんが鈴木十郎氏である。この話は市長みずから語られた。

かくて二十九年一月両宮は小田原へ成らせられ、鴎盟館を御旅館として約三か月御滞在になった。

佐々木侯はつとめて町民との接近をはかられ、町の理事者、功労者で破格の殊遇を賜った人は数多く、したがって町民も敬慕した。自然両宮も小田原御成をまたなくお喜びになったと洩れ伺った。

両宮は夏期は日光御用邸に御避暑遊ばされた。

小田原の御用邸は三十二年だと思うが起工された。

明治三十四年一月、両宮は初めて御用邸に御出になり、以来御成婚まで毎年御成りになった。三十四年五月には、当時皇太子であらせられた大正天皇は小田原御用邸に行啓、約一か月御滞在になった。同年四月迪宮御出誕（現天皇陛下）のため大正天皇御一方だけの行啓で、皇太子妃（貞明皇后）は御産後故御同列ではなかった。

当時の東宮職は供奉人員すこぶる多く、東京輔導有栖川宮威仁親王を始め、東宮太夫中山侯ほか侍従長、武官長等の高官で、その旅館の斡旋に父は骨を折った。ようやく太夫中山侯は無量寺へ、村木武官長は升本別荘を借入れて旅館にあてた。ただし有栖川宮は御幸の浜の野村子爵邸を宮家から借上げられていた。

御滞在中は東京から高官たちの来原する者が多く、小田原はにぎやかで、その余波で花柳界も上景気だった。

東宮は御滞在中よく市中を御散歩になった。その時は有栖川宮と御同行で、御二方とも中折帽という御軽装で、警官の御先行もなく、お供の人もはるか遠くからおつき申しあげた。町民はあとで殿下と気付いたことが再三あった。時には御二方で自転車を乗りまわされた。この場合、お供は人力車で遠くはなれてお供した。まったくの御微行であった。

殿下は大磯へ遠乗りをされ、その為に御病気になった話がある。ある日、両殿下は自転車で御用邸を御出門になった。供奉員は例のごとく市中御散歩と心得、人力車で御供申しあげたところ、大磯まで遠乗りされ伊藤公別邸に御乗付けになった。突然の御成りに驚いた同邸では、幸いに公は庭園を散歩しておられたので、奥へ御案内申しあげ、御休憩になり夕刻御用邸へ還御になった。

門衛の警官は殿下と知り、急いで署と町役場へ連絡、御道筋清掃等をやった時はすでに還御の時だったそうだ。

その翌日、殿下は高度の御発熱で、二三日御熱が低下せず、侍医は東京の橋本綱常博士に報じ、同博士が来原、拝診の結果何かの御過労と拝し、大磯遠乗りの件が判明、博士は「高貴の御身をもって殊に御病後、かかる軽挙を遊ばされるとは――」と御諫言申しあげたという話を洩れ伺った。真実の話らしい。

かくて六月上旬、東京へ御還啓になった。

その後は常宮周宮両殿下が前述のごとくほとんど毎年一月御避寒に成らせられた。

両宮御成婚の後は、皇孫御殿と称せられた。迪宮淳宮光宮御三皇孫が御成遊ばされた。申すまでもなく、迪宮は現陛下、淳宮は秩父宮、光宮は高松宮である。

明治大帝崩御の後は、現陛下は皇太子として高輪御殿へ入られ、秩父宮、高松宮は皇子御殿と称された表町御殿へ御住居になった。

この稿を書きつつある時、秩父宮御他界のニュースを拝承、謹んで哀悼の意を表し奉ると同時に小田原御用邸内における同殿下及び高松宮の御幼時の一端を拝記する。

秩父宮は御用邸内のお堀の魚をお捕りになることをお覚えになり、よく内堀の泥沼へお足を入れてなまずなどを捕られた。捕った魚はお手伝い申しあげた者に料理して下さる。わたしなどもお余りをいただいたこともある。ところが恐れ入ったことだが沼臭く、まずくて閉口した。ある時内舎人《おとねり》の南氏と宮様と何か説がちがった。南氏は「殿下、わたしの説が勝ちましたら何か頂戴できますか。」と申しあげたら、宮様は「もし僕の負けだったら堀のなまずをお前に御馳走する。」と仰言った。南氏は「それはいけませぬ。殿下は皆の者が堀の魚を頂戴することが喜ぶと思召さるるのでしょうが、実は皆内心閉口しております。元来川魚は料理店では池洲《いけす》と申す池へ放ち、数日間は泥を吐かせ、後料理するので美味に頂けます。殿下はその日の内に料理して下さるので実はまずくて頂けません。」とズバ〳〵申しあげた。その時宮様は合点遊ばされ「そうか。」と仰せになり、それ以来魚捕りはお取止めになった、という話をわたしは南氏から直接伺ったのだから真実の話である。

秩父宮様が幼年学校時代、皇后陛下（貞明皇后）が関西へ行啓、御還啓の際国府津を御通過。（たしか六月末と思う。）ちょうど秩父宮様御一行小田原御用邸に御滞在であったので、御対顔のため国府津駅へ成らせられ、列車内で御親子御対面になった。その際、陛下は岐阜県知事から献上の長良川のあゆを秩父宮様に御分配遊ばされた。

その夕刻、御殿御役所から御賄御用日比谷藤助君に急いで酒匂の鮎を納めるよう御用が出た。同君は面喰い酒匂の網福という漁師に御用だと頼み、翌日御用だけの鮎を納めた。その夜の話である。厨司《ちゅうし》の方が日比谷君とわたしに一杯飲みに来給えといわれ、厨司の部屋へ御馳走をいただきに行った。その馳走の中に鮎のフライがあった。厨司の井上氏（厨司とはお料理方）いわく、「秘密だがこの鮎は岐阜県知事献上の長良川の鮎だが、長時間経たので鮮度が落ちお上に差上げられぬ。よって酒匂の鮎を供御にし、長良川の鮎はここで食べる。お上は長良川の鮎と思召しておられるだろうが、これも万止むを得ない。」との話だった。献上物をする人は余程心してすべきだとわたしはつくづく感じた。

高松宮様は御幼時なかなかおいたが烈しかった。ある日調理所で厨司の人たちが料理の最中、うしろのつい立てのかげから水鉄砲で厨司の人に水をかけた者がある。井上は怒って「御用中にふざけるのはだれだ。」とどなった。バタバタと逃げる足音が子供のようだと見たら高松宮様だったので恐縮したと、井上氏の直話である。

まだ書くことがあるがこれでやめる。

御用邸廃止は周知のことだから省略する。

終わりに、常宮殿下は竹田宮恒久王に御降嫁、恒久王御早世、大妃殿下と成らせられ支那事変前薨去された。周宮殿下は北白川宮成久王に御降嫁、成久王は仏国で自動車事故で御他界、大妃殿下に成らせられ、お二方ともまことにお気の毒な御境涯であった。

なお皇室では常宮周宮の御妹富美宮、泰宮の御二方があった。このお二方の御養育主任は林友幸伯で、後両宮は東久邇、朝香両宮家へ御降嫁遊ばされた。この四の宮の御生母は園権典侍である。園刀自は長寿を保たれ、事変当時信州へ疎開されたとの話を聞いた。無論九十歳前後の高齢とかんがえる。

佐々木侯の家は令嗣高美氏早世、令孫行忠氏は事変終結まで貴族院副議長であった。現在は伊勢神宮々司であると聞いた。

二、昔の小田原通筋

昔の小田原人は旧高梨町、宮の前、本町辺を一口に「通り」といい、青物町から須藤町を横町といった。「通り」といったのは、旧東海道の道筋だからだろう。愚老の一家が東京から宮の前に移住したのが今から六十五年の昔、明治二十一年で愚老九歳の坊やだったが、子供心に多少記憶にあることからなぐり書きしてみよう。

通り筋は昔の宿場といったような感じで、女郎家が二十軒も並んでいて、料亭芸妓家等で花柳街ともいえる。夜は素見連で十二時過ぎまでにぎやかだが、裏通りは寂しい。時の鐘の鐘つき堂が新道の入口にあって、今の柏又の所から箱根口までは田圃で、反対の裁判所脇まで田圃続きであった。現在の本町小伊勢屋の向うの道路はない。あの道筋は二十七八年ごろできたので、稲荷様の宮があり、稲荷新道といった。宮小路も幸座（今の富貴座）があったから多少にぎやかだったが、草葺き屋根の農家然たる家が二三軒あった。但し、二十三年の幸座火事の前のはなしである。

通り筋は道幅もせまく、今の十五屋喜寿司の前にお札場が立っていたのは旧藩そのままの風景だ。交通は国府津通いのガタ馬車と人力車、箱根通いのかごも通る。二十二年ごろ鉄道馬車が国府津湯本間開通して、ガタ馬車は姿を消したが、熱海行き湯治客の山かごは通っていた。

電車が開通したのが明治三十三年で、愚老が二十一歳の時だからよく覚えている。同時に市内に電灯が付いて、町の様子が一変したと共に、付近の田圃も徐々に埋立てられ、日露役までには市街地となった。

不吉なことを書くようだが、二十二年ごろの通り筋は用水に不便で、掘井戸も少く、旧水道を家屋内に引込み、食器洗いに使用した家もある。宮の前辺では飲料水を松原神社内の掘井戸へ汲みに行ったものだ。衛生思想の発達していない時代だ。二十三年コレラ流行を極め、小学校を閉鎖し、愚老の家の前など毎日死体を運ぶ人足が五六回通る恐怖の日を送った。この流行は日清役後二十八年にもあった。

通り筋でその当時から存在している家を調べてみると、高梨町で福島屋酒店と川崎氏（川崎氏は八百善という青物商で、後薬屋に転業した。）だけは覚えている。宮の前では寿司米（現

今総菜店)、清水旅館、山田呉服店と、隣りの今井商店、角吉商店、葉婦屋洋品店、丸長酒店、大山屋下駄店だ。

その中で最も古い歴史を持っている家が清水旅館で、昔は小清水、大清水と二軒あって御本陣だそうだ。続いて丸長酒店も古い。先々代長兵衛氏の代には海一丸という親船を有し回船業者だった。葉婦屋は足袋屋だった。角吉商店は商店としては三十三年ごろからだ。

本町では小伊勢屋旅館、伊勢谷理髪店、盛月菓子店だけだと思う。そのうちで小伊勢屋が最も古い家である。三百年からの旧家だと聞いている。

中宿では大甚藤井質店、今井酒店、内川こと山田氏だけだと思う。山田氏の現主人は洋服裁縫業をしておられる。お断りしておくが多少書き残しがあるかもしれない。

ついでにその当時の名のある家で今はない家をあげると、高梨町の青物町から突当たりのところに紀三青物店と、左隣りが佐野屋菓子店、右隣りが源氏という足袋店、その筋向こうが土蔵造りの吉野屋下駄店、西詰が集栄堂菓子店、但しこの店は宮の前亀七酒店跡へ移転した。

宮の前では喜代世屋旅館だけが記憶にある。

本町では片岡旅館、この家も古い家で明治大帝の行在所ともなり、大正天皇御幼時明宮と申されたころ、よく熱海へ行啓され、往復共片岡を御休憩所とされた。殿下が真紅の陸軍式の洋服を召され、養育御主任曽我子爵に抱かれて、二人乗り人力車でお出ましになるのを、愚老は再三拝したから子供時代でも記憶している。

中宿では間中病院の所が中松旅館、その前向こうの元升本別荘が虎屋旅館、その西隣りだと思う近江屋小間物店があった。

小田原の女郎屋は明治二十一年ごろは二十軒もあったが、徐々に廃業または転業して、初音新地開設の時には七軒に減少した。そのうち金昌楼、松本楼は新地で開業したので、通りから移転したのではない。二十一年ごろ女郎屋は、高梨町が高砂楼、大竹楼、鈴本楼、宝屋、飯沢家、叶楼等。宮の前が高橋家、新高、川上、角吉、花本。本町は駒形楼、宝来家、新宝来、菊本、竹本。

中宿の東海、宝石の二軒は二十一年ごろはなかった。高砂楼は横町に琴清という料亭を兼業していたが、三十年ごろ女郎屋を廃業、家屋を合併拡張して琴清館という料亭となった。

鈴本は三十年ごろ本町片岡旅館の跡に移転したが、二三年で廃業し、そのあとに中宿から東海楼が移転開業した。

高橋家、新高の二軒は本家分家で、松原神社入口の表通りに隣りあっていたが、二十三年の幸座火事に焼失し、高橋家は芸妓屋に転業、新高は息子戸塚教太郎氏が今の浜中辺と思う、弥生という料亭となった。その息子さんが興信銀行の隣りで現在骨とう店をやっておられる。

角吉は二十三年廃業、そのあとは天利料理店となって二十七八年ごろ天利は花本跡へ移転、その跡はいろはという女郎屋となった。川上は旅館に転業した。駒形楼は今のオリオン座の隣りだと思う。二十三年ごろ山王の某なる者がなじみの娼妓を殺害した事件があり、間もなく廃業した。

竹本は三十二年ごろ料亭に転業、後二三年で花びし岡田博礼氏の手に移り、うなぎ料理となった。

竹本が女郎屋時代におもん殺しという事件があった。それは二十七八年ごろのことだと、先日故人になった老友茂登山がいった。しかし愚老は知らない。そのおもんなる娼妓は昔の時本の名物女将おやすさんの姉だと茂登山がいったが、年齢が折合わぬ。同氏の考えちがいだろう。しかし、上郡某寺の僧侶が女郎を殺した事件はあったらしい。それと混同して同君はいっておるのだろう。

飲食店、仕出し屋は昔は横町筋にはないといってもよい。通り筋に集まっていた。まず甘党から書く。「そばじゃ橋本、しるこじゃ浜屋」といって、浜屋が名代だが、やはり高梨町に桜屋というのがあった。宮の前では喜代世屋というしるこ屋と、本町で盛月堂が一時しるこをやったことがある。

寿司は宮の前に魚長、料理仕出しもやっていて、後上り客もするようになり、家屋も改築した。愚老東京へふたたび移転後廃業したのだから、いつごろ廃業したか年月が不明である。

寿司米も料理職に転じ、現在は静岡銀行向こうで総菜店をしておられる。同家が宮の前で二十一年ごろから存続している家だ。

松原神社入口の寿司半は新地遊郭ができたと同時に移転した。現主人内田氏は愚老より年長で七十五、六歳、今なおお元気でおられる。

天利は小田原最初の天ぷら屋だ。二十一年ごろは角吉の向こうで屋台天ぷらをやっていたが、角吉跡へ移転、寿司、料理も始め、二、三年で花本跡を買収改築、大衆料理店として小田原唯一といっても過言でない店となった。現在のだるまは天利の分家である。

うなぎは柏又、現在の主人で三代目である。初代又次郎氏は江戸っ子で、成功して名代の店となった。先代倉次郎君の代に多少浮沈はあったが、現主人貞二君に及び繁昌している。

花びしは最初高梨町で営業していたが、本町竹本跡へ移転したのが三十五六年ごろと思う。発展して小田原有数の料理店となったが、博久君の代になって震災その他不幸が続き、同君病死せられて廃業せられたことは友人として痛惜する。

ついでだから書く。青物町の清風楼も古い店だ。

そば屋で今日まで続いているのは橋本だが、別人の経営らしい。宮の前の井筒屋主人はそば米さんという顔役だ。外に欄干橋に東喜庵、宮小路に山口庵もその当時からの店だ。

牛肉は万町に中田家という有名な店があった。ザッと思い起こしただけを書いた。書き洩らしたが、高梨町に刈豆屋という親子丼専門の家があった。

最後に芸妓屋であるが、昔から現在まで芸妓屋は開業廃業数多く書きつくせぬ。思い出しただけホンの二、三を書く。

現在の芸妓屋で六十年の昔から存続している家はない。ただ明治中期に丸家というのがあった。その家から分れて独立した丸梅という芸妓屋がある。たしか日露役の前と思う。繁昌した家で、そこが現在の花柳街でも営業しているそうだ。主人宮島むめ氏といって、現在中宿に隠居していられる。先日はからずお目にかかった。七十七、八歳になられるだろう。現在花柳街で最も古い人は喜久八さんという老妓、四十年も昔花の家という家にいて、独立喜久村家という店を出したことは知っているがまだ健在だそうだ。愚老より年少だが七十近いと思う。

さて明治二十年ごろの芸妓屋はウロ覚えだ。そのころは女郎屋に芸妓がいた家が多くあった。叶楼と思う。福松という人独立して豊田家という店を出し、金芳の屋号で料亭を経営されていた。それと大阪にいた小さん、この人は後に舞踊師匠中村増芝である。扇家の三吉、独立して三つ扇の屋号で宮の前にいたが廃業し、ザクの師匠をしていた。ガチャガチャした人で「目っかち」。盛んなころは女郎屋専門の人だった。あだ名を山路将軍といった。片眼だからだろう。松寿さん、この人は娘を力弥といった。成功して甲子家の屋号で宮の前に店を持ち、後本町に移転した。晩年自分だけは御幸の浜海岸に隠居され、大正七年ごろ病死した。

ザッと書いたが、二十年ごろの芸妓である。そのころの芸妓で覚えているのは宮の前で菊びし、仲家、巴家、少し新しい店だが、花の家、三升家、本町で扇家、分家の末広家、高梨町で豊田家、丸家等だけは思い出した。

わたしなど知らぬが、昔女郎屋に「床背負い女」というものがあったそうだ。外回しの女郎の寝具を公然背負うて往来する。なんでも十七、八年ごろまであったらしい。その時代とはいえ、よく取締られなかったと考える。

附記　二篇とも明治中期のことを書いているが、この原稿を書いたのも、わたしのところへ持ってきたのも昭和二十何年かであった。

ＮＨＫラジオ「趣味の手帖」放送原稿

一、金太郎の話

昭和三十二年五月二日放送

血色がよくって丸々と肥った男の子を見ますと、わたしたちは「まるで金太郎のようだ。」といってほめます。あの腹掛をかけて、まさかりをかつぎ、くまにまたがっている金太郎や、くまを投げとばして大手をひろげている金太郎。あるいは大きなひごいをつりあげている金太郎などの人形を見ていると、わたしたちがちょうど金太郎と同じように、腹掛をかけていた子供のころのことが思いだされて、ひとりでに微笑がわき上がってまいります。

金太郎は普通「足柄山の金太郎」とか「足柄山の金時」とか呼ばれておりますが、この足柄山というのは、箱根の外輪山の中で一番高い金時山から、その北にある足柄峠までの全体をさしている名前であります。

金時山は標高一、二一三メートルあって、全山うっそうとした樹木で覆われておりますが、一塊りの集塊岩でできておりまして、ほかの山々がなだらかな柔い感じを与えるのに対して、まことに特異な形をしており、「突こつとしてそびえる」という形容が、ぴたりと当てはまるような男性的な山であります。

これを遠くからながめると、その形がいのししの鼻によく似ているというので、古くは猪鼻嶽と呼ばれておりました。

頂上は、神奈川県の足柄上郡と足柄下郡と、それに静岡県の駿東郡と、三つの郡の境界に当たっておりまして、ここに育った金太郎すなわち坂田の金時の伝説も、三郡それぞれに異ったものを持っております。

今から百五十四年前の享和三年に出版されました『前太平記』という本に出ているものが、一番広く伝わっているようであります。

それによりますと、天延四年とありますから今から九七一年前のことになりますが、上総の太守であった源頼光が都からのお召しによって上洛する途中、足柄山にさしかかって秀麗な富士やあたりの山々の景色をながめていた時であります。ふとはるかな山の中腹に赤い雲がたなびいているのを見て、あの下にはきっとすぐれた人物が隠れ住んでいるにちがいない、というわけで、渡辺綱に命じて探させるのであります。果たしてそこには六十歳あまりのうばと、姿形は子供のようでありますが、二十歳ばかりの青年がおりましたので、綱は二人を頼光の前につれてまいります。頼光はこの青年が人並すぐれた者であるのに驚いて名前をたずねますと、うばは自分は年久しくこの山中に住んでいたが、ある日山の頂きに寝ていた時に、夢の中に赤竜と交り、雷鳴がとどろいて眼がさめた。これはその時の子供で、生まれてからもう二十一年になるが、まだきまった名前はつけていないと答えます。そこで頼光は坂田金時と名を与えて、家臣として召抱えたのでありますが、御承知の通り、その後金時は渡辺綱、卜部季武、碓井貞光とともに頼光の四天王と称せられ、あの大江山の酒呑童子退治をはじめとして数々の武功をあらわしたのであります。

これが一般に伝えられている話でありますが、これによれば金時は二十一歳まで名前がなかったわけで、金太郎という名のいろいろのおとぎ話は、江戸時代の赤本や草双紙の類、また民間伝説などから出たものと考えられております。

もう一つ、近松門左衛門の書いた浄瑠璃の「嫗山姥《こもちやまうば》」は正徳二年の作でありますから、この『前太平記』の話より九十年も古いものでありまして、ここでは金時は怪童丸という名で出てくるものであります。駿東郡の小山町方面に伝っている金時伝説には、この中の話が多分に混じりあっているようであります。

ところがここにもう一つ足柄上郡に別の伝説があります。

現在は開成町となっておりますが、上郡に酒田村というところがあって、金時はこの酒田村の豪士の西村義家の子として生まれたことになっております。義家は力量が衆にすぐれており、住民の評判もきわめてよかった人でありますが、よこしまな伯父のために襲われて殺害されます。金時はうばの背におぶさってその生家を落ちのび、さらに追っ手を免れるために猪鼻山へ逃げ、大岩の下に小屋を作り、ここで数年の間うばに育てられたというのであります。

金時山は酒田村からは真向こうに見ることができるばかりでなく、酒田村に金時屋敷という地名も残っているところからこの話が生まれたのでありましょう。

いずれにしましても、金時山をめぐっていろいろな話が伝えられておりまして、したがってまた、遺跡もこの伝説的英雄にふさわしいおもしろいものがたくさんあります。

小田原からバスにのり約一時間で仙石原に着きますと、金時山はすぐ頭の上にそびえております。このバスの停留所から長尾峠の方へ約二十分ばかり行くと金時神社の入口に達します。そこから二、三百メートルで金時の手まり石があり、さらに少し登ったところに金時神社があります。五月五日が例祭日ですから、明後日公時祭が行われますが、この神社は金時が山の上からけ落としたけまり石という岩の上に建っていて、その前に大きなまさかりが安置されております。神社の裏手へまわってなお登りますと、今度はうばと金時が夜露をしのいだ岩小屋の跡だといわれる宿り石がありまして、うばが眼を患った時に、ここから姥子の温泉へ湯治に通ったと伝えられております。

道はこの辺からだんだん険しくなって、あえぎあえぎようやく山頂にたどりつくのですが、頂上の展望は実にすばらしいものがあります。南側は箱根の山々にとりかこまれた仙石高原や芦の湖を一望することができますし、西には裾野から頂上まで、さえぎるもののまったくない富士の全容を仰ぐことができます。さらに眼を転ずると、足柄峠の向こうには丹沢山塊が連なっていて、その果ては相模なだを隔てて、房総の山まで続いております。まことに雄大で、気持のよいながめであります。

金時はおそらくこの頂上で、くまやいのししと角力をとったことでありましょうし、またけだものたちをしたがえて、乙女、長尾の屋根続きの道を遊びまわったことと思います。そしてまたある時には、はるかかなたの芦の湖まで仙石原の原っぱを駆けっこしたかも知れません。そんな金時を想像すると、何かしら胸がすうっと開ける思いがして、芦の湖まで一っ跳びに行けそうな気にさえなってくるのであります。

頂上のまんなかには、猪鼻社と金時社とそれにもう一つ小さいのと、三つの石のほこらがあり、南側には金時のふんばり石、北側の岩の陰には一軒の小屋があります。この小屋には小見山妙子さんという娘さんが一人で住んでおります。小見山さんは昭和二十三年、十五歳の時に山に入って、今日迄たった一人でここに住み、毎日山を掃き清めたり、登山客にお茶を出したりしております。それが評判になって金時娘として新聞その他で幾度も紹介されておりますので、御承知の方も大勢いらっしゃるとぞんじます。

猪鼻社のことを、金時がいのししとすもうをとり、誤って岩に投げつけて殺してしまった。そこで、その鼻をまつったのがこれだと小見山さんは説明してくれました。

頂上から足柄峠へ下りる道は最も険しく、それこそ木の枝につかまりながら下るのですが、下りきってしまうと足柄峠までなだらかなかや戸の尾根が続きます。

足柄峠は平安時代の公道であったいわゆる足柄道の関東へ出る峠で、付近にいろいろ遺跡がありますが、この峠から静岡県の方へ下ると竹の下に達します、そこから小山町へかけての一帯には金時の誕生地をはじめとして、金時の遊びにくるのをさるが待っていたというさる待合、うばが金時を迎えに出ていたと伝えられる「子迎えのうばの掛石」など、数々の遺跡が散在しております。

中でもおもしろいのは、沼子という沼であります。金時は山でばかり遊んでいたわけではなく、鮎沢川とか野沢川という川や、この沼子でよく水遊びをしたのであります。

ある日、沼の淵に遊んでいると、沼の主といわれている大きなひごいが出てきたので、金時はドブンと飛び込んで行って、いきなりこのこいに抱きついたのであります。こいはびっくりして振り切ろうとしましたが、さすがの主も金時の力には到底及ばなかったというのであります。大ひごいにまたがって意気揚々としている金時の人形と思い合わされて、まことに興味深いものがあります。

さらにおもしろいことには、金時はくまとすもうをとって、一度だけ負けたことがあります。それは小山町に保存されていたという、金時の手突石と呼ばれるもので、ある日、熊と角力を致しましたところ、足がすべってこれは金時の完全な負け、くまの得意や思うべしでありますが、その時、金時が手をついた石に指の跡が残ったといわれておりまして、まことに愛きょうのあるお話であります。

このように金時は愉快な話や遺跡を残しておりますが、駿河志料には「頼光卒去の後、帝都を辞し故郷へ帰り山に入り、終に終る所を不知」とあって、金時らしい生涯を終わっているのであります。

今その一生を振り返って見て、わたしは頼光の四天王として武功をたてた金時、つまり大人になって偉くなった金時よりも、けだものたちを相手にして足柄山を駆けまわっていた金太郎の方に、はるかに深い親しみと愛着とを感じるのであります。

小田原には農聖と仰がれる二宮尊徳先生が生まれておりますが、その出生地である栢山からは明神が岳の肩のところに首を出している金時山を、朝な夕な仰ぐことができます。二宮先生のお父さんは金太郎にあやかって、その弟という意味で、長男の先生に金次郎という名をつけたのではなかろうかと、郷土史研究家の中野敬次郎氏がいっております。あのだれにも愛される天真らんまんな金太郎を考えると、これも一説として無理なくうなずけるわけであります。

おそらく皆さんも金太郎に対して同じような感情をもたれることと存じます。ことにお母様方は金太郎の純真さにひとしお心ひかれるものがあろうと思います。

「こどもの日」でもある端午の節句をひかえて全国の子供たちが金太郎のように、すこやかに伸びてゆくことを念願する次第であります。

二、梅干の味

昭和三十九年七月二十四日放送

梅漬の名物とてや留め女

口を酸くして旅人を呼ぶ

十返舎一九は「東海道中膝栗毛」の小田原のくだりで、弥次さんにこう詠わしております。小田原で梅干が作られるようになったのは、北条時代のことといわれておりますが、そのころはもっぱら軍用に供されていたものと考えられます。江戸時代に入りますと、東海道五十三次の難所といわれた箱根越えの旅人が渇をいやし、弁当の腐敗を防ぐために使用するようになりました。また雲助などは裸一貫の生活をしながらも梅干だけはかかさなかったといいますし、霧の多い山道では梅干を口に含んで息を吐きだせば、霧がはれて危難をまぬがれるともいわれたものでありました。

このような背景をもって小田原の梅干は作られてきたのでありますが、江戸時代に小田原から国府津、二宮へかけての神奈川県西部の海岸に塩田があったこと、小田原産の梅が肉が厚く核が小さく肉ばなれがよかったことなどが、その発達をうながしたのであります。しかも、今から百八十年ほど前の天明年間に砂ほこり除けとして紫蘇を巻くことがはじめられました。このまた紫蘇が小田原付近のものは葉が薄く、軸がやわらかくて、きわめて良質のものでありますので、これを巻いた梅干はまことに風味に富んでおりまして、ここに小田原特有の紫蘇巻梅干ができあがり、名産として知られるようになったのであります。

したがって、梅の木は昔から武家屋敷といわず、町家といわず、どこの家にも植えられておりました。わたしの子供のころ――といえば大正のはじめということになりますが――そのころには、わたしの家の地所内にも二、三十本の梅の木があり、隣りの家にも、そのまた隣りにもあるという風でした。それが市の発展とともに土地が少なくなってまいりましたので、今は町なかにはほとんどなくなり、天守閣を中心とする城址公園に観賞用の梅があり、食用のものとしては農家地域の方にたくさん植栽されているのであります。

こういう風でございますから、昔はどこの家でも自家用の梅干を作ったものでありまして、わたしの家などは店と奥と合わせて二十五人という大家内で、その一年分を賄うのですから、梅の量もなまやさしいものではなく、毎年四斗樽に三杯四杯と漬け込んだものであります。

ちょうど七月から八月にかけての土用に梅を干すのでありますが、これがまたたいへんで、裏の庭に畳三畳敷ぐらいの干し台を二つも作ったものであります。

朝、この台に並べた梅は昼ごろになりますとすっかり乾いてまいります。それを一粒一粒ひっくりかえして、裏側を日に当てるのですが、カンカン照りつける太陽の下で真っ裸になってやるのですから、背中はピリピリ焼けるし、梅から立ちのぼる酸っぱいにおいがむっと鼻をついて、むかむかしてくることもあります。

中村汀女さんの句に

梅干して人は日陰にかくれけり

というのがありますが、ギラギラするような真夏の光りと、真っ黒い日影との明暗がみごとに表現されていて、きわめて印象的な俳句と存じます。

八月半ばになると紫蘇巻がはじまります。手のすいているものは総がかりで、暑中休暇で遊びたい一心のわたしももちろん手伝わされたものであります。

出来上がりが六角になるように巻くのでありますが、子供のわたしには紫蘇と梅の大きさとがうまいぐあいに合わず、小さい紫蘇で大きい梅を無理にくるんで破いてしまったり、その反対にまるで紫蘇ばかりというような梅干を作ってしまったりしたものでありました。それでも慣れてきてきれいに六角形に仕上がるようになると、皆に見せびらかしたりいたしましたが、上手に巻けたときには何かお人形さんに着物を着せるような感じがしたものであります。巻いている間に頬っぺたがかゆくなったりしますと、赤く染まった手でかくわけにもゆかず、ことに眼の中がかゆい時などは大いに困ったものでございます。

こんな風に梅を巻いたりしていながら、食べるのは嫌いでありましたが、戦時中、食糧が不足したからでありましょうが、中年からは好物になってまいりました。

わたしが図書館に勤めている関係から、郷土研究ということで梅の資料をあさり出したのはそれからのことであります。

小田原には梅干のほかに梅にちなんだ漬物があり、また梅のお菓子がいろいろありますが、資料を調べてゆくうちに、昔から梅が漬物、菓子、飲料に実によく利用されているのに驚かされました。ことに「梅干の天ぷら」という料理にぶつかった時には、こんなものまであるのかとびっくりしたものであります。これは普茶料理の前菜にあたるものだそうでありまして、梅を一昼夜水煮をして酸味をとり、さらに一昼夜、白ザラメをとかしたぬるま湯につけてから、衣をつけて揚げるという、なかなか手のかかる料理であります。非常な珍味だというので是非試みてみたいと思いますが、どこの料理屋で食べさせてくれるのかわかりませんし、家庭で作るには余程道楽気分を出さないことにはいけませんので、当分見込みはありません。

もう一つ十四、五年も前のことになりますが、驚いたことがあります。それは昭和二年に東京日日新聞社から発刊された『味覚極楽』という本があります。その中に大村正夫氏という医学博士が「梅干の禅味境」と題して、六十年前の梅干を食べた話を書いていることであります。十年とか二十年とかいうのならともかく、六十年とはあきれざるを得ません。それだけならよかったのですが、あきれたとたんにわたしはムホン気を起こしました。

ほかの土地の人が六十年漬の梅干を食べているのに、名産地として自他ともに許す小田原に生まれ、そして育ったものが、その味を知らぬとあってはは ずかしい。一つ自分も何とかして探しだし、味をみてやろうととんでもないことを考えた次第であります。

さあそれからは逢う人ごとに六十年漬の梅干はありませんかとたずねてみたのですが、これはそうおいそれとあるはずがありません。それでもわたしは根気よく探しました。

ところがある日のこと、古老として郷土のことを教えていただいている御老人が図書館へお出でになった時、この話をいたしますと、至極あっさりと「それなら家にあるよ。」といったものであります。あまり手近にありすぎたので、わたしは喜ぶよりもむしろひょうし抜けをした形でした。それから二三日経ってその老人から名刺に添えて梅干の小どんぶりが届けられました。

どんぶりの中には、黒味がかって艶のなくなった紫蘇にくるまれ、コロコロした感じの梅干が二十粒ほど盛られておりました。梅干はＡＢＣと書いた紙で三つに区分されておりましたが、三種とも少しずつ色がちがっておりました。

名刺の裏に鉛筆でこう書かれてありました。

二十年終戦直前頃、地中へ保管を計り、その際混同せし由なり。その罪人たる女房の覚束なき認めにより三種に区分摘出、甚だ僅少。
Ａ、二十年位（女房来て漬込の由）
Ｂ、三十年以上（女房来る前）
Ｃ、六十年以上（女房知らずとの事）
一粒ずつなり。味いて貴兄の研鑽にまかす。

わたしは恐る恐る、まるで珠玉をでも扱うように、はしの先に六十年漬の一粒をはさんで、そっとさらの上におきました。わたしよりもはるかに先にこの世に生まれた梅干、ポツンとさらの上に置かれた梅干から、何か閑寂の気が立ちのぼり、それが四辺にひろがって行くかのように、その時わたしは感じたものであります。

静かに紫蘇を開きました。梅干は黒味を帯びた濃い海老茶色をしていて、時代のついた朱塗りの椀の色のようでありました。肉は乾いて固っておりました。

口に入れると普通の梅干とちがって、ねばっこさがなく、きしきしと歯ごたえがあります。舌の上をころがしながら肉をはがすと、はじめから肉と核との間に隙間があったかのようにホロリと分かれました。掌に受けた核は肉よりもさらに黒っぽく、表面はすぐ乾いて、すべっこくなりました。

気をしずめてゆっくり味ってみると、梅干特有の酸っぱさはほとんどなく、ぐあいのいい辛さと、それにほのかな甘さがありました。

美味しいかと聞かれると困りますし、まずいかといわれるとそうでもない。ともかくとくべつな、今まで味ったことのない味でありました。

大村博士は「その味は枯淡なもので、梅干がゆにしてしみじみ食べてみて、梅干の味もここまで行くと禅境に入っていると思った。」といっております。わたしは禅はやりませんからわかりませんが、そういえばあるいはそうかも知れない。俳句でいえば芭蕉の味とでもいうのではなかろうかと思いました。

その後、さらに一粒食べてみましたが、第一印象ほどではありませんでした。また三十年漬には大したちがいはありませんでしたが、二十年漬の方は酸味と辛味がいくらか強かったようであります。

ともかく、わたしはこの古老のお蔭で思いがけなくも六十年漬の梅干の味を知ることができました。しかし、この味は最早梅干の味ではない。梅干の味を超越した人為的にはできない味であると思ったものであります。

そして、本当においしい梅干、梅干らしい梅干の味は別にあるとわたしはいいたいのであります。七、八年から十年ぐらい経った梅干の味がそれであります。

たいていの方はせいぜい三年ぐらいまでのものしか御存じないのではないかと思いますが、一年の梅干には舌をさすような酸味があります。二年三年と経つうちにだんだん枯れてきて、五年ぐらいになると相当おいしくなります。

それが十年の声をきくと、実に何ともいえないうまさが出てくるのであります。わずかに残っている酸味はさわやかな感じを与えますし、よくうてた辛味と、にじみ出てくるような甘さとは、どんなに優秀な板前さんでも創り出せないだろうと思います。

ここまでくれば正に絶品というべきで、この梅干をちょっぴり御飯につけて食べると一層食欲が出て参りますが、夏の朝など顔を洗ったあとで、黄金色のお茶をすすりながら、白雪のごとく砂糖のかかった梅干に向かいますと、涼味おのずから起こる感があります。わたしはこれこそ、われわれ凡人の口に合う最高の梅干だと思っております。

三、さかさ桃太郎

昭和三十九年七月二十五日放送

毎日お暑い日が続いておりますので、今夜は一つ銷夏随想ということで、さかさ桃太郎という大人の童話をお話しすることにいたしました。これはわたしの創作ではございません。たしか昭和二十三年ごろでありましたでしょうか、ある大衆雑誌の黄色いページにのっていたもので、どなたがお書きになったものかわかりませんが、非常におもしろかったので、今でもわたしの記憶に残っているのであります。例のおとぎ話の桃太郎を全部ひっくりかえしたもので、最後に桃が流れて行ってしまうか、皆さんも頭の中でお考えになりながら、お聞きとりのほどを御願いいたします。

むかしむかしあるところに、おじいさんとおばあさんと桃太郎と、それから犬とさるときじがいっしょに住んでおりました。

桃太郎の家はまるで御殿のように大きく立派で、裏の方には蔵がいくつも並んでおりました。そして、その中には金、銀、さんご、あやにしき、お米やみそ、しょうゆ、お酒までもが、ありあまるほどしまってありました。

桃太郎の一家はきれいな着物をきて、おいしいものを食べて、毎日遊んで暮らしておりました。お金はありますし、食べ物もあるのですから、働く必要など毛頭ありません。桃太郎一家にとっては遊ぶことが生活でした。

皆さんはまことにうらやましい暮らしだとお思いになるかも知れませんが、ところが左にあらずで、毎日遊び暮らしていながら、おじいさんもおばあさんも桃太郎も、犬もさるもきじも一向楽しくありません。

「何かおもしろいことはないかなあ。」

桃太郎はため息をつきながら、おじいさんとおばあさんにいいました。

「そうだなあ——何かないかなあ。」

おじいさんにもいい考えが浮かんでまいりません。

庭の方でも犬、さる、きじがやっぱり「つまらないなあ。」と話し合っております。

朝眼がさめると今日一日をどうして暮らそうかと、みんな頭をかかえるのです。

桃太郎はどうしたら楽しく暮らせるか、みんなで話し合ってみようと考えました。

床の間を背にした座長席に桃太郎がつきました。

「さて皆さん、わたしたちの生活はちっとも楽しくありません。楽しいどころか、自分で自分を持てあましております。これは一体どうしたらよいでしょうか。」

桃太郎はみんなの顔を見まわしました。

「もっと面白い遊びを考えだせばいいじゃないか。」

そそっかし屋のさるがいいましたが、犬に
「たいていのことはやってしまったじゃないか。」

と突っこまれると、「うう……」とつまってしまいます。皆だまってうつむいて、時々そうっとほかの者の顔をながめるばかりです。

「わたしはこう思うのだが――」

とおじいさんがいいました。

「あの蔵の中にある宝物な、あれは魔性の物だと思う。あれがある間じゅうはどうにもしようがないような気がするのじゃよ。」

「それはどういうわけですか。」

桃太郎はひとひざのり出しました。

「本当のおもしろさとか、楽しさというものは遊んでばかりいては得られないような気がする。苦労して働いてそのあとでの遊びでなければ、本当におもしろくないんじゃないかと思うところがあれがあると働くのがいやになるから不思議だ。やっぱりあれは魔物だ。」

「なあるほど、その通りかも知れませんね。しかし、働いたあとは本当に楽しいでしょうか。」

「それは楽しいだろうよ、『苦は楽の種』という言葉があるそうだから――」

桃太郎はしばらく考えておりましたが

「どうだろう、皆、宝物があったって働けないことはない。あれはそのままにしておいて一つ働いてみないか。」

皆、それがいいそれがいいと賛成いたしましたが、さてやってみると、どうも本気になって働くことができません。

「魔物かなあ、やっぱり。」

こうなると魔物と同居していることがこわくなりました。

「あの魔物をどこかへ捨ててきたらどうだろう。」と桃太郎がいうと、おばあさんが
「だって桃太郎、いい加減なところへ捨ててくると、それを拾った人がまた魔物にとりつかれて気の毒だよ。」

「あっそうか。それじゃ一体どこへ捨てればいいんだろう。」

皆、黙ってしまいました。するときじが
「ありますよ、ありますよ、いい所が。海の向こうに鬼が島という島があります。その島へ持って行って、悪い鬼共に魔物をとりつかせてやったらどうでしょう。」

これには皆大賛成です。

桃太郎は魔性の宝物を鬼が島へ捨てに行くことにきめて、その準備にとりかかりました。

いよいよ出発の日がまいりました。

桃太郎この日のいでたちは、ひおどしのよろいの上に大きな桃の定紋をうった陣羽織を着こ

なし、背中にさした「日本一」の旗印しを風になびかせて、まことにさっそうたる武者振りです。

桃太郎の手にした日の丸の軍扇がひるがえると

車に積んだ宝物
犬がひきだすエンヤラヤ
さるがあと押すエンヤラヤ
きじが綱ひくエンヤラヤ

とばかり、桃太郎の一行は鬼が島へ向かって出発いたしました。


お話変わってこちらは鬼が島。

赤鬼大王は家来の青鬼どもを集めて大評定です。

「情報によれば桃太郎という小わっぱが魔性の宝物を鬼が島に捨てに来るそうじゃ。人間がもてあましているところをみると、よっぽどの代物にちがいない。そんなものを捨てられては鬼が島の破滅じゃ。よいか絶対に城門のうちに入れてはならんぞ。」

と厳重に防戦の手くばりを命令いたします。


鬼が島についた桃太郎はただちに進撃を開始いたしました。まずきじが勇ましく飛び立ちました。さるは城門の柱をするするとよじのぼって中へ姿を消しました。空と陸との共同作戦はうまく図に当たって、間もなく城門はギーッと開かれます。待ちかまえていた桃太郎と犬はそれっとばかり躍り込み、赤鬼青鬼どもをバッタバッタと斬り立てます。その勢いに恐れをなして鬼どもは総くずれです。

赤鬼大王はこの敗戦に歯がみをなしてくやしがり、鉄棒をおがらのごとく振りまわして打ってかかります。戦うこと数十分、いかなるすきを見出たしましたか桃太郎、大王の手もとへととび込んで、エイッとばかり投げとばしとっておさえ
「さあ、どうだ、降参するか。」

「降参、降参、命ばかりはお助け願います。」

「よろしい、命はとらぬ。そのかわりわたしの持ってきた宝物を受けとるか、どうじゃ。」

「仕方ありません。頂戴いたします。」

というわけで、桃太郎は魔性の宝物を鬼が島へ捨てることができました。

大成功をおさめて、桃太郎は帰途につきましたが、たくさん用意してきた食糧もすっかり食べつくしてしまって、山路へさしかかった時には空腹で一歩も歩けなくなってしまいました。

「桃太郎さん、何か食べるものはありませんか。」

「おなかがペコペコです。」

犬もさるもきじも道ばたに座りこんでしまいました。

「よし、何か探してきてやるから待っておいで。」

桃太郎はわき道へ入って行きますと、山陰に一軒の家のあるのが眼に入りました。近づいて中をのぞきますと、中ではちょうどおばあさんがきび団子を作っているところでした。

「おばあさん、そのお団子はおいしそうですね。」

「ああ、おいしいとも、日本一のきび団子だもの。」

「少しわけて下さいませんか。お礼にこれを差し上げます。」

桃太郎は腰の刀を差し出して、きび団子をわけてもらいました。

もとの所へ帰ってきて
「さあ、日本一のきび団子をもらってきたよ。」

犬、さる、きじはわれ勝ちにきび団子をほおばりました。

「あ、まずいまずい、桃太郎さん、こりゃなんですか。」

いくらおなかがすいていても、今までおいしいものばかり食べていた犬、さる、きじの口にはとてもあいません。

「こんなまずいものなんかとても食べられません。わたしは一人で探してきます。」

といって、犬は山の中へ入って行ってしまいました。それに続いてさるもきじも
「わたしたちもそうしよう。桃太郎さん、さようなら。」

と口々に別れをつげて姿を消して行きました。

一人ぼっちになった桃太郎はとぼとぼと家に帰ってまいりました。

おじいさんもおばあさんも大喜びで迎えてくれましたが、金、銀、さんご、あやにしき、皆鬼が島へ捨ててきてしまいましたから、遊んでいては生活ができません。

そこでおじいさんは山へ賃仕事の柴刈りに行き、おばあさんはおばあさんで川へこれも手間取りの洗濯に行って、その日その日を暮らすことにいたしました。

こうして三人は細々ながら、それでも楽しい生活をしておりました。桃太郎は自分は何もせずにブラブラしているのが心苦しくなってまいりました。

「よし、わたしも一つ働きに行こう」

そう決心して、おじいさんが山へ、おばあさんが川へ行っている留守に書置を残して遠い所へ出かせぎに出て行きました。

おじいさんとおばあさんは帰ってくると桃太郎がおりません。座敷のまんなかのちゃぶ台の上に書き置と桃の実が一つおいてあります。

「おじいさんとおばあさんに働いてもらっては申し訳ありませんから、わたしも出かせぎに行ってまいります。この桃を庭にまいて、それをわたしだと思って待っていてください。」

と書置にしるされてあります。

おじいさんもおばあさんも涙にくれておりましたが、やがておじいさんは

「書置のとおり桃を庭にまこうよ。」

と桃を持って立ちかかりますと

「あっ、おじいさん、桃は種をまけばいいのでしょう。せっかくだから実を二人で半分コにして食べましょうよ。さ、ちょっときれいに洗ってきましょう。」

おばあさんは桃をもって裏の小川のところへ行き、手をのばして洗おうとすると、するりとすべって桃はポッカリコ、ポッカリコと流れていってしまいました。

これでおしまいでございます。

桃はみごとに流れて行ってしまいましたが、これはお話としておもしろいばかりでなく、遊びやお金に関していろいろ考えさせられる問題も含まれておりまして、このまま捨ててしまうのはまことにもったいないと思いましたので、御紹介したわけでございます。皆さんいかがでございましたでしょうか。

あとがき

『小田原叢談』は先述したように、『神静民報』や『小田原史談』などの新聞、雑誌など多方面に書いたものをまとめたものであるが、これが全部とは言えないかもしれない。「叢談」と言わなくとも、これに含まれるものが散見される。つまり、明治~昭和期に関する「小田原史話」はまだいくつかあると思われるので、いずれそれらを『小田原叢談』拾遺としてまとめられないかと考えている。

また、父の原稿は「三世相紅燈閑話」、「改訂小田原のうた」など、いくつか残っている。これらもいつかは出版できないかと思っている。

大分時間が経ってしまったが、取り敢えず『小田原叢談』により近代以降の小田原を知ってもらいたいと考えたのだが、それは小田原に関する資料が極めて少ないことにある。明治期では『函東会報告誌』や片岡永左衛門氏の『明治小田原町誌』などしかない。事実に添うものかどうかとか、いろいろな見聞、体験をお持ちの方が多々いられると思う。本書がみなさまの話題の一助になればと願っている。

構成については、原稿を三章に分け、大見出し、小見出しを付け、読者の方の読みやすさをと考えたので、原稿の順序通りではない。また、旧字体を新字体に改めたところがあるが、原則として原文通りを心がけた。

最後に、この原稿の所在調査や原稿のデータ化には小田原市立図書館の星野和子氏には多大なお世話になり感謝申し上げる。また、「夢工房」の片桐務氏には出版まで様々なお世話になりました。お礼を申し上げる。

妻の華子には本作製までの様々な手続きや作業など、日常的に世話になりました。記して感謝したい。

令和二年（二〇二〇年）三月

石井　敬士

著者略歴

石井　富之助（いしい　とみのすけ）

明治三九年五月七日　小田原に生まれる
大正一三年　県立小田原中学校卒業
昭和三年　早稲田大学専門部政治経済学科卒業
昭和九年二月　小田原町図書館就職
昭和二一年　図書館長、二七年社会教育課長併任
昭和三〇年　神奈川県図書館協会会長
昭和四四年一〇月　退職
昭和四六年　神奈川文化賞受賞
昭和五一年　勲五等に叙せられる
平成八年四月一三日　没、八九歳。墓　久野霊園

著作：『私論　市立図書館の経営』
『図書館一代』
『小田原と文学』

編集・校訂者略歴

石井　敬士（いしい　たかし）

昭和一五年一〇月一〇日　小田原生まれ
昭和三四年　県立小田原高校卒業
昭和三九年　上智大学外国語学部卒業
昭和三九年一二月　神奈川県立図書館就職
平成一三年三月　退職
他に、神奈川県立金沢文庫他、南足柄市立図書館長（初代）、寒川総合図書館長を歴任。
著作：『神奈川県の図書館』（共著）他

小田原叢談

二〇二〇年三月二十五日　初版発行

定価　本体一八〇〇円＋税

著者　石井　富之助©

編集・校訂　石井　敬士

制作・発行　夢工房

〒257-0028　神奈川県秦野市東田原二〇〇―四九

TEL (0463) 82-7652　FAX (0463) 83-7355

http://www.yumekoubou-t.com

2020 Printed in Japan

ISBN978-4-86158-093-2　C0021 ¥1800E